KB036660

조선이 가지 않은 길

20가지 키워드로 살펴본 조선의 선택

조선이 가지 않은 길

지은이 김용만

펴낸곳 도서출판 창해
펴낸이 전형배

출판등록 제9-281호(1993년 11월 17일)
1판 1쇄 인쇄 2017년 4월 25일
1판 1쇄 발행 2017년 4월 30일

주소 서울시 마포구 토정로 222(신수동 448-6) 한국출판콘텐츠센터 316호
전화 02-333-5678
팩스 02-707-0903
E-mail chpco@chol.com

ISBN 978-89-7919-959-8 03910
ⓒ김용만, 2017, Printed in Korea.

「이 도서의 국립중앙도서관 출판예정도서목록(CIP)은
서지정보유통지원시스템 홈페이지(http://seoji.nl.go.kr)와
국가자료공동목록시스템(http://www.nl.go.kr/kolisnet)에서
이용하실 수 있습니다.(CIP제어번호: CIP2017009357)」

* 값은 뒤표지에 있습니다.
* 잘못된 책은 구입하신 곳에서 바꿔드립니다.
* 한국출판문화산업진흥원의 출판콘텐츠 창작자금을 지원받아 제작되었습니다.

朝鮮

김용만 지음

20 가지 키워드로 살펴본 조선의 선택

조선이 가지 않은 길

창해

조선이 그때 만약 다른 길을 걸었더라면

조선 후기 학자 홍경모1874~1851가 지은 「봉황성기」에는 이런 내용이 실려 있다.

"봉황성은 압록강 밖의 유명한 성으로 우리나라로 들어오는 문이다. 서쪽으로 석문령에 이르기까지는 동팔참인데, 300리 달하는 돌로 된 혈자리다. 밖으로는 적을 살피고 안으로는 군사를 감추면 맹수가 입을 벌려 이빨을 드러내는 형국이라 함부로 침범하기 어렵다. 이것이 고구려가 동방에서 위엄을 떨칠 수 있었던 이유이다. 그러나 고려가 이 땅을 거란에 빼앗겨 압록강을 경계로 하였으니 이빨을 버리고 목구멍을 드러낸 것이나 다름없다. 그러니 누가 두려워했겠는가. 이것이 고려의 용병(用兵)이 고구려에 미치지 못했던 점이다. 이제 우리는 고구려를 닮을 것인가, 고려를 닮을 것인가."

고구려에 유독 관심이 많았던 홍경모의 글을 읽을 때면 필자는 종종 가슴이 서늘해진다. 그가 마치 필자의 눈앞에서 여전히 똑같은 질문을 던지고 있다는 느낌이 들기 때문이다.

지금 대한민국은 고구려를 닮을 것인가, 조선을 닮을 것인가?

고구려 역사 연구에 매진해왔던 필자로선 근래 오늘날의 우리 삶에 직접적인 영향을 미치는 조선의 역사를 등한시할 수 없다는 생각을 가지게 되었다. 생활사를 비롯한 다방면으로 조선시대를 공부하다 보니, 절로 아쉬워지는 대목이 많았다. 한마디로 조선은 지금 우리가 아는 것보다 훨씬 번영을 누릴 수 있었고, 경우에 따라선 전 세계를 깜짝 놀라게 할 정도의 멋진 역사를 만들어낼 기회가 있었지 않았나 하는 것이다. 그러나 조선은 그렇게 하지 못하고 말았다.

가령 〈혼일강리역대국도지도〉는 기이한 느낌이 드는 지도였다. 이것은 조선이 막 건국된 시점인 1402년에 만들어진 것으로, 당시까지의 전 세계 지도 가운데 가장 뛰어난 것으로 평가된다. 어떻게 이런 지도 제작이 가능했단 말인가! 여기엔 지중해와 알렉산드리아가 나오고, 아프리카의 남쪽이 바다로 그려져 있고, 세계 곳곳의 5,000여 개 지명이 등장한다. 그런데도 이 지도를 이용해 바스코 다가마처럼 아프리카 남쪽 끝 희망봉을 찾아 나서지도1488, 콜럼버스처럼 세계로 나아가지도1492 않았다. 후기로 내려갈수록 조선의 지도 수준은 형편없이 후퇴해, 19세기 중반에 그려진 지도에는 심지어 괴수나 괴목 따위가 등장한다. 그건 곧 조선의 쇠퇴를 뜻한다. 이러한 세계관의 후퇴는 서세동점에 의한 근대화 시기에서 조선의 몰락을 초래했다. 이런 사례는 비단 〈혼일강리역대국도지도〉에만 머물지 않는다. 필자는 여러 가지 구체적 사례로 이런 사실을 확인할 수 있었다.

전체 4장으로 구성된 이 책에선 이런 지도 말고도 14, 15세기 당시 세계의 선도적 위치에 올라선 화약과 함포, 16세기 초에 발명한 획기적인 은 제련기술인 연은분리법, 최고의 난방기술인 온돌, 세계에 자랑할만한 특산품 황칠이나 인삼 등 다양한 유형적 문화자산이 조선에서 실제로 어떤 대접을 받았고, 역사적으로 어떤 결과를 빚었는지 구체적으로 다루었다. 양민을 더 많이 확보하기 위한 태종의 정책을 변경하여 조선을 노비 천지로 이끄는 계기를 만든 세종의 큰 실수, 인재 등용을 위한 과거제도를 신분획득과 유지의 수단으로 전락시킨 문제, 사대주의로 인해 자주의 꿈이 좌절된 과정 등도 비판적으로 검검했다.

모든 역사는 인간이 선택한 결과다. 그때 조선은 왜 이런 길을 선택했을까? 그 선택이 최선이었을까? 조선이 선택한 길을 되돌아보며, 오늘 우리는 과연 어떤 길을 걸어가야 할지 물어보게 된다. 조선이 걸어간 길이 오늘의 우리를 만들었듯이, 오늘 우리가 걸어가는 길이 우리 후손의 삶을 결정짓게 될 것이기 때문이다.

시인 김수영은 〈거대한 뿌리〉라는 시에서 "역사는 아무리 더러운 역사라도 좋다. 진창은 아무리 더러운 진창이라도 좋다."라고 노래했다. 부끄러운 역사라고 해서 직시直視하지 못한다면, 우리는 더 나은 미래를 설계할 수 없다. 또한 자랑스러운 역사라고 해서 그것에만 매달린다면 우리는 과거에 머물고 말 것이다.

2016년 한국 역사학계의 논란거리로 떠올라 해가 바뀐 지금도 소동을 일으키고 있는 국정 국사교과서의 문제점을 서울대 역사교육과 유용태 교수는 "자만사관"이라고 지적했다경향신문, 2016.12.31. 역사는 기본적으로 과거를 현재와 관련시켜 현재를 인과관계 안에서 성찰적으로 인식하는 것인데, 국정교과서는 자기반성 없이 긍정적이고 성공한 내용만을 다루었다. 자기성찰이 빠진 자기만족의 사관으로 역사를 바라볼 뿐 반성없이 역사를 바라보는 것은 역사교과서의 치명적인 결함이라고 강하게 비판했다. 반성을 가르치지 않는 역사교과서로는 올바른 역사교육을 할 수 없다고 그는 지적했다.

자기반성을 담은 역사인식은 자학自虐사관이 아니라 우리 자신을 돌아보는 자성自省사관이다. 역사를 배우는 목적은 자아성찰이어야지, 현실의 우리를 변명하거나 자만심을 심어주기 위한 것이 아니다. 과거를 통해 배울 수 있는 것은 성공의 교훈보다 실패의 교훈이 더 크다. 성공의 요소는 시대가 변함에 따라 적용이 쉽지 않은 경우가 많지만, 과거의 잘못을 반복하는 것은 시대가 변해도 여전히 모든 것을 악화시킬 것이기 때문이다. "과거의 잘못을 되풀이하면 안 된다." 는 것을 제대로 배우기만 해도 최소한 우리의 미래를 지금보다 나쁘게 하지는 않을 것이다.

독자 여러분과 함께 조선이 걸었던 길을 함께 걸어가며, 그때 조선이 걷지 않은 길이 무엇인가를 역설적으로 따져보자는 까닭이 여기에 있다. 역사학은 일차적으로 정확한 사실관계를 규명하는 것이 본연의 과제이지만, 결코 그것만으로 끝나서는 안 된다. 과거라는 무대에서 맴돌고 있는 것 같지만, 역사를 보는 우리의 눈길과 마음은 늘 오늘과 앞날의 삶으로 향해 있어야 한다. 이 책을 읽고 '조선이 그때 만일 다른 길을 걸었더라면' 하고 아쉬워하며 오늘의 선택에 도움을 받는 독자분이 계시다면, 필자로선 더할 나위 없는 영광이 될 것이다.

2017년 이른 봄

김용만

차
례

제 1 장

활짝 피지 못한
조선문명의 기대주들

〈혼일강리역대국도지도〉
지도 한 장의 충격

세계최고의 지리적 안목을 자랑한 15세기 조선

〈혼일강리역대국도지도混—疆理歷代國都之圖〉는 1402년 조선에서 만든 지도로, 원본은 전하지 않지만 1459년 이전에 모사한 지도가 일본 류코쿠 대학 도서관에 소장되어있다. 이 지도가 세계적으로 유명한 까닭은 현존하는 동양 최고의 지도일 뿐만 아니라, 당시까지 만들어진 모든 지도 가운데 동서양을 막론하고 가장 훌륭한 세계지도이기 때문이다. 이 지도에는 중국을 중심으로 조선과 일본을 비롯해 아라비아, 아프리카와 지중해, 당시 조선인들이 과연 인지하고 있었을까 싶은 유럽까지도 그려져 있다. 그런 가운데 특히 포르투갈의 바르톨로뮤 디아스1450?~1500가 1488년에 희망봉을 발견하기 86년 전임에도 아프리카 남쪽 해인선이 나온다. 이로 인해 이 지도를 보는 사람들마다 찬탄하지 않을 수 없게 만든다.

델리, 바그다드, 다마스쿠스, 메카, 아덴, 콘스탄티노플, 파리, 바르

| 〈혼일강리역대국도지도〉 | 1402년에 만들어진 가로 164cm, 세로 148cm의 대형 지도. 읽기 어려운 이름은 '여러 나라의 영토와 수도를 한데 모아 그려놓은 지도'라는 뜻이다. 당시 세계 최고의 지리적 안목이 담겼다고 평가받는다.

셀로나, 지브롤터, 카이로, 알렉산드리아, 파로스 등대 등 약 5,000개의 지명이 표시된 이 지도는 1320년경 몽골제국에서 제작된 지도를 기초로 삼고, 조선의 국내 지도 등을 참고해 만든 것이라고 한다. 아프리카 남쪽이 바다라는 정보는 무슬림의 지식에서 얻어진 것으로 보인다. 지도 아래에 적힌 권근1352~1409의 발문跋文에는 "천하는 너무 넓어 몇 천만 리인지 알 수 없는데, 이 지도를 만드니 이제 집 안에서도 천하를 알 수 있게 되었다."라고 적혀 있다. 놀랍게도 이 지도

는 중국 중심의 천하관념에서 크게 벗어나 있다. 그런데 지금부터 살펴보게 되겠지만, 안타깝게도 그 이후에 만들어진 조선의 지도들은 오히려 이보다 현저히 퇴보하고 만다.

현실과 동떨어진 지도의 등장

시기는 다르지만 같은 조선에서 만들어진 〈천하도〉를 보자. 이 지도는 앞의 〈혼일강리역대국도지도〉보다 447년 뒤인 1849년에 제작된 것이다. 지도 동쪽에는 해와 달이 떠오른다는 부상扶桑나무가, 서방에는 해와 달이 들어간다는 반격송盤格松이 그려져 있다. 이 지도에는 일목국一目國, 장비국長臂國, 불사국不死國, 여자국女子國 등 고대 중국인의 신화적 세계관을 통해 만들어진 《산해경山海經》에 나오는 가상의 나라들이 등장한다. 〈천하도〉 안에 19세기 중엽에 실재하는 나라는 중국과 조선, 일본과 유구국 정도에 불과하다.

400여 년 전에 이미 세계최고의 지도를 만든 조선에서 어떻게 이처럼 현실과 동떨어진 지도가 만들어진 것일까? 오직 이 한 장의 지도만이 그런 것일 뿐, 동시대의 다른 지도들은 여전히 높은 수준을 보여준 것일까? 아쉽게도 19세기 중반까지 조선에서는 15세기 초의 세계관에 비해 현저히 뒤지는 지도가 매우 많이 제작되고 있었다. 2013년 필자는 영남대박물관에서 고구려사 특강을 한 적이 있었다. 이때 만나 뵌 이형우 박물관장이 필자에게 선물로 주신 《영남대박물관 소장 한국의 옛 지도》라는 책에는 〈천하도〉, 〈태극도〉 등의 원형 지도 6점이 수록되어있다. 모두 18세기 중엽에서 19세기 중반 무렵 만들어진 것들이다.

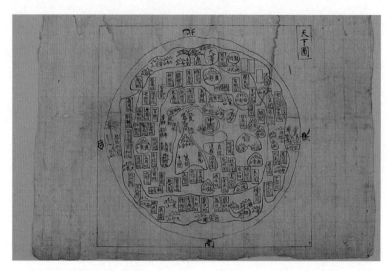

| 〈천하도〉 | 1849년경에 제작된 조선후기의 대표적인 목판본 지도책인 『여지도輿地圖』에 수록된 세로 27cm, 가로 33.4cm의 지도다. 소중화 사상을 바탕으로 고대 중국의 상상적 세계관을 반영하고 있어, 15세기 초의 현실인식이 퇴보했음을 여실히 보여준다.

    18세기 중엽에 만들어진 방형 지도인 〈천하지도〉는 조선을 아주 작게 그리고, 도면의 대부분을 중국에 할애하고 있다. 그리고 여인국, 소인국, 대인국 등 관념상의 나라와 함께 포랄가浦剌加와 서양국西洋國을 적어 넣었다. 포랄가는 포르투갈을 의미하는 것으로 보이지만, 그 밖의 나라들에 대해서는 단순하게 서양국으로 통칭하여, 중국의 서번西藩의 하나로 간주한 채 한漢나라기원전 206~기원후 220 시기에나 존재했던 선선국鄯善國, 오손국烏孫國, 언기국焉耆國 등과 함께 적어 넣었다. 이것은 중국 서쪽의 사정을 제대로 알지 못하고, 막연히 고대의 정보에만 매달리고 있었음을 보여준다.

    현대 한국인들은 새로운 것을 선호하는 반면, 과거의 것은 낡았으니 내다버리는 게 바람직하다고 생각하는 경향이 있다. 하지만 조선 사람들은 매우 달랐다. 옛것은 배워야 할 것이고, 요와 순, 공자와 주자의 시대로 돌아가는 것이 옳은 것, 좋은 것이라고 여겼다. 따라서 요즘처럼 보수의 자세가 결코 시대에 뒤떨어졌다는 뜻이 아니다. 도리어 변화를 두려워하는 가운데, 개혁은 가급적 피해야 하고 새로운 것은 불길한 것이라고 여겼다.

아울러 그들은 옛 고전에 성인들의 지혜와 지식이 모두 담겨있다고 여겼다. 그러므로 책을 읽을 수 있는 식자층은 지혜로운 자들인 만큼, 책을 읽지 못하는 무지렁이들을 교화하며 다스리는 것이 당연하다고 여겼다. 그러면서 새로운 세상에서 조선으로 전해져오는 정보들을 고전에 나오지 않는 쓸데없는 것이라고 여겼다. 자연히 중국이나 일본에 다녀오는 사신들 또한 타국의 정보를 적극적으로 얻으려 하지 않았다. 1644년 명나라 멸망 이후 조선 사대부들은 청나라가 중원의 패자가 된 것을 인정하거나 교류하기를 꺼려했다. 따라서 청나라를 통해 들어오는 새로운 정보에 대해 관심을 기울이는 사람들은 한성부에 사는 극히 일부의 개혁파 사대부들에 국한되었다. 서양에 대한 정보도 더러 듣기는 했지만, 그 정보의 양과 질이 대단히 빈약했다. 그럼에도 그 정도의 지리 정보에 만족했다. 따라서 사대부들이 지도를 그리면 《사기》나 《산해경》 등에 실린 오래된 지리정보에 의지하지 않을 수 없었던 것이다. 아는 만큼 보이게 마련이지 않겠는가.

그렇다고 해도 《영남대박물관 소장 한국의 옛 지도》에 나오는 지도에서 보이는 것처럼, 조선 사람들의 세계관이 어찌 이렇게 퇴보할 수 있을까 하는 의문을 지우기 어려웠다. 그래서 이 문제에 관심을 가진 선학의 연구를 찾아보니, 지리학자인 오상학 선생이 자신의 박사논문을 바탕으로《조선시대의 세계지도와 세계인식》을 출간했음을 알게 되었다. 하지만 역사학계에서는 이 문제를 깊이 있게 검토하지 않는 것 같다. 이 분야의 전문가들은 그간 우리 역사가 시대적으로 발전해왔다고 강조해왔기 때문에, 이런 문제의 거론조차 부담스러웠을 수 있다. 또한 직접적인 역사서술이 아닌 지리인식인 만큼, 역사학에서 거론하는 것이 그다지 적절하지 않다고 여겼을 수도 있다. 하지만 이 문제는 조선사회를 이해하는데 대단히 중요한 단서를 제공하므로, 소홀히 넘길 문제는 아니다.

조선 초기, 이슬람 세계와의 교류가 단절되다

《고려사》에는 열라자, 하선을 비롯한 회회回回-이슬람교 상인들이 상선을 타고 100여 명씩 무리지어 벽란도를 거쳐 개경에 와서 수은, 몰약과 같은 진귀한 공물을 바치며 장사했다는 기록이 등장한다. 고려가 이슬람 세계와 활발히 교류했음은 고려 가요인 〈쌍화점雙花店〉의 첫 절에 등장하는 "쌍화점에 쌍화를 사러가니 회회아비가 내 손목을 쥐었다. 이 소문이 상점 밖에 퍼진다면 새끼 광대인 네가 퍼뜨린 줄 알리라."는 대목을 통해서도 알 수 있다. 쌍화는 상화霜花 떡으로 회회인, 즉 무슬림 고유의 빵만두이다. 이것을 파는 회회인이 고려 여인과 연분이 났다는 노래가 생길 정도로, 회회인들은 고려에 잘 적응하여 살고 있었다. 쌍화와 함께 무슬림 음식인 설적薛炙도 고려 사회에 전해졌다. 설적은 소고기나 소의 내장에 양념을 하여 쇠꼬챙이에 꿰어 구운 음식으로, 케밥과 비슷하다. 현대 한국인이 가장 즐겨 마시는 소주燒酒 또한 근원을 찾아가보면 무슬림이 만든 '아라끄'라는 증류주에서 비롯된 것이다.

회회인들이 고려를 많이 찾게 된 것은 1274년 충렬왕재위:1274~1298.1, 복위:1298.8~1308이 몽골제국 쿠빌라이 칸재위:1260~1294의 사위가 된 이후로, 고려가 거대한 몽골제국에 편입되어 활발하게 동서교류에 참여한 덕택이다. 28대 충혜왕재위:1330~1332, 복위:1339~1344은 사기그릇을 파는 상인인 임신의 딸을 후궁으로 맞아들여 각종 기물을 생산하는 공장을 만들고 저잣거리에 상점을 내어 장사를 했고, 회회인들의 나라 일칸국이란 지역과도 교역을 행하였다. 또한 부마국駙馬國인 고려로 시집온 몽골공주를 따라 몽골인, 위구르인 등이 고려에 많이 오게 되었다. 이들 가운데 일부는 고려 멸망 이후에도 조선에서 계속 살았다. 대표적인 인물로는 위구르족 출신으로 조선 개국공신이 된 설장수1341~1399가 있다. 세종은 신년 하례식 등에서 회회인을 왜인이나 야인들과 함께 참여시켰고, 그들은 조회에서 송축코란 낭독을 하기도 했다.

시중에 판매되는 청소년 책들에는 세종재위:1418~1450이 코란 낭독을 즐겨들었다면서, 조선이 개방적인 나라로서 일찍부터 이런 회회인들과 교류했다는 이야기가 자랑스럽게 소개되곤 한다. 그런데 이런 책들에서는 1427년 4월 4일 예조에서 "회회교도는 옷차림이 달라 사람들이 혼인하기를 꺼리므로 우리처럼 옷을 입게 하고 조회 때 그들이 기도하는 의식도 폐지하자."고 건의하자, 세종이 이를 받아들였다는 사실을 대부분 언급하지 않는다. 독자들이 세종과 회회인들이 만난 것에만 관심을 가질 것이라 생각하고, 그들이 어떻게 조선사회에서 사라져갔는지에 대해 궁금해하지 않을 것이라고 여겼을 수도 있다. 하지만 세종과 회회인들이 만난 사실보다 어떤 면에서 그들의 기도의식 폐지 조치가 조선 역사에서 더 중요할 수 있다.

조선 초기만 해도 회회인들에 대한 정보가 많았지만, 이 사건을 계기로 그 관심이 급격히 줄어들었다. 그러다 보니 1483년 6월 명나라에 다녀온 어세겸1430~1500은 회회국 사람이 명나라를 오가는 데 7, 8년이 걸린다는 말을 한다. 조선의 공도空島 정책, 왜구의 득세, 명나라의 해금海禁 정책 때문에 이 무렵 조선 사람들은 차츰 바다를 멀리하게 되었다. 이제 조선은 바다를 '문명의 열린 고속도로'로 이용하던 시기를 끝내고, 공포의 대상으로 여기는 시기로 접어들고 있었다. 따라서 과거에 교류하던 회회국이 얼마나 떨어져 있는지조차 모르게 되고 만 것이다. 회회국과 빈번히 교류하던 고려시대로부터 불과 150여 년밖에 지나지 않았는데, 조선에서는 그들을 완전히 잊고만 것이다.

〈혼일강리역대국도지도〉 vs 〈혼일역대국도강리지도〉

조선 사람들의 이러한 인식 변화를 단박에 알게 해주는 지도로는 16세기 초에 만들어진 〈혼일역대국도강리지도混一歷代國都疆理地圖〉가 있다. 이 지도는 명나라의 〈여지도與地圖〉 등을 바탕으로 만든 것인데, 〈혼일강리역대국도지도〉와 이름이 비슷하기는 하지만 지도의 내용은 하늘과 땅 만큼의 차이가 난다. 이 지도는 아프리카와 유럽 등이 빠지고, 중국과 조선 중심으로만 그려져 있다. 당시 명나라는 무슬림 왕조인 티무르 제국과 국교가 단절된 상태였고, 해금정책 탓에 무슬림의 방문도 현저히 줄어들었다. 따라서 명나라 사람들도 서쪽 세계에 대한 관심이 크게 줄었다. 조선 역시 마찬가지였기에, 세계지도는 자연스럽게 명과 조선을 중심으로 그려졌다. 명과 조선 외에는 겨우 일본과 유구 정도가 들어갔고 그 밖의 세계는 굳이 그릴 필요성이 없었는지 아예 빠지고 말았다.

16세기 들어 유럽인들이 신대륙에 도착하고 아시아까지 직접 방문하는 이른바 '지리상의 발견' 시대에 접어들자, 유럽에서는 새로운 지도가 만들어지기 시작했다. 1582년 예수회 소속 선교사 마테오리치1522~1610가 중국에 도착했다. 그는 서구식 세계지도를 제작해 중국에 퍼뜨렸다. 1602년 마테오리치는 명나라 학자 이지조1565~1630와 함께 신대륙이 포함된〈곤여만국전도坤輿萬國全圖〉의 목판인쇄본을 널리 보급했다. 마침 북경에 파견되어있던 조선의 사신들이 1603년 이를 국내로 들여왔다. 이 지도는 조선에 전해진 당대 최고의 세계지도라고 할 수 있다. 기존의 지도개념을 바꾼 새로운 지도인 탓에, 조선에서도 이를 주의깊게 살펴보면서 자연스레 서양학문에도 관심을 갖게 되었다. 그리하여 몇 년 뒤인 1608년 조선에서는 이 지도의 바다 부분에 고기와 배, 육지 부분에 짐승을 그려 넣은 채색지도가 제작되었다. 이 무렵 실학자 이수광1563~1628은《지봉유설》에서 동남아시아, 유럽 등 세계 각국에 대한 정보를 소개했다. 그러자 허균1569~1618, 이덕무1741~1793, 이종휘1731~1797, 정약용1762~1836 등 많은 조선의 지식인들이 신대륙이 포함된 세계지도를 통해서 큰 자극을 받았다.

하지만 이들은 조선의 정계나 학계의 주류가 아니었다. 도리어 조

| 〈혼일역대국도강리지도〉 | 16세기 중엽에 제작된 것으로 추
정되는 가로 178cm, 세로 169cm의 지도. 이 지도는 철저히 중국
과 조선을 중심으로 그려져 있고, 일본과 유구는 작게 묘사되
어 있다. 중화적 세계관으로 회귀한 명나라 지도의 영향을 크
게 받은 지도이다.

선 후기에는 서구식 세계지도에 대한 거부감을 나타내는 분위기가
역력해졌다. 그들은 서양지도의 5대륙설을 기원전 3세기에 고대중
국의 전국시대 인물인 추연鄒衍.?~?의 대구주설大九州說로 바꿔서 인
식하려고 하거나, 서양 지도를 믿지 못하겠다면서 지구가 둥글다는
설을 배격하기도 했다. 한편 조선에서는 원형으로 그려진 서양 지도
의 영향을 받아 17세기 이후부터 원형의 천하도가 그려지게 되었다.
하지만 지도를 표현하는 방식만 받아들였을 뿐, 지도에 담긴 내용은
도리어 먼 과거 속으로 퇴행해버렸다.

17세기 명-청 교체기를 지나면서 조선은 멸망한 명나라에 대해서
는 맹목적 충성을, 청나라에 대해서는 맹목적 비난과 무시를 감행했
다. 따라서 청에서 들어오는 비중화주의적인 사상이나 문물은 오랑

캐의 것이라며 배격하고, 그 대신 조선을 중화문명의 임시 계승자인 소중화라고 자부했다. 이러한 소중화 의식 탓에, 조선은 중국 고전古典에 더 깊게 파묻혀 버렸다. 이는 시대의 변화에 역행하는 반동적 행위이지만, 당시 조선 선비들로서는 그것이 자신들의 존재의의라도 되는 양 애써 자부하며 현실을 무시하고자 했다.

주어진 조건을 제대로 활용하지 못한 조선

한반도라는 땅은 흔히 바다 혹은 대륙에서 침략을 당하기 좋은 땅이라고들 하지만, 이를 적극적으로 해석하면 오히려 육지 혹은 바다로 마음껏 치고 나갈 수 있는 좋은 환경이라 볼 수도 있다. 요는 지리적 환경을 어떻게 활용하느냐에 따라 평가가 달라질 뿐이다. 조선의 역사를 통해 살펴보면, 우리 조상들은 현명하게 지리적 이점을 활용했다고 보기 어렵다. 이를 명나라의 해금정책이나 왜구 때문이라는 외부 탓으로만 변명해선 안 된다. 우리 역사는 일직선상으로 발전만 해온 것은 아니다. 조선왕조 500여 년 동안 세상을 보는 시각이 크게 좁아졌다. 그중 지리적 인식의 경우 엄청난 퇴보를 거듭했다. 물론 이런 현상이 조선만의 특수성이라고 단정할 순 없다.

다른 세계의 예를 들어보자. 에릭슨을 필두로 35명이라 알려진 노르웨이의 바이킹은 아이슬란드와 그린란드를 거쳐 서기 1,000년경 캐나다 뉴펀들랜드를 발견했다. 그 뒤 150여 명이 몰려와 그곳에서 정착을 시도했다. 마침내 그들의 숫자는 약 500명에 이르렀지만, 3년이 지나기 전에 아메리카 원주민과의 갈등 때문에 철수하고 말았다. 이후 바이킹은 다시는 그곳을 방문하지 않았고, 세월이 흐르면서 그곳에서 정착을 시도했던 사실조차 점점 잊어갔다. 그들이 신대륙 발견을 망각하게 된 까닭은 기후 변화에 따라 그린란드 주변바다가 얼어 항로가 막히고, 기독교로의 개종에 따라 외부 진출이 억제되었기 때문이라고 추정된다. 그래서 유럽인의 신대륙 발견의 영광은 그로부터 500여 년 뒤의 콜럼버스1451~1506에게 돌아가게 된 것이다.

이러한 지리적 인식의 변화는 명나라도 마찬가지였다. 1405년 이후 일곱 차례에 걸쳐 세계 각지로 파견된 정화1371~1433 함대는 동남아시아를 거쳐 인도, 아라비아, 그리고 아프리카 동해안에 이르는 초유의 대양항해를 실행했다. 첫 항해에 동원된 62척의 배와 병사 2만7,000여 명에 이르는 원정대 규모는 콜럼버스 탐험대를 기죽게 하기에 족하다. 작가 개빈 멘지스는 《1421-중국 세계를 발견하다》라는 책에서 정화 함대가 아메리카, 오세아니아 등 세계를 일주하는 대탐험을 했다고 주장하기도 한다. 대단한 원정이었음은 분명하지만, 1433년 정화가 호르무즈해협 근방에서 병을 얻어 죽은 이후 당시 세계에서 가장 선진적이었던 명나라의 함대는 두 번 다시 해외로 출항하지 않았다. 거대한 함대를 보유했던 명나라가 지금까지의 정책을 바꿔 철저한 해금정책을 펼치며, 외국과의 교류를 엄격히 제한하기 시작한 것이다. 그 결과 400여 년 뒤 중국은 서양 오랑캐洋夷라고 폄하해왔던 침략자들에게 무릎을 꿇고 말았다.

지도의 역사를 통해 읽은 조선

15세기 초 조선은 14세기 말 붕괴된 몽골제국의 유산을 기초로 화려한 문명을 꽃피우고 있었다. 〈혼일강리역대국도지도〉는 이처럼 발전된 문명이 피워낸 지리학의 꽃이었다. 1492년 대서양을 횡단해 대항해시대를 연 콜럼버스는 원래 지도 제작자였다. 그는 자신이 만든 지도의 사실성을 입증하고자 실제 항해에 나섰다. 하지만 〈혼일강리역대국도지도〉에 그려진 세계를 확인하기 위한 항해나 여행은 조선 어디에서도 시도되지 않았다. 도리어 세월이 가면서 이러한 지도가 존재했다는 사실마저 까맣게 잊고, 그리하여 있는 그대로의 세계를 인정하지 않은 채 관념을 통해 재구성하는 퇴행에 빠져버렸다. 명나라 정화 함대의 출항보다 앞서, 뛰어난 지도를 제작할 만큼의 선진적 지리정보를 갖고 있던 조선에서 그 지리정보 속에 담긴 세계를 찾아 나서지 못한 역사가 아쉽기 그지없다.

물론 15세기 초 조선이 처한 상황은 15세기 말 유럽과는 너무나도 달랐다. 그래서 그 시대에 왜 그렇게 하지 못했느냐고 마냥 비판만 해선 안 된다는 사실만큼은 필자도 잘 안다. 지나간 과거는 되돌릴 수 없다. 하지만 역사는 오늘을 위해 배우는 것이다. 조선이 지녔던 그 엄청난 잠재력이 왜 꽃피우지 못했는지에 대해 여러 측면에서 진지하게 탐구해봐야 한다. 특정인을 비판하기 위해서가 아니라, 왜 이렇게 되지 못했을까를 생각해보기 위함이다. 그리고 그때 저질렀던 잘못을 혹시 또 다른 분야에서 지금도 저지르고 있지는 않은지 반성적으로 검토해보기 위함이다.

실패한 것이 부끄러운 게 아니라, 실패를 통해 아무것도 배우지 못하는 게 어리석다는 말이 있다. 15세기 초 우리 조상들이 세계 최고의 지도를 만들었다는 사실을 자랑만 하지 말고, 그 이후 조선이 어떤 연유로 우물 안 개구리로 전락하게 되었는지도 알아야 한다. 그리고 그처럼 실패한 역사를 되풀이하지 않겠다는 각오를 다져야 한다. 우리가 실패한 역사에서 배우지 못한다면, 앞으로도 똑같은 잘못을 저지를 가능성이 커진다. 역사는 누구를 찬양하거나 비난하기 위해서가 아니라, 미래를 새롭게 맞이하기 위해서 배우는 것이다.

화약과 함포

끝내 파묻히고 만 첨단기술

세계 최초의 고려 함포가 이순신 승리의 원인遠因

2014년 한국 영화계에 무려 1,761만 명이라는 관객을 동원한 엄청난 영화가 등장했다. 역대 2위 흥행작보다 335만 명이나 많은 관객을 불러 모은 공전의 히트작으로, 이순신 장군1545~1598의 위대한 승리를 영화화한 《명량》이다. 12척 배로 133척이나 되는 적선을 물리친 명량해전의 승리에 대해 어떤 이들은 세계 7대 불가사의 가운데 하나라고 칭송하기도 한다. 필자뿐 아니라 이 영화를 관람한 모든 분들이 이순신 장군의 승리가 실로 대단하다며 탄성을 발했다. 하지만 인류 역사를 살펴보면, 소년 다윗이 돌팔매질로 거구의 골리앗을 거꾸러뜨리는 사건처럼 놀랄 만한 장면들이 종종 등장한다. 그러므로 이순신 장군을 무조건 성웅시하기보다는, 역사적 대사건의 진실이 무엇인지 다각도로 차분히 살펴볼 필요가 있다.

이순신 장군이 왜적에게 패배를 안길 수 있었던 핵심 요인은 과연 무엇이었을까. 이 점에 대해서는 이미 많은 분들이 다양한 견해를 표명해왔다. 그런데 필자로선 기존의 이런 견해들만으로 납득하기에는 뭔가 좀 미진하다고 여겨졌다. 바로 조선시대 전체를 관통하는 화약과 함포艦砲 이야기가 빠져 있다는 생각이 들어서다.

놀랍게도 세계 최초로 함포를 사용해 적을 물리친 인물은 고려 말에 활약한 최무선1325~1395이었다. 최무선은 몽골제국 화약 기술자인 이원이란 인물에게서 화약 만드는 법을 배웠다. 그는 고려 정부에 건의해 화통도감을 설치하여, 돌 혹은 철로 만든 구슬을 날려 보내는 대장군포大將軍砲, 삼장군포三將軍砲, 화포火砲 등은 물론 화살을 멀리 날릴 수 있는 화전火箭, 폭발하는 무기인 질려포蒺藜砲, 철탄자鐵彈子, 불을 지를 수 있는 주화走火 등 다양한 화포를 만들었다. 여기까지는 몽골제국의 화포 제조법과 큰 차이가 없다고 할 수 있다.

최무선의 진정한 가치는 발상의 전환을 통해 화포를 배에 실었다는 점이다. 최무선은 "왜구를 막는 데는 화약만한 것이 없으나, 국내에는 이를 아는 사람이 없다."고 주장했다. 그리하여 직접 함포를 만들어, 왜구 격퇴 작전에 참여했다. 1380년 8월 전라도 진포금강하류 일대에서 벌어진 고려군과 왜군의 해상전투에서 그는 도원수 심덕부1328~1401, 상원수 나세1320~1397와 함께 부원수 자격으로 참전했다. 고려 수군은 최무선이 개발한 화포를 사용해, 무려 300여 척의 적선을 불태워버린다. 고려군은, 쌀을 약탈하기 위해 침략했다가 배를 모두 잃은 탓에 내륙으로 도망친 왜구들을 전라북도 남원의 운봉 전투에서 섬멸했다. 1383년 경상남도 남해군에서 벌어진 관음포해전은 함포를 이용해 적선 17척을 격침시키고, 2,000명을 죽인 큰 승리로,

함포를 이용해 적선을 물리친 세계 최초의 해전이라고 할 수 있다. 이때 해도원수海島元帥는 정지1347~1391였고, 최무선은 화포 운영 책임자로 전투에 참전했다. 이 전투는 움직이고 있는 적선에 화포를 정확하게 명중시켜 격퇴한 혁신적인 해전이었다. 왜구는 이때에 이르러 고려 수군에 대한 두려움을 갖게 되었다. 이 전투 이후 왜구들이 출몰하는 횟수가 크게 줄어들었다.

화약을 개발하고 함포를 이용해 왜구를 격퇴한 국보급 기술자 최무선. 하지만 그는 고려 말 격변기를 거치며 의도적으로 폄하당한 인물이었다.《고려사》에는 〈최무선 열전列傳〉이 없다. 이는《고려사》곳곳에서 왜구를 격퇴한 최고의 공을 이성계에게 돌리는 대목이 등장하는 것과 대비된다. 1389년 조준1346년~1405 등의 주장으로 화통도감이 폐지되고 최무선도 관직에서 물러난다. 역성 혁명파에 거슬리는 행동을 했기 때문에 숙청된 것인지 아니면 나이가 많아 물러난 것인지는 알 수 없으나, 조선이 건국된 이후에도 그는 등용되지 못했다.

최무선이 죽은 지 6년째인 1401년태종1에 조선은 그의 아들 최해산1380-1443을 불렀다. 최해산은 아버지가 남긴《화약수련법》과《화포법》이라는 책을 통해, 화약 제조법을 익힌 당시 조선 유일의 화약 전문가였다. 화통도감이 없어지면서 12년간 화약 무기 개발이 정체된 탓에, 조선의 화약 재고량이 바닥을 드러내고 있었다. 왜구를 격퇴하는 데 최고의 무기인 화약을 다시 개발할 필요성을 느낀 조선은 최해산을 군기시軍器寺 주부로 특채해 화약 무기 생산에 나서게 된 것이다.

최해산은 20여 년간 화약무기를 만들어 공조우참판, 중추원부사 종2품 등에 오르지만, 조선에서 제대로 가치를 인정받지 못했다. 그러다 1433년 압록강 유역의 파저강 토벌작전에 참여했을 때, 군기를 이행하지 않았다고 사헌부에서 탄핵해 파직당했다. 그 뒤 다시 벼슬길에 나서 1434년 제주안무사, 1436년 동지중추원사 등을 역임하다가 세상을 떠났다.

그가 죽은 후, 아들 최공손, 손자 최식이 화기 제조법을 이어받아 화약무기 개발에 참여하지만, 최해산 이상의 성과를 올리지 못했다. 1448년《총통등록》이 편찬 간행되어 화약 만드는 법이 널리 확산되었지만, 최공손 등에게는 별다른 지원이 없었다. 15세기 초만 하더라도 일본은 아직 화약 만드는 법을 알지 못했다. 조선은 화기의 필요성을 크게 느끼지 못하고 있었다. 한편 더 이상 화약과 화포 개발에 나섰다가는 괜히 명나라로부터 의심받을까봐 두려워하기도 했다. 또한 무반을 지휘하는 대부분의 고관들은 문관이었는데, 이들은 기술에 대해 거의 알지 못했고 기술자의 가치를 제대로 쳐주지도 않았다. 15세기 말부터 조선의 무기개발은 정체기에 접어들고 있었다.

다만 종종 쳐들어오는 왜구 때문에, 함선 개량의 필요성이 제기되어 1555년경에 판옥선이 만들어졌다. 하지만 판옥선을 누가 설계하고 만들었는지에 대해서는 알려진 바가 없다. 판옥선은 견고하고 높이가 높아 적과 싸울 때 유리한 배였다. 거북선은 판옥선의 상장갑판 윗부분을 제거하고 그 자리에 둥그런 덮개를 덮어 병사들을 보호한 특수 군선이다. 덮개를 덮은 거북선은 고려 말 또는 조선 초부터 사용되었지만, 임진왜란 때 사용된 거북선은 이순신이 전래되어 왔던 판옥선을 발전적으로 실용화한 것이라고 할 수 있다. 판옥선과 거북선은 함포를 장착하기 좋은 전함이었다. 임진왜란 당시 판옥선과 거북선, 그리고 함포는 조선군이 일본군을 상대하는 데 있어 가장 확실한 우세무기였다.

함선의 위력을 제대로 활용하지 못한 조선

일본 수군은 여전히 조총과 칼로 싸우는 근거리 해전과 육박전에 능한 사실상 육군이나 다름없는 군대였다. 하지만 조선 수군은 함포 사격이 가능한, 당시로서는 가장 발전된 해군이었다. 영화《명량》에서 133척의 적 함대를 맞아 이순신 장군이 지휘하는 대장선 1척이 홀로 분전하는 모습에서 많은 관객들은 이순신의 용기를 칭송했다. 물론 그 점에 관해서는 공감하는 바이나, 영화를 보는 내내 하나의 의문이 머릿속을 맴돌았다. 1592년에 이미 조선 수군의 화포 위력이 일본 수군을 완전히 격파할 정도로 대단했는데도 불구하고, 왜 그로부터 5년이 지난 1597년 9월에도 이순신을 제외한 다른 장군들은 화포의 위력에 대해 확신을 하지 못했을까? 그 이유가 무엇일까?

조선의 화포인 천자총통은 무게가 30kg이나 되는 대장군전을 무려 2km나 쏘아 보낼 수 있었고, 지자총통은 새알 크기인 조란탄鳥卵彈을 1km나 날려 보낼 수 있었다. 그러나 일본 조총은 겨우 50m 안쪽에 있는 사람만을 살상할 수 있는 무기였다. 반면에 조선의 화포는 명중률이 높지 않다. 게다가 화포가 발사하는 대장군전은 크기만 컸지, 폭발하는 포탄이 아니다. 따라서 육전에서 적군을 향한 살상무기로서는 효율성이 높지 않다. 다만 밀집대형으로 전진하는 보병들의 대형을 깨뜨리는 데에는 효과적이다. 대형이 깨진 보병은 전투력이 저하되기 때문에, 폭발하지 않는 포탄이기는 해도 적이 두려워할 만하다.

이런 무기들은 육전보다 해전에서 더 효력을 발휘한다. 화포의 목표가 사람이 아니라, 커다란 함선이기 때문이다. 함선을 침몰시키면 적군을 수장水葬시킬 수 있다. 게다가 조선 수군은 화포를 배에 실어 함포로 이용할 수 있었던 반면, 일본의 주력선박인 아타케부네安宅船와 세키부네關船에는 함포를 실을 수 없었다. 따라서 조선 수군이 근접 육박전을 피한 채 멀리서 포격전을 펼치면 당연히 승리의 확률이 높아진다. 그런데도 조선의 장수들은 화포를 제대로 활용하지 못했다. 아마도 이런 화포의 다양한 장점을 제대로 이해하지 못했기 때문이 아닐까.

1597년 7월에는 거제도 인근에서 칠천량해전이 벌어졌다. 칠천량의 패전은 조선에게 커다란 타격을 주고 말았는데, 이 전투의 패장 원균1540~1597은 화포의 효용을 제대로 깨닫지 못한 대표적 인물이라고 하겠다. 그는 육군의 사고방식 그대로 퇴각하는 적의 목을 베러 수군들을 무리하게 육지에 상륙시켰다. 그리하여 적의 수급을 많이 베긴 했지만, 반격해오는 적군에게 입은 아군의 피해 또한 만만치 않았다. 원균뿐만 아니라, 다른 장수들도 마찬가지였다. 유독 이순신만 조선 수군의 장점을 정확히 알고 효과를 극대화하는 작전을 구사했다. 바로 이런 점이 그가 뛰어난 인물이었음을 알려준다.

당시 일본은 조선과 명으로부터 화포 기술을 배워 알고는 있었다. 하지만 일본의 전함들은 밑이 뾰족한 첨저선尖底船이어서, 속도가 빠른 반면 좌우 균형이 쉽게 흔들리는 약점이 있었다. 배의 강도 또한 약했다. 따라서 화포를 선박에 탑재한다고 해도 판옥선처럼 배의 좌우에 장착할 수가 없었다. 자칫 함포를 쏘다가 배가 전복될 위험성이 컸다. 일본군이 화포를 사용하지 않았고, 여전히 육박전이나 조총 사격전으로 해전을 펼친 것은 전함이 가진 구조적인 문제 때문이었다.

화포를 배에 실어서 쏘는 함포는 지금의 관점에서는 별 것 아니라고 하겠지만, 함포를 자유롭게 사용한다는 것은 세계 전쟁사를 바꾼 엄청난 발명품이다. 《명량 감독판》에는 왜군이 포르투갈로부터 불랑기佛狼機,서양 대포를 구입해서, 함포에 실어 쏴볼까를 고민하는 장면이 등장한다. 1596년 1월 22일자《선조실록》에는 선조가 "일본이 우리 병선 제도를 터득해 다시 큰 배를 만들어 거기에다 화포를 싣고서 오면 어찌 당해낼 것인가."라며 우려하는 기록이 등장한다. 선조는 계속해서 그해 12월 21일 일본에 갔다 온 황신1560~1617에게 일본이 우리의 함포를 배웠는지를 묻고, 그에게 그렇지 않다는 대답을 듣고 안도한다. 선조 역시 조선 수군의 장점이 함포에 있다는 사실을 잘 알고 있었던 것이다.

1607년 통신부사로 일본에 다녀온 경섬1562~1620이 보고 느낀 것을 기록한 사행일록인《해사록海槎錄》에는 일본에서 판옥선을 3차례나 본 기록이 등장한다. 특히 4월 7일 그가 오사카 앞바다에 도착했을 때 한 포구에서 판옥선 30여 척을 보았는데, 우리 전선의 제도와 같았다고 기록했다. 일본은 조선의 판옥선의 가치를 알고, 이처럼 모방해서 대대적으로 자체 제작을 하고 있었다. 경섬은 일본에서 남만南蠻-즉 서양의 배들을 본 기록도 남기고 있다. 배의 길이가 300여 척,

너비가 70척이나 되는 큰 배의 화려함에 놀랐지만, 배의 무기에 대해서는 언급하지 않았다. 하지만 당시 일본이 포르투갈, 에스파냐, 네덜란드, 영국과 교류하고 있었던 만큼, 그들이 가진 불랑기 등의 대포를 도입해 판옥선에 옮겨 싣고서 조선침략을 감행했다면, 어쩌면 전쟁의 결과가 우리에게 훨씬 더 참혹하지 않았을까. 1543년 규슈 지역 다네가시마 섬에 들어온 포르투갈 사람이 건네준 조총 2정을 바탕으로, 수십 년만에 유럽 전역보다 더 많은 조총을 만들어 사용했던 일본의 잠재력을 생각할 때, 1598년에 전쟁이 끝난 것이 그나마 다행스럽게 여겨질 정도이다.

조선군이 배에 화포를 싣고 마음껏 쏠 수 있었던 것은, 주력함인 판옥선과 거북선이 평저선이라서 좌우 흔들림이 적기 때문이었다. 또한 배의 회전이 쉬워 좌우에 포를 싣고 수시로 돌아가며 화포를 쏠 수 있으므로 효율적인 공격이 가능했다. 그렇지만 조선 수군이 화포를 함포로 사용할 수 있게 된 것은 판옥선의 구조적인 안정성 못지않게 받침틀 덕분이라 할 수 있다.

| 거북선 화포 | 바퀴가 달린 받침틀은 화포 발사 후 충격을 배에 덜 전해지게 하는 중요한 발명품이다. 받침틀 덕분에 판옥선과 거북선은 배가 흔들리지 않은 상태에서 적을 향해 마음껏 화포를 발사할 수 있었다.

화약과 화약무기는 중국인이 최초로 발명했지만, 오랫동안 그들은 공성전에서나 화포를 이용했을 뿐이다. 그런 까닭에 해상전투에서 함포를 이용한 시기는 오

히려 우리보다 늦다. 배에서 화포를 쏘기 어려운 이유는 포를 쏘면 그 반동이 배에 전해져 배가 기우뚱거리기 때문이다. 아무리 바닥이 평평한 평저선이라 해도, 포의 반동을 줄여주지 않으면 배의 안정성을 확보하기 어렵다. 이런 문제를 해결하기 위해 만든 것이 바퀴 달린 받침틀이다. 받침틀 덕분에 조선의 판옥선에는 배의 측면에서 함포를 마음껏 쏴도 배가 흔들리지 않았던 것이다.

유럽의 패권 지도를 바꿔놓은 함포

유럽에서도 1346년 영국군이 크레시 전투에서 화포로 프랑스군을 공격한 이후, 화포가 널리 사용되기 시작했다. 1509년 인도 서남부 디우Diu에서 벌어진 포르투갈과 이집트를 비롯한 아랍연합군과의 디우 해전에서 포르투갈의 카라크Carrak와 카라벨Caravel 함선에는 대포들이 실려 있었다. 포르투갈은 대포를 발사해, 아랍연합군의 갤리Galley와 다우Dhow 선을 격파할 수 있었다. 이 전투로 포르투갈은 인도양 무역의 패권을 차지하여, 막대한 이익을 챙길 수 있었다. 이제 바다의 패권은 대포를 가진 자의 차지가 되어가고 있었다.

16세기 유럽 최강이었던 에스파냐 무적함대에도 화포가 배치되기는 했다. 그러나 포를 쏜 후 충격을 감당하지 못해, 겨우 배의 앞뒤로 2문 정도만 배치되었다. 이런 무적함대에 도전장을 내민 나라가 영국이었다. 1588년 영국은 에스파냐를 상대로 한 칼레 해전에서 크게 승리한다. 칼레 해전의 영웅으로 하워드 경1536~1624이나 드레이크1540~1596를 들지만, 승리의 계기를 마련한 인물은 헨리 8세재위:1509~1547였다. 그는 수장령을 발동해 영국 교회를 가톨릭과 결별시키고 국교회를 만든 인물로 유명하다. 그는 프랑스와 오랜 영토 분쟁이 영국에 별 도움이 되지 않음을 깨닫고, 해상교역으로 눈길을 돌려 해상강국 영국을 건설하고자 했다. 그러기 위해서는 포르투갈과 에스파냐에 맞설 힘이 필요했다. 그는 신하들에게 대포를 탑재할 수 있는 전함을 건조하라고 지시했다. 포르투갈의 항해왕으로 칭송받는 엔리케왕자1394~1460의 연구기관도 이 문제를 해결하지 못하고 포기한 상태였다. 화포를 배에 올려놓으면, 화포의 무게 때문에 안정성이 떨어진다. 그러다가 자칫 배가 전폭될 수 있었다. 해답은 배의 밑 부분을 넓게 만드는 것이지만, 그러면 이번에는 속도 면에서 불리해진다. 같은 시기 첨저선이었던 일본 배들이 속도 면에서는 조선의 배들보다 유리했으나, 화포를 실을 수가 없었던 단점이나 마찬가지였다. 유럽의 배들도 당시까지는 이런 딜레마를 해결하지 못하고 있었던 것이다.

헨리 8세는 국가 주도로 연구센터를 출범시킨 뒤 총포주조업자, 조선공 등을 집결시켰다. 그런 한편 포르투갈의 인재들을 더 많은 보수로 유혹해 연구센터로 끌어들였다. 다행히 그의 수중에는 국교회를 설립하는 과정에서 영국 교회 부지를 몰수해 막대한 자금이 들어와 있었다. 그는 손수 문제를 해결할 해법을 제시했다. 대포 때문에 배의 중심잡기가 문제라면 대포를 갑판 위에만 올려놓지 말고, 좀 더 아래 용골 쪽으로 옮겨보자고 제안했다. 선체에 화포를 쏠 수 있는 포문을 내고, 경첩을 달아 방수창을 부착하자는 아이디어도 내놓았다. 즉 대포를 사용하지 않을 때는 창을 닫고 대포를 안으로 밀어 넣어 놓음으로써 배로 들이치는 바닷물로 인한 침식을 막자는 것이었다. 그런데 이는 조선 수군에선 이미 실행하던 방법이었다. 과학자들은 헨리8세의 제안에 따라 갑판 밑에 대포를 탑재한 후, 대포를 작은 바퀴가 달린 받침틀에 얹어놓음으로써, 발사 후 반동으로 밀려났다가 다시 발사 전 위치로 신속하게 되돌아오게 만들었다. 이것 역시 조선의 전함들과 마찬가지였다. 하지만 성급하게 '역시 우리 조상님이 먼저라니, 우리 조상들은 위대해!' 하고 흥분할 일은 물론 아니다. 그 뒤로 유럽은 함선과 해군의 발전이 눈부시게 이루어져, 답보 혹은 부진의 늪에 빠진 조선과는 차원이 달라진다.

게다가 영국의 배는 조선 수군과 달리 대양항해가 가능한 빠른 배였다. 헨리 8세는 즉위 5년 만에 해군부를 창설하고, 선박 수를 늘리며 함대의 시설물 현대화에 힘써, 장차 해양제국으로 발전하는 영국의 기틀을 단단히 세운 왕이라 평가할 수 있다. 헨리 8세의 해군 강화 노력은 딸인 엘리자베스 1세재위:1558~1603 시기에 마침내 빛을 본다. 앞서 언급한 바와 같이 1588년 영국으로 침략해오는 무적함대를 칼레 해전에서 포격전을 통해 절반 가량 파괴했다. 반면 영국군은 한 척도 피해를 입지 않았다. 근접 육박전 위주의 해전을 포격전 위주의 해전으로 바꾼 것은 한산도대첩이 아니라, 그보다 4년 빠른 칼레 해전이었다. 물론 이보다 더 앞선 해전으로는 관음포해전1383, 디우 해전1509을 들 수 있다.

영국은 칼레 해전 이후 세계 최대의 해양제국을 건설한 반면 에스파냐는 서서히 몰락한다. 하지만 조선 수군은 한산도대첩1592과 명량해전1597으로 일본수군의 전라도와 서해안 진출을 막아 나라를 멸망 위기에서 구해냈지만, 그 이상의 대활약은 없었다. 그러나 칼레 해전 이후 유럽은 대대적인 변화의 물결에 휩싸인다. 유럽 각국은 적극적으로 함선과 함포의 개선 노력을 기울였고, 그 결과 강력한 함포를 장착한 유럽 함선들이 세계 곳곳을 누비며 거대한 식민지를 구축하게 된다. 16세기 인도로 가는 해로를 뚫은 포르투갈에서는 청년들 가운데 70% 가량이 배를 타고 바다로 진출했다고 한다. 젊은이들에게 바다야말로 새로운 기회를 제공해주었기 때문이다. 이에 따라 스페인, 네덜란드, 영국, 프랑스 등 유럽각국의 젊은이들은 바다로 나갔다. 조선 해군에게 패퇴한 일본만 하더라도 16세기 말에서 17세기 초에 걸쳐 주인선朱印船-허가받은 무역선들이 동남아를 넘나들며 활발한 해상무역을 벌여 큰 이익을 거둬들였다. 당시 해외에 나가 머문 일본인만 10만에 이르렀다고 한다.

변화와 도약의 기회를 놓친 조선

전 세계 바다가 변화의 물결로 요동치던 시대에 조선은 여전히 바다를 멀리하고 있었다. 조선 수군은 신분은 양인이지만, 천한 일을 하는 사람이라는 뜻을 가진 신량역천身良役賤으로 천대받았다. 노를 젓는 일이 고되고 수군의 복무기간 또한 길었기 때문에, 누구나 수군 되기를 기피했다. 여전히 해금령이 지속되었고, 조선의 배는 남해안을 벗어나지 못했다. 따라서 세계적으로 결코 뒤지지 않았던 조선 수군의 우수성도 차츰 퇴색하기 시작했다.

조선이 우수한 전투선인 판옥선과 함포를 갖고 있음에도 임진왜란에서 고전한 원인 가운데 하나는 화약이 부족했기 때문이다. 19세기까지 널리 쓰인 흑색화약Black Powder의 재료는 염초와 유황, 목탄이다. 목탄은 나무만 있으면 쉽게 구할 수 있지만, 유황은 17세기 중엽 조선에서 자급자족하기 전까지는 주로 일본에서 수입해야 했다. 임진왜란 몇 년 전부터 일본은 당연히 유황 수출을 금지했다. 때문에 화약 생산이 어려워 이순신의 함대가 전투에 투입될 때까지 시간이 필요했던 것이다.

유황보다 더 중요한 염초의 경우는 조달이 더욱 어려웠다. 염초는 함토에서 추출하는데, 함토는 화장실이나 처마 밑 등 소금기가 있는 지저분한 땅에서 얻는 흙이다. 함토에 잿물을 넣고 염초를 추출하는 일은 그 방법이 까다로워 숙련공 배출도 어려웠다. 염초 즉 질산칼륨은 흰색이나 회색 광물로, 주로 동물의 시체나 배설물 등에 박테리아가 작용하여 만들어진다. 염초의 원료인 함토 채취는 고된 노동을 필요로 했고 비용도 많이 들었다. 함토에서 염초를 추출하는 기술이 중국, 일본에 비해 뒤떨어졌던 조선은 임진왜란 이후에도 염초 부족현상을 극복하지 못했다. 부족한 염초를 명나라에서 수입하기도 했지만, 명나라를 멸망시킨 청나라는 조선에 염초를 전혀 공급해주지 않았다. 조선으로선 자주 국방을 위해 효과적인 염초 생산법을 갖추는 것이 무엇보다 시급했다. 조선이 병자호란을 겪으며 굴욕을 당하게 된 중요 원인 가운데 하나는 대포의 차이, 화약의 차이 때문이었다.

그런데 이런 문제를 해결한 인물은 뜻밖에도 역관 김지남1654~?이다. 김지남은 1692년과 1693년 두 차례 청나라를 방문해 청나라에서 극비로 다룬 염초제조법을 배워왔다. 그는 자신이 배운 기술을 무기를 만드는 관청인 군기시에 널리 전수시켰고, 염초제조법을 적은 《신전자초방新傳煮硝方》을 발간했다. 1719년에는 청나라가 오히려 조

| 불랑기(왼쪽) | 16세기 초에 명나라로 전해져 홍이포 이전까지 주력화기로 사용되었다. 임진왜란 당시 명군이 일본군을 대적하는 데 큰 기여를 했다.
| 홍이포 | 명나라 때 네덜란드를 통해 수입해 개량한 화포. 조선에는 병자호란 당시 청나라 군대가 처음 가져와 사용했는데, 나중에 조선군의 주력화기로 자리잡았다.

선에 화약 제조방법을 문의할 정도로 그의 신기술은 매우 뛰어났다. 이후 조선은 함토 사용을 크게 줄이면서도 화약 생산을 몇 배나 늘릴 수 있었다. 아울러 폭발력이 훨씬 강화된 우수한 화약을 손에 넣을 수 있었다. 또한 함토를 채취하는 백성들의 수고가 줄고, 화약도 자급자족하게 되었다. 김지남은 1712년 백두산정계비를 세울 때 청나라와 협상하여 조선의 영토를 지키는 등 국익을 위해 일한 뛰어난 역관으로도 유명하지만, 우리나라 화약 역사에서 꼭 기억해야 할 인물이기도 하다.

금속활자를 고려가 세계 최초로 만들었다고 해서 구텐베르크의 활자보다 더 위대한 발명이라고 할 수 없듯이, 함포 또한 마찬가지다. 기술의 혁신성에 비해 확산성이 현저하게 뒤졌기 때문이다. 고려와 조선 초기의 함포는 타국의 함포에 비해 기술적으로 앞선 면이 있었다. 조선의 함포는 임진왜란 때 전성기를 맞이했다. 하지만 조선의 함포의 대활약은 그때뿐이었다. 15세기 초반 세계적으로 보아도 크게 앞섰던 조선의 화약무기 기술은 이후 별다른 발전을 이루지 못 했고, 16세기 말의 화약 제조 기술은 이미 일본에 뒤처지고 말았다.

일본이 조총에 사용할 많은 화약을 보유한 반면, 조선은 화약이 부족해 육상 전투에서 화포를 제대로 이용하지 못했다. 조선의 주 력화기였던 천자총통은 1425년 이전에, 지자총통은 1445년에 만 들어졌으며, 가장 많이 사용된 현자총통은 이보다도 이른 태종재 위:1401~1418 시기에 등장했다. 그렇다면 임진왜란을 겪은 후 화포의 개선이 이루어질 법도 했다.

그러나 조선은 자체적인 개발보다는 화포의 경우, 수입품인 불랑 기와 홍이포紅夷砲를 사용했다. 임진왜란 때 명군이 평양성 전투에서 일본군을 물리칠 때 사용한 대포인 불랑기는 1523년 포르투갈에서 명나라로 전래된 대포였다. 반면 홍이포는 1618년 명나라가 네덜란 드의 켈버린 포를 수입해 자체적으로 제작·사용한 포였다. 1626년 영원성전투에서 명나라가 후금군대를 물리칠 때 홍이포가 큰 역할 을 했다. 그런데 1629년 후금청이 명나라를 통해 이런 홍이포 기술을 입수해서 1631년부터 자체 제작한 후, 1636년 병자호란 당시 조선군 공격에 동원한 것이다. 즉 홍이포는 청이 명에게 배워, 도리어 명을 멸망시킬 때 사용한 주무기였다. 조선은 병자호란 이후 청으로부터 홍이포 기술을 배워 불랑기와 함께 조선 말기까지 사용했다.

17세기 중엽 조선이 북벌을 계획했지만 외국에서 들여온 포를 사 용했을 뿐 근본적인 화포 개선은 이루어지지 않았다. 김지남에 의해 염초제조법이 도입되어 더 강력한 화약을 만들어냈지만, 화포 개선

| 하멜의 배 | 서귀포시 하멜상선전시관에 복원되어 있다. 하멜은 1653년에 표착했다가 13년만에 떠났다. 당시 조선은 범선에 관심이 없었지만, 일본의 경우 1600년에 표착漂着한 윌리엄 애덤스에게 물어 범선을 설계함으로써 원양항해에 큰 도움을 받았다.

에는 거의 영향을 주지 못했다. 1740년 전라 좌수사 전운상1694~1760
이 몸체는 작지만 가볍고 빠른 해골선海鶻船을 만든 것 외에는 함선
의 발전도 없었다. 그나마 해골선은 이미 11세기 중국에서 만들어진
배였다. 임진왜란 이후 수백 년간 별다른 해전이 없었던 탓에, 조선
은 수군을 더 이상 발전시키지 않았다.

최무선이 개발한 화약과 각종 화약무기, 판옥선과 거북선 같은 우
수한 함선을 보유한 조선은 14세기 말~16세기에 닥친 외적의 침략

을 물리칠 수 있었다. 하지만 조선은 최무선의 공적을 폄하했고, 이순신의 위대한 승리를 희석시켰고, 그저 한때의 영광으로만 기억하게 했다. 조선에는 영국의 헨리 8세와 같이 해군 육성에 적극적인 임금과 해상 활동을 통해 국가의 미래를 설계하자는 식견을 가진 신하들이 없었다. 쇠를 다루는 대장장이를 쇠상놈이라고 천대하는 문화, 변화를 두려워하는 사회 분위기가 기술의 발전을 억누르고 있었다. 조선은 빠른 변화를 추구하지 못한 나라였다. 과거의 무기만으로도 적을 물리칠 수 있다고 생각했다. 따라서 서양에서 빠르게 무기를 발전시키고 그 힘이 조선에까지 닥쳐오리라고는 상상도 못하고 있었다. 결국 조선은 1876년, 서양의 문물을 수입해 변신에 성공한 일본의 함포 위협에 굴복해 강제 개항을 당해야만 했다.

뛰어난 함선과 화포를 갖고 있던 조선이 만약 일찍부터 바다에 눈을 돌렸더라면, 이후 어떤 역사가 전개되었을까? 우수한 기술이 있어도 좁은 세계에 갇혀만 있다면, 기술은 쓸모가 없어지고 만다. 조선은 우수한 잠재력을 지니고 있었음에도 불구하고, 변화해야 할 때 변화하지 못하고 말았다. 변화의 순간은 우리 곁에 수도 없이 닥쳐온다. 다만 열려 있고 깨어있는 자각이 없으면, 뒤늦게 지나가버리고만 기회의 순간을 통탄하게 될 뿐이다. 이런 변화의 기회를 또 다시 놓치지 않으려면, 성공했던 역사만큼이나 아쉬웠던 역사를 뒤돌아보아야 할 것이다.

연은분리법
조선의 냉대 vs 일본의 환대 그 결과는

조선초기의 금은 세공 면제요청 소동

1429년 7월 30일, 세종재위:1418~1450은 신하들과 함께 명나라에게 금과 은의 조공 면제를 청하는 사신단 인선을 논의했다. 이 자리에서 황희1363~1452와 맹사성1360~1438은 "이번 명나라 사신의 임무는 매우 중요하니, 종친으로 사신을 임명하자"고 했다. 그래서 선택된 사람이 세종의 배다른 동생인 공녕군 이인1402~1467이었다. 그는 문무에 능하고, 성격이 장중하고 과묵하여 사람을 설득하는 힘이 있는 인물이었다. 부사와 종사관 등 42명으로 꾸려진 사신단은 명나라에 가서 표전문을 올려 '조선에서는 금과 은이 생산되지 않으므로 세공歲貢을 면제해줄 것'을 요청했다. 다행히 이런 노력들이 주효하여 금은 세공은 면제될 수 있었다. 세종은 임무를 완수하고 돌아오자, 직접 마중을 나가 공녕군을 맞이했고, 경회루에서 큰 잔치를 베풀어 노고를 치하하기도 했다.

금과 은의 세공 면제 요청은 세종의 갑작스런 결정이 아니었다. 그에 앞서 태종재위:1400~1418 시대인 1412년 11월 28일 사헌부에서는 이렇게 아뢰었다.

"금은 조공은 사대에 관계되는 일이라 준비하지 않을 수 없어 금을 채굴하고 있지만 땅을 파고 돌을 뚫으며 쇠붙이를 녹이고 단련하는 괴로움을 백성들이 견디지 못하며, 비록 조선에서 은이 산출된다고 하지만 소출이 많지 않아 노력과 비용이 너무 많이 들어갑니다. 그러므로 금은 채굴을 그만두게 하고 그 해에 명나라에 바쳐야 할 금과 은은 조선에서 생산되는 모시와 삼베로 값을 쳐서 바꾸어 조공하게 하소서."

조선은 건국 초부터 금과 은을 명나라에게 사대의 뜻으로 바치는 공물로 사용했다. 개국1392 초부터 1429년세종 11까지 37년간, 1481년성종 12부터 1484년까지 4년간 해마다 각각 금 150냥兩, 1냥은 37.5g으로 150냥은 5.625kg, 1432년 조선 정부의 금은 공정가에 의하면 정포正布로 1만 5,000필, 쌀 4,000석에 해당과 은 700냥정포 6,300필, 쌀 1,680석씩을 조공하는 데 썼는데, 이 정도의 양도 조선에게는 큰 부담이었다. 조선은 전국에 채방사採訪使를 보내 각도를 돌아다니며 금은이 날 만한 곳을 찾아다니기도 했다. 1413년 12월 19일 의정부에서 태종에게 지방관의 금은 채굴을 독려하자며 다음과 같이 아뢰기도 했다.

"각 고을 수령, 향리 등이 비록 금은의 광석이 있는 곳을 알더라도 이를 숨기고서 고하지 않으며, 혹은 고하는 자가 있으면 협박하여 저지시키는데 심지어는 매질까지 합니다. 마땅히 각도 감사로 하여금 수령관을 파견하여 채방사와 같이 이를 찾도록 하소서. 만약 고하지 않다가 뒤에 발각되는 경우가 있으면 교지를 따르지 않은 죄로 다스리고, 스스로 고하는 자는 상을 주어 모범을 보이게 하소서."

그러자 태종은 각 도의 감사로 하여금 수령관을 파견하여 채방사와 함께 도내의 금은 산지를 탐사하도록 지시했다. 그 결과 평안도 태천과 은산, 황해도의 곡산을 비롯해 경상도의 안동 등지에서 은이 생산되었다. 하지만 의정부에서 아뢴 것처럼 수령들은 금광, 은광 개발에 적극적이지 않았다. 광산 개발로 인해 많은 문제점들이 발생하고 있었기 때문에, 이들 광산은 도리어 수령들에게 부담만 가중시키는 존재였다.

광산은 적극적으로 채굴해야만 생산량이 늘어난다. 이때 조선은 광산을 개발하기보다는 금은을 세공 바치지 않는 수요 절감을 통해, 필요 생산량을 줄이는 방법을 택했다.

조선은 금은세공을 면제받는 대신, 다른 물건을 명나라에 더 바쳐야 했다. 1430년 예조에서 매년 정조正朝, 절일節日, 천추절千秋節에 금은 대신 명에 바치는 추가적인 물건을 보고했는데, 황제·황태후·중궁·동궁 4곳에 바치는 물건을 정리해보면, 말 84필, 명주 100필, 마포 254필, 만화방석 34장, 황화석 45장, 채화석 20장, 만화석 19장, 백색저포 4필, 인삼 40근에 달하였다. 특히 전에 없던 말 84필을 매년 바치게 되었다. 금은 세공을 면제받았다고, 조공 액수가 줄어든 것도 아니었다.

'황금의 나라'를 물려받은 조선

그런데 우리나라는 본래부터 금은 생산이 심각한 문제가 되는 나라가 아니었다.

'황금의 나라 신라'

846년 무슬림의 지리학자 이븐 쿠르드다비의 저서《왕국과 도로 총람》에는 신라를 황금이 풍부하고 사람이 살기 좋은 곳이라고 기록했다. 알 이드리시의 저서《천애횡단 갈망자의 산책》에는 "신라는 금이 너무 흔하다. 심지어 개의 사슬이나 원숭이의 목테도 금으로 만든다"고 했다. 8~9세기 무슬림들은 인도와 동남아시아를 지나 중국에

| 경주 계림로 보검(왼쪽) | 1973년 경주 미추왕릉 인근 계림로 14호분에서 발견된 길이 36㎝의 황금 보검. 보물 635호. 1,500년 전에 만들어진 보검은 신라와 서역의 교류의 증거로 추정되고 있다.

| 금동신발(경주 식리총) | 5세기경 신라에서 만들어진 신발의 바닥판. 신라는 황금의 나라답게 금관, 허리띠, 귀걸이, 술잔을 비롯한 다양한 황금 유물을 남겨 후손들을 놀라게 하고 있다.

왔고, 거기서 더 멀리 신라까지 왕래하고 있었다. 그들이 본 신라는 황금의 나라였다. 실제로도 신라 수도 경주에서 발굴된 황남대총, 금 관총, 천마총 등 다수의 고분에서는 허리띠, 귀고리, 금관, 목걸이, 팔 찌, 신발 등 온갖 금제품들이 쏟아져 나왔다. 하지만 신라 수도 경주 주변에는 현재까지 뚜렷한 금광이 확인된 바 없다. 그 때문에 신라의 수많은 금동제품의 원료인 금의 공급구조가 내내 풀리지 않은 의문 으로 남아있었다. 그런데 2014년 박홍국 위덕대 박물관장은 신라는 사금砂金을 채취해 금의 수요를 충당했을 것이라고 주장했다. 그는 경주 인근 하천변 10곳에서 사금을 직접 채취한 결과를 바탕으로 이 를 주장하여, 많은 이들의 공감을 얻었다. 일견 수긍할 만한 견해가 아닐 수 없다.

모든 산업은 수요가 있어야 생산이 늘어난다. 시장 경제가 충분히 발전하지 않은 시대에 산업은 철저히 수요자 위주의 시장이다. 전 세 계에서 발견된 금관의 절반이 신라 무덤에서 출토되었다는 것은 황 금에 대한 신라인들의 선호도가 남달랐음을 뜻한다. 금에 대한 수요 가 많았던 신라에서는 수요를 충당하기 위해 사금 생산을 독려했던 것이라고 볼 수 있다.

신라시대에 풍족했던 금을 왜 조선에서는 형편없이 모자란다고 했을까? 한반도 지역은 금광이 없는 군郡이 별로 없을 정도로 전국 적으로 넓은 부존양상을 보인다. 그중 제1의 금 산출지는 평안북도 로 운산, 대유동, 창성, 구성, 의주 등지에는 대규모 금광이 자리 잡고 있다. 특히 운산금광은 산출량이 실로 엄청난 곳이어서, 1901년에는 조선정부 예산의 4분의 1에 육박하는 생산량을 자랑하기도 했다. 운산금광은 동양의 엘도라도라 불릴 정도였다. 1936년 금 생산액은 사금을 포함하여 모두 6,872만 7,346원으로서 한반도 전체 광업 산출액의 63% 정도를 차지할 정도였다. 1939년 한반도는 남아프리카공화국, 미국, 소련 등과 더불어 세계 6대 금 생산지에 오르기도 했다. 식민지 시기 조선에는 황금광黃金狂 시대라 불릴 정도로 금광 개발 열풍이 불었다. 곳곳에서 금을 캐서 부자가 되려는 사람들이 넘쳤다. 평안북도 구성군 삼성금광을 개발한 최창학1891~1959은 식민지 시기 조선 최고의 부자로 이름났고, 방응모1883~1950는 평안북도 삭주군 교동금광을 개발해 거부가 된 후 조선일보사를 인수해 그 부가 오늘날까지 이어지고 있다. 만약 운산금광의 가치를 조선이 미리 알고 개발했다면, 19세기 말~20세기 초에 조선이 일본에 막대한 부채를 질 이유가 없었을 것이다. 그랬다면 20세기 초 비운의 망국을 당한 조선의 운명이 달라졌을지도 모른다.

조선시대 사람들도 금과 은을 귀하게 여기지 않거나, 사치를 몰랐던 것은 결코 아니었다. 1630년 1월 28일자 《승정원일기》에는 경연經筵 자리에서 참찬관 이경여1585~1657가 "최근 궁중에는 사치스런 일이 별로 없으나, 여염집에서 사치풍조가 날로 심해지고 있어 걱정"이라고 말하자, 지사 홍서봉1572~1645 역시 "지금처럼 백성들이 재물을 탕진하는 시기가 없었다."면서, "세태가 변화했다."고 말했다. 그러자 인조재위:1623~1649는 풍속을 바꾸기가 쉽지 않아 걱정이라면서 "고려시대 때는 우리나라의 물자가 풍부하고, 은그릇이 많아 군사들에게 상으로 주기도 했고, 몽골에게 많은 물자를 징발 당했음에도 능히 공물을 바칠 수 있었으니, 고려의 경제가 대단하다"고 칭송하면서 지금은 그렇지 못하다는 이야기를 했다. 그러자 지사 홍서봉은 "고려 때에는 재상과 권신들 중에 부유한 가문이 많았지만, 지금은 상의원에서 소유한 금도 1전 8푼뿐이고, 공사公私의 재물로 탕진되어 만약 변방에서 환란이 있으면, 모든 사람이 죽을 지경인데 그럼에도 사치의 폐해가 있다니 알 수가 없다."고 했다.

금과 은이 부족한 것에 대해, 이경여는 "하늘이 내는 재물은 한계가 있는데 사람들이 재물을 쓰는 데에 절제가 없기 때문"이라고 아뢰었다. 그뿐만 아니라 특진관 김자점1588~1651은 "조선의 큰 폐단은 장시場市로, 여기에서 놀고먹는 무리들이 많고, 도적들이 모여드는 까닭에 장시가 서는 것은 농사에 방해가 되니 한 고을에 장시의 수가 많으면 줄여야 한다"고 주장했다. 이날 경연에 참석했던 이경여, 홍서봉 등은 모두 백성을 빈곤하지 않게 하려면 검소함을 실천함으로써 사치 풍조를 없애자고 했다.

이날 경연에서 이야기한 인조와 이경여, 김자점, 홍서봉 등의 경제관념은 오늘날의 우리와 너무 다르다. 인조는 조선에서 금은 등이 부족한 원인을 알지 못한 채 오직 사치의 폐해만이 조선을 위태롭게 한다고 여겼다. 신하 또한 백성을 농업에만 몰두하게 하고, 농업에 방해되는 장시는 줄이고, 사치 풍조를 없애는 것만이 해결책이라고 생각했다.

그런데 조선 초기의 태종과 세종도 이들과 생각이 같았다. 조선이 명나라에 금은을 바치지 않으려고 한 까닭은 농업에 방해가 된다고 여겼기 때문이다. 조선의 왕과 사대부들은 농업만이 백성을 먹이고, 조선이 살아가는 생업의 전부라고 생각했다. 광업도 상업과 마찬가

지로 농업을 방해하는 산업으로 여겼던 것이다. 조선의 3대 국시國是
-사대교린, 숭유억불, 농본억상 가운데 하나인 농본農本 정책 탓에, 상업은
물론 광업도 냉대를 받았던 것이다.

1429년 조선은 명나라로부터 금은 조공을 면제받게 된다. 하지만
이로 인해 국내에서도 금은의 사용에 큰 제약을 받게 된다. 영의정을
역임한 신흠1566~1628은 "본래 우리나라는 은광이 많아 고려 말 이후
로 중국에게 은을 수탈당해왔는데, 조선 초에 겨우 조공을 면제받게
되었다. 하지만 그 결과 은을 나라의 화폐로 사용할 수 없게 되었고,
200년간 채굴하는 길도 막히게 되었다."고 지적하기도 했다.

획기적인 연은 분리 기술 개발과 외면

은 생산이 주춤하던 조선에서, 은 생산을 획기적으로 늘릴 수 있
는 엄청난 가치를 가진 연은분리법 기술이 개발되었다. 1503년 5월
18일자 《연산군일기》에는 양인 김감불과 장례원掌隸院 노비 김검동
이 납으로 은을 불리어 바치며 아뢰기를, "납 한 근으로 은 두 돈을
불릴 수 있는데, 납은 우리나라에서 나는 것이니, 은을 넉넉히 쓸 수
있게 되었습니다. 불리는 법은 무쇠 화로나 남비 안에 매운재를 둘
러놓고 납을 조각조각 끊어서 그 안에 채운 다음 깨어진 질그릇으로
사방을 덮고, 숯을 위아래로 피워 녹입니다' 하니, 전교하기를, '시험
해 보라.'"고 한 기록이 등장한다.

김감불과 김검동이 발명한 방법은 납이 포함된 은광석에서 녹는
점의 차이를 이용해 납은 산화시키고, 은을 골라내는 기술이다. 연은
분리법이 사용되기 전까지, 대부분의 나라에서는 광석을 태운 다음

재에서 은을 걸러내는 원시적인 방법이 주를 이룬 탓에, 은의 생산 효율성이 대단히 낮았다. 은은 본래 추출하기가 매우 까다로운 금속으로, 그때까지만 해도 금을 분리할 때 부산물로 얻어지는 경우가 대부분이었다. 중국에서는 구리와 은을 분리하는 방법이 사용되긴 했지만, 김감불과 김검동의 방법이 이보다 더 효율적이었다. 1637년 송응성1587~1666이 저술한 중국 최초의 기술백과전서인《천공개물天工開物》〈제련製鍊〉'은銀' 조에 연은분리법이 소개되자, 중국에서도 널리 이 방법이 퍼졌다.

연은분리법은 당시 유럽인들이 사용하던 은제련법을 앞서는 획기적인 방법이었다. 스페인이 볼리비아 포토시 광산에서 사용했던 은 정제법은 수은아말감 공법이었다. 이 방법으로 은을 제련한 탓에, 수은가스 중독으로 인디오 희생자가 800만에 이르렀다고도 한다. 연은분리법은 이보다 훨씬 안전한 당대 최고의 기술이었다.

이처럼 은 생산을 획기적으로 늘릴 수 있는 위대한 발명 탓에, 채광량 대비 순은의 소출량이 적었던 광산도 개발이 가능해졌다. 연은분리법 발명으로 은 생산이 늘자, 함경도 단천에서 생산된 은은 조선 정부의 수출금지 정책에도 불구하고, 몰래 명나라로 수출되기도 했다. 하지만 국내에서 금은이 산출되지 않는다는 이유로 은의 조공 부담을 피했던 조선은 은의 밀수출이 발각되면 조공 그 자체가 위기에 빠질 것을 두려워하여 수출을 엄금했다. 따라서 조선은 연은분리법 발명 이후에도 은광 개발을 적극적으로 추진하지 않았고, 결과적으로 새로운 발명의 수혜자가 되지 못했다.

뜻밖에도 연은분리법의 최대 수혜자는 일본이었다. 연은분리법은

1533년에 일본으로 유출되고 만다. 1539년 8월 10일자 《중종실록》
에는 사헌부에서 "유서종이 왜노倭奴와 사사로이 통해서 연철鉛鐵을
많이 사다가 자기 집에서 불려 은銀으로 만드는가 하면 왜노에게 그
방법을 전습하였으니, 그 죄가 막중합니다."라고 임금께 아뢴 기록이
등장한다. 전주판관全州判官 유서종은 연은분리법의 가치를 모른 채
그 기술을 일본인에게 유출했던 것이다.

1526년 개발되기 시작한 일본 시마네현 이와미광산은 연은분리
법을 사용한 이후 은 생산량이 획기적으로 늘었다. 이와미광산 옛 기
록에는 "하이후키법灰吹法은 1533년 하카타현 후쿠오카의 거상 가미야
가 조선에서 초청한 경수와 종단이란 기술자에 의해 이와미 은광산
에 최초로 도입됐다."고 기록되어있다. 이로 인해 일본은 은광 개발
과 은 제련이 활기를 띠게 되었다. 중국은 은 본위제를 시행한 탓에
16세기 말부터 17세기 전반 세계의 은을 대량 흡수했다. 이때 일본
은 연은분리법을 이용해 세계 은 산출량의 30~40%를 차지했다. 중
국이 수입한 은 가운데 거의 절반이 일본의 은이었다. 1560~1640년
일본의 은 생산량은 8,000~9,600톤인데, 거의 전량을 중국에 수출
했다. 도요토미 히데요시는 이와미 은광산에서 나온 은으로 총과 화
약을 사들여 조선 침략에도 나설 수 있게 되었다. 조선이 넘겨준 기
술이 일본을 부유하게 하고, 조선을 위협하는 무기로 되돌아왔던 것
이다.

반면 조선은 일본으로부터 대량의 은을 구입해, 중국에 되파는 중
계 무역에 안주했다. 당시 세계는 볼리비아, 멕시코, 일본 등에서 생
산되는 막대한 은을 바탕으로, 국제 교역망이 활성화되어 새로운 경

제체제 구축을 위해 꿈틀거리는 중이었다. 그런데 조선은 세계사를 바꿀 수도 있을 대단한 기술 발명을 이룩하고도, 은의 생산 및 유통과 관련해 세계사에서 철저히 소외되었다.

임진왜란 중 명나라 군대가 들어오고 이때 따라온 명나라 상인들이 은화를 유통시키자, 조선에서도 차츰 은의 수요가 늘기 시작했다. 그 결과 임진왜란 이후 은산銀山의 민영화가 허가되었고, 1651년에는 은의 주화정책이 재개되어 곳곳에서 은광이 가동되기 시작했다. 은산 채굴장인 은점銀店을 허가하고 호조에서 계사計士라는 관리를 파견해 세금을 징수하기도 했다. 또한 정부의 단속에도 불구하고 개인이 금광, 은광을 개발해 몰래 채굴하기도 했다. 하지만 대세의 흐름을 오판하는 정책 결정권자들 때문에, 조선에서 광업은 발전의 한계를 보일 수밖에 없었다.

농업의 집착과 시장경제의 미발달

1836년 5월 25일 헌종이 대신들과 만나 이야기 나누는 자리에서, 좌의정 홍석주1774~1842는 "조선에서 금광과 은광의 채굴을 금해온 것은 비단 농사철에 방해될 뿐만 아니라, 무뢰한 백성들이 서로 이익을 다투어 도둑질하기에 이르기 때문입니다. 지금에 와서 사사로이 금광, 은광을 개발해 채취하는 자들이 있으니, 각도의 감사에 이를 금하게 하소서."라고 아뢰었다.

홍석주는 광산에 모인 자들을 무뢰배無賴輩, 즉 의지할 곳이 없는 사람들의 최후의 선택임을 이해하지 못했다. 어두운 굴에 들어가 광물을 캐는 광부들의 위험천만한 작업에 대한 현실적인 이해는 없었다. 그는 광산 개발의 부작용을 이야기할 뿐, 그 이익에 대해서는 전혀 인식하지 못했다. 조선 정부 관리들의 광업에 대한 몰이해가 대규모 광산 개발을 막는 요인이었다. 조선 말엽 조선이 금 생산국의 가능성을 보이자, 서양의 여러 나라들이 운산 금광 등의 개발권을 탐냈다. 결국 금광의 이익은 서양인과 일본인들이 차지했고, 조선은 조선이 가진 보물을 그만 헐값으로 외국인들에게 넘기고 말았던 것이다.

위대한 기술을 발명한 김감불과 김검동이 조선에서 이후 어떤 대접을 받았는지는 기록에 전하지 않는다. 노비였던 김검동의 신분에 변화라도 있었을까? 김검동과 같은 또 다른 노비 발명가가 등장하지 않았다는 점에서 볼 때, 기록이 없어 확언하기는 어려우나 김검동의 신분은 달라지지 않았을 것이라 추측된다. 조선에서 장인들은 천대받는 사람들이었다. 장인들의 기술 혁신을 눈여겨 본 위정자는 조선에 없었다.

19세기 말부터 조선을 방문한 선교사들은 조선은 너무 가난해서 서양 물건을 살 수조차 없는 나라라고 혹평했다. 조선이 가난한 까닭은 잘못된 신분제도 및 농업만이 최선이라는 사대부들의 그릇된 경제관 때문이었다. 홍석주가 무뢰배라고 한 자들은 경제정책 실패로 인해 어쩔 수 없이 농토에서 유리된 하층 농민들이었다. 조선의 위정자들은 이것저것 떼고 나면 생계조차 유지하기 힘든 가난한 농민들의 삶을 외면했다. 오히려 삶에 지친 농민들이 차라리 노비가 되는 길을 택하게 만들어, 오로지 자신들의 부귀영화를 뒷받침해주는 도구로 전락하는 것을 기뻐했는지도 모를 일이다.

17세기 들어 전 세계는 빠르게 변화하고 있었다. 중국은 도자기,

차, 실크 등을 해외로 수출하며 부를 증진시키고 있었고, 서양과 일본은 그 물건을 구입하기 위해 엄청난 은을 중국에 지불해야 했다. 조선에서도 금광과 은광이 충분히 개발되었다면, 외국의 각종 물품과 식량 등을 구입해 백성이 굶주림에서 해방될 수 있었을지도 모른다. 금광과 은광을 개발한다는 것은 땅 속에서 돈을 캐내는 것이고, 국가의 부를 증진시키는 길이었다. 하지만 당시 조선의 위정자들은 이를 깨닫지 못했다.

백성은 먹고 살기 위해 막장인생을 각오하고 광업으로 엄청나게 몰려들고 있었는데, 농본農本 정책만을 고수한 사대부들은 이를 우려스러운 일로만 여겼다. 그나마 경세가 정약용1762~1836은《경세유표》와《목민심서》등에서 '천하 백성이 모두 농사만 지어서는 안 되며, 농부는 농사하고 광부는 채광을 해도 서로 방해되는 것이 아니니 조선에서 호조 산하에 사광서司礦署라는 전담부서를 설치하고, 국가 주도로 광업을 적극 개발'할 것을 제안했다. 그는 그렇게 하는 것이야말로 각종 조세 부담을 견디지 못해 은광 등으로 몰리는 백성을 진정 살리는 길이며, 금광이나 은광을 몰래 채굴하는 것을 방지하는 길이라고 여겼다. 하지만 개혁군주라고 일컬어지는 정조도 은점을 늘리지 못하게 했고, 광업을 국가 기간산업으로 육성하려는 의지를 보이지 않았다. 상황이 이랬으니 정약용의 시대를 앞선 생각은 실현될 수 없는 것이었다.

견리사의見利思義는 유교의 경제관념을 집약적으로 보여주는 말이다. 눈앞에 이익을 보거든 먼저 그것을 취함이 의리에 합당한지를 생각하라는 공자기원전 551~479의 말은 이익에 현혹되어 인의를 저버리지 말라는 것이었다. 공자는 족식足食, 즉 먹고 사는 문제가 해결된 이후에야 나라를 지킬 수 있고 신의信義 사회도 구현될 수 있다고 보았다. 맹자기원전 372~289 역시 왕도정치王道政治를 말하면서 의식 문제를 계속 이야기했다. 즉 인과 의를 실천하는 것이 중요하지만, 의식 문제를 해결하지 못하면 인간의 도덕적 완성도 불가능한 것으로 본 것이다.

유교 경전에 달통한 조선의 왕과 사대부는 백성의 먹고사는 문제 해결을 정치의 근본으로 삼았다. 그러면서도 그들이 가진 경제관은 유교의 핵심이 되는 인仁과 의義의 실현에 있었다. 다만 먹고사는 문제와 인의 실현이 충돌했을 때의 해결 방법론이 관건이다.

《주례》에는 민民의 9가지 직업으로 농업 이외에도 공업, 상업, 광업 등을 이야기 했고, 어느 것이 우월하다고 하지 않았다. 그런데 조선은 유독 농업에 비해 공업, 상업, 광업을 천하게 여겼다. 왜냐하면 상공인의 속임수는 인仁에 어긋나며, 식食의 생산에 종사하지 않으므로 의義에 부합하지 않기 때문이라고 보았던 것이다. 즉 상공인들은 견리사의에 위반되는 이利에 치우쳐 의義를 버리는 자들이므로, 상공업을 억제해야 한다고 보았던 것이다.

맹자는 백성을 사士와 민民으로 나누고, 사는 물질적 보상 없이도 도덕성을 유지할 수 있는 부류이고, 민은 물질적 보상 없이는 도덕성을 기대하기 힘든 부류라고 보았다士嘗學問, 知義理, 故雖無恒産 而有常心, 民則不能然矣. 맹자가 말하는 진정한 사의 경지, 즉 가난해도 도덕성을 유지한다는 것은 결코 쉽지 않다. 그렇기 때문에 먹고사는 것이 해결된 이후에 인의를 찾아야 하는 것인데, 조선 사대부들은 인의를 앞세워 상공업을 억제하려고만 했다.

그런데 1395년 4월 4일 대사헌 박경1350~1414은 태조에게 사대부들은 서울에 거주하면 왕실을 호위하므로 사전私田을 주어서 염치를 기르게 하라고 아뢰었다. 조선의 사대부들은 경제적 안정이 예의와 염치를 지킬 수 있는 필수 요건이자 사회체제 유지를 위한 절대요소로 여겼다. 경제문제가 중요하다고 여긴 그들이었지만, 스스로 인의를 추구하는 사대부들이라고 자부하는 만큼 노골적으로 부를 추구할 수는 없었다.

율곡 이이1536~1584는 《격몽요결》에서 "의복은 화려하고 사치해서는 안 되고 추위를 막는 정도면 족하며, 음식은 감미로워서는 안 되고 굶주림을 면할 정도라면 족하며, 거처는 편안한 것을 구할 것이 아니라 병나지 않을 정도라면 족하다."고 하였다. 공자의 제자 안연기원전 521~490의 안빈낙도安貧樂道의 삶을 사士의 생활신조로 삼았던 조선사회에서 사치는 명분상 멀리해야 할 대상이었다. 왕과 사대부가 사치를 멀리하면 백성도 사치를 멀리할 것이고, 백성이 이익을 멀리하면 그들도 예의를 알게 될 것이라고 위정자들은 믿었다. 하지만 이이의 말과 박경의 말 속에서 사대부들이 갖는 모순이 발견된다. 안빈낙도의 삶을 살아도 괜찮다고 배우지만, 현실에서는 재물이 있어야 사대부의 예의와 염치 즉 자신들의 체면을 차릴 수 있다고 생각했던 것이다.

1546년 이언적1491~1553은 명종에게 "백성은 나라의 근본이니, 근본이 견고해야 나라가 안녕한 것인데, 지금 민생이 곤궁하니 매우 한심한 일입니다. 요즘 외방의 백성은 중국 사신의 접대와 수령들의 수

탈로 말미암아 살 곳을 잃고 떠돌아 생업에 안정할 수 없다고 합니다. 또한 도적이 많은 것도 요즘보다 심한 적이 없습니다. 전라도에 도적이 많다고 하는 것은 농사를 업으로 하는 자는 적고 장사를 업으로 하는 자가 많아서 장시場市에 의지하여 생활하기 때문인데, 무식한 수령들이 장시를 금지해야 할 것인지를 모르고 있습니다. 설치된 장시가 비록 많지 않음에도 백성 가운데 농업을 버리고 상업을 따르는 자가 다수를 차지하고 있습니다. 인심이 이익을 다투게 되자 완악함과 포악함이 이로 인하여 더욱 많아지고 도적이 이로 인하여 서로 결합하여 집단적으로 약탈하기 때문에 도적이 성행하고 있습니다. 경상도는 토지가 비옥해 백성이 모두 농업에 힘썼는데 장시가 선 뒤로부터는 그 폐단이 전라도와 다를 바가 없습니다.”라고 아뢰었다.

이언적은 백성이 곤궁한 것을 구제하자고 하면서도 농업을 버리고 장사하는 것은 금지해야 한다고 주장했다. 왜냐하면 이익을 다투고 포악해지며 도적으로 변해갈 것이 두렵기 때문이라는 것이었다. 백성들은 물질적으로 충족되어야 인과 의를 알 수 있는 존재이다. 그러니 그들의 삶을 충족시켜주는 정책을 먼저 펼쳐야 함에도 조선의 위정자들은 먹고사는 문제

| 조운선(모형) | 각 지방에서 거둔 조세인 현물을 중앙으로 운송하기 위한 조운漕運에 쓰인 배. 조선은 시장을 활성화시킬 필요를 크게 느끼지 못해 조운 외에 도로와 수레 등의 수송체계를 정비하지 않았다.

의 해법을 오직 농업에서만 찾으려고 했다. 그런데 지나칠 정도로 상업을 억제하는 것이 단지 백성들이 이익만을 다투기 때문에 그러했던 것은 아니다. 조선의 지배층이 대개 농장을 경영하는 지주들이었기 때문에, 농민들이 농사를 짓지 않고 상업과 광업에 종사하는 것은 자신들의 이익에 반하였다. 농민은 상인이나 공인, 광부들에 비해 한 곳에서 생활하기 때문에 세금을 징수하기가 편리하고 노비로 부릴 수가 있다.

이언적을 비롯한 조선의 지배층들은 자급자족 경제로 백성들을 묶어놓고, 교환경제를 제약하는 것이 자신들의 이익에 부합된다고 본 것이었다. 그들은 교환경제의 분업 이익에 대해서는 따져보지 않았다. 어떤 정책으로 백성들이 잘 살 수 있느냐를 고민하기보다는 자신들의 이익을 위해 유교적 지배논리에 복종하는 백성들이 충실한 신민臣民으로 남기를 원했던 것이다. 조선이 500년 넘게 버텨낼 수 있었던 중요한 이유 가운데 하나는 상공업자들을 배제하고 지주층을 중심으로 한 지배연합의 동질성과 농촌적인 정체성을 유지했기 때문이라고 할 수 있다. 또한 농업중심적 사고야말로 나중에 닥치게 될 '망국 조선의 비극'을 가늠하게 해주는 원인遠因이었다고 하겠다.

마음껏 부의 욕망을 발산하는 사회였다면?

하지만 17세기에 몰아닥친 세계적인 이상기후와 전란으로 인해 농업이 몰락하여 굶주린 백성들이 농촌을 떠나 한성부를 비롯한 도시나 변방 등으로 대거 이주를 하게 되었다. 또한 굶주림과 학대를 견디지 못한 노비들이 잇따라 도망치자, 조선은 기존의 정책을 수정

할 수밖에 없었다. 그래서 등장한 것이 대동법이었고, 그 결과로 화폐 유통이 활발해지고 상업과 공업, 광업이 성장하게 되어 위기를 넘길 수 있었던 것이다. 18세기 들어 농업 이외에 상업 등이 성장하자, 이를 토대로 이용후생학파라는 일군의 실학자들이 나타나 '상공업의 장려와 이익의 추구는 의義와 배치되지 않는다'고 인식하게 되었다. 하지만 대부분의 실학자들은 정책을 결정하고 집행하는 일에 영향을 끼치는 지위에 오르지 못했다. 반면 정책을 결정하는 조선의 위정자들은 여전히 농업중심적인 사고에서 벗어나지 못하고 있었다.

농서農書의 보급 등 권농정책을 통해 조선시대 농업 부문의 생산성이 어느 정도 향상된 것은 사실이지만, 농업 중심의 자급자족형 경제정책의 한계는 너무도 분명했다. 세종이 농업을 증진시키기 위해 금광과 은광 개발을 억제한 것은 결과적으로 경제발전에 마이너스 역할을 했다고 평가할 수 있다. 상업을 권장하고 광공업을 진흥시켰다면, 분업의 효과를 누려 경제의 생산성이 좀 더 올라갈 수 있었을 것이다. 생산을 하고 싶어도, 소비가 없으면 불가능하다. 농한기인 겨울철에 농민들이 빈둥거릴 수밖에 없었던 까닭은 농업 중심의 경제 구조 때문이었다.

조선의 위정자들이 금광과 은광 개발이 가져올 경제적 의미를 깨닫고, 국영광산을 운용해 그 수입을 국방비 등에 효율적으로 사용했더라면 어떠했을까? 그들은 겉으로는 이익을 경계하고 의를 강조했지만, 그 이면에서는 공공연하게 고리대를 놓거나 관직 매매행위를 통해 치부를 했다. 그들도 부자가 되고 싶어 했다. 그들이 자신에게 솔직해져 부자가 되고 싶은 욕망을 적극적으로 드러냈다면 어떠했

| 세종대왕상(경운궁) | 광화문광장의 세종대왕상보다 먼저 만들어졌다. 세종대왕은 우리 역사상 최고의 현군으로 꼽히지만, 노비급증 및 금은 광산개발 억제는 실책으로 꼽힌다.

을까? 사대부들도 부자가 되고, 백성들도 부자가 되는 정책을 대놓고 펼쳤다면, 조선은 달라지지 않았을까? 그들은 잘못 해석된 유교의 가르침에 매몰되었다. 그리하여 어쩌면 그들조차 조선을 가난으로 이끈 요인이 무엇인지 제대로 몰랐을 수 있다. 급기야 전 세계는 이미 근대적 과학문명의 시대를 향해 달려가고 있었는데, 세월의 흐름을 무시한 채 유교의 가르침만을 부여잡고 헛된 세월을 보내고 말았다.

조선 곁에는 19세기 중반까지 세계 최고의 경제대국이었던 명-청이 있었다. 조선은 그 이웃을 제대로 활용하지 못했다. 도리어 명나라의 수탈을 경계하며 조선이 금광과 은광 개발을 못하였으니, 명나라는 도리어 조선을 가난하게 만든 하나의 요인으로 작용했다 할 수 있겠다.

그렇지만 조선을 가난하게 만든 가장 중요한 원인은 유교의 경제관을 잘못 해석하여 농업 중심의 경제정책을 실시한 것에 있었다고 생각한다. 백성을 배불리 먹인 이후에야 나라가 지켜지고, 안정될 수 있다는 공자의 말을 조선 사대부들이 좀 더 깊이 천착했어야 하지 않을까.

한 국가의 경제정책이 실패하는 가장 중요한 이유는 정책 결정권자들이 전체 국민의 이익보다 자신들의 계급적, 사적 이익을 우선하기 때문이다. 2001년과 2003년 미국 부시 행정부가 실시한 부자들에 대한 감세정책이 미국의 엄청난 재정적자로 이어졌던 것이 근래 볼 수 있었던 유사 사례라 하겠다. 우리나라의 부동산 정책, 조세 정책, 부실기업에 대한 구제금융 등 여러 정책들도 전체 국민의 이익을 위한 것인지 깊이 따져볼 일이다.

거대 건축물

위용이 사라진 풍경

조선 사신들의 감탄을 자아낸 요양백탑

중국 요양성 요양시에는 요遼~금金 시대에 만들어진 높이 71.2m
의 거대한 백탑이 서 있다. 이 정도 높이면 대략 30층 정도의 아파트
높이와 비슷하지 않을까. 이 백탑을 본 조선의 연행사들은 놀란 소감
을 글로 많이 남겼다.

우뚝하게 삼천 척 탑이 서 있네 兀立三千尺

넓디넓은 큰 들판 앞에 蒼茫大野前

더 이상 높은 탑은 없으리 更無高抵塔

곧장 위로 하늘을 범하려 든다 直欲上干天

– 작자 미상《계산기정薊山紀程》, 1803년 12월 2일

연암 박지원1737~1805은 백탑이 요양벌판의 3분의 1을 차지한다

| 요양백탑遼陽白塔 | 요양시 백탑구에 위치한 8각 13층 전축탑. 요나라916~1125 때 세워진 것으로 추정되며, 한 변의 길이 10m, 높이 71.2m에 달한다. 연행사로 간 조선 선비들의 감탄을 자아내곤 했다.

고 과장스러운 기록을 남겼고, 담헌 홍대용1731~1783은 백탑의 높이를 천 길千仞이라며 그 놀라움을 표시한 바 있는데, 다른 연행사들의 글 속에선 백탑이 구름에 걸리거나 하늘에 닿을 듯하다는 표현도 찾아볼 수 있다. 심지어 백탑을 보지 못한 정조도 '백탑을 바라보다望白塔'라는 시를 남겼다.

포개 놓은 돌이 손바닥처럼 편평한데 累石平如掌

우뚝하게 솟아 유독 홀로 높구나 穹崇任獨尊

스스로 중력을 지니지 않았다면 不由持重力

어떻게 천문에 다다를 수 있으랴何以抵天門

필자도 이 탑을 가까이에서 살펴본 적이 있는데, 과연 조선 사람들이 놀랐던 심정을 충분히 이해할 수 있었다. 요즘이야 수백 m 넘는 초고층 건축물을 서울뿐 아니라 우리나라 곳곳에서 찾아볼 수 있지만, 지난날 2층 건물조차 만나 보기 어려웠던 조선 사람들이 드넓은 요동벌판 위에 우뚝 선 거대 백탑을 만났으니, 경외감을 느낄 수밖에 없었을 것이다. 더욱이 자국을 제후국이나 소국으로 여긴 조선 사람들이 황제국 청을 방문하는 길에 백탑을 만났으니, 지레 '대국의 것은 역시 달라. 정말 크다!'는 선입견까지 반영되어 실제보다 더 거대하게 느끼게 된 것인지도 모른다.

이와 관련해 눈길을 끄는 또 다른 유적유물이 있다. 자강도 만포시에서 압록강을 향해 바라보면 고구려의 수도였던 길림성 집안시가 보인다. 이곳에는 높이 6.39m의 거대한 광개토태왕릉비 외에 천추총, 태왕릉, 서대총, 장군총 등 웅장한 규모의 숱한 무덤들이 있다. 그런데 과거 조선 사람들은 이곳이 고구려 수도인 줄 몰랐다.《용비어천가》39장 해제에는 압록강 너머 너른 벌판에 속칭 대금황제성이란 옛 성이 있고, 성 북쪽 7리에 비석이 있다고 적혀있다. 이수광1563~1628의《지봉유설》〈궁실부〉'릉묘'편에는 "만포진 건너편에 큰 무덤이 있는데, 황제의 묘라고 전한다. …… 심언광1497~1540의 '만포 가는 도중에 황제 무덤을 바라보며'라는 시에는 금나라(完顔古國)의 황폐한 성에는 황제의 무덤과 거대한 비석이 존재한다."고 적고 있다.

조선 사람들은 고구려 국내성을 황제의 성으로, 거대 무덤을 황제의 무덤으로 여겼다. 거대한 무덤과 비석은 황제가 다스리는 제국이 만들 수 있는 것이지, 우리 조상들이 세운 것이라고 생각하지 못했기 때문에 광개토태왕릉비를 덮고 있는 이끼를 제거하고 비문의 내용을 살펴보고 싶다는 호기심조차 발동하지 않은 것이다.

우리 역사에 등장했던 거대 건축물들

19세기 말 조선을 찾아온 서양인들에게는 한성부가 수직적인 도시라기보다는 수평적인 도시라는 인상이 강했던 것 같다. 한성부에는 상대를 위압할 만큼 높은 건축물이 없었다. 남산에서 바라본 한성부는 기와집과 초가집이 엇비슷한 높이로 다닥다닥 붙어있는 모습이었다. 높아봤자 2층 건물 정도였다. 20세기 초반에 서양인들이 찍은 한성부 사진에서 볼 수 있는 높은 건축물은 남대문과 경운궁 중화전, 경복궁 근정전 정도였다.

높은 건축물을 구경해보지 못한 조선 사람들에게 거대 건축물은 우리나라가 아니라, 남의 나라에나 있는 것이라고밖에 생각할 수 없었다. 그렇다면 여기서 한 가지 소박한 의문이 떠오른다. 과연 우리 역사에는 장대한 건축물이 존재하지 않았던 것일까?

그러나 한국사를 조금만 더 관심갖고 살펴보면 금세 규모가 만만치 않았던 역사적인 건축물들을 찾아볼 수 있다. 신라 황룡사 9층탑은 높이가 225척약 70m에 달했고, 백제 미륵사의 목탑도 거대했을 것으로 추정된다. 붕괴되어 북동쪽은 6층까지만 남아있는 미륵사 서탑은 높이가 14.24m에 달한다. 원형이 제대로 보존되었더라면, 20m가

| 경주 탑곡 마애조상군磨崖彫像群 | 보물 제201호인 이 바위의 북면에 새겨진 탑의 모습이 황룡사 9층탑을 모델로 새긴 것으로 여겨진다. 높이가 225척에 달하는 거대한 신라 목탑을 가늠케 한다.

넘는 웅장한 모습이었을 것이다. 1993년 추정 복원한 9층짜리 동탑의 높이는 27.8m에 이른다. 하지만 그 두 탑 사이에 서 있었던 거대한 목탑은, 동서의 탑보다 훨씬 커서 높이가 50~60m에 달했을 것이라 한다. 만약 지금까지 황룡사탑이나 미륵사탑이 남아있었더라면, 웅장하고 거대한 모습으로 끊임없이 보는 사람들의 감탄을 자아냈을 것이다.

그렇다면 수십 미터에 달하는 거대한 탑들은 어떻게 지었을까?

| 백제 미륵사지 | 현재 미륵사지에는 높이 27.8m로 복원된 동탑과 수리중인 14.2m의 서탑이 있다. 이 두 탑 사이의 중앙에 거대한 목탑이 있었을 것으로 추정된다.

피라미드를 건축하는 것처럼 돌을 일일이 경사진 각도로 끌어올려 쌓으려면 만만치 않은 노동력이 필요하다. 삼국시대에 고층 건축물을 무리없이 지을 수 있었던 것은 높은 것을 위로 들어 올릴 수 있는 녹로轆轤라는 장비가 있었기 때문이다. 이를 입증하기라도 하듯, 미륵사지 탑 부근에서 녹로를 사용했던 H자 형태의 흔적이 발견되기도 했다.

수원화성을 건설할 때1794~1796년 정약용이 서양에서 전래된《기기도설奇器圖說》을 보고 거중기를 만들어 사용했다는 것이 널리 알려진 까닭에, 18세기 후반이 되어서야 우리나라에서도 무거운 것을 거중기로 들어 올린 것으로 생각하는 이들도 있다. 하지만 정약용이 최초로 거중기를 만든 것은 아니다. 거중기 이전에도 높은 물건을 들어 올리는 데 쓰는 녹로가 있었기 때문에, 고층 건물 공사에 아무런 기술적인 문제가 없었다. 물론 녹로는 수원화성 건설 현장에서도 사용되었다. 1970년 8월 태평로 확장 공사로 인해 덕수궁 대한문이 뒤쪽으로 14m 이전하게 되었는데, 드잡이녹로 운전전문가 김천석 장인의 지휘 하에 녹로를 이용해 손쉽게 대한문을 옮겼다고 한다.

백제에는 노반露盤 박사라는 전문가가 있었다. 노반이란 탑의 꼭대기 층에 있는 누대와 지붕 장식을 말한다. 그렇다면 노반박사는 단지 지붕장식을 만드는 것만을 전담했던 사람일까? 그렇지 않을 것이다. 노반박사는 탑을 만드는 전문기술자라는 견해가 우세하다. 지붕장식을 만들어 탑 위에 올려놓는 기술이 가장 어렵기 때문에 특별히 그런 전문가가 노반박사라 불리지 않았을까. 그렇다면 노반박사란 녹로 등을 이용해 탑과 같은 높은 건축물에 물건을 올릴 수 있는 기술자다. 요즘으로 치면 크레인 제작, 운전 및 조각가의 능력을 가진 사람이라는 추정이 가능하다. 삼국시대에 노반박사가 있었다는 것은 높은 건축물을 만들 만큼 충분한 기술과 인력, 자본, 무엇보다 거대건축물을 필요로 하는 수요가 있었음을 알려준다.

동양에서 거대 건축물의 대표선수로는 흔히 중국의 자금성을 꼽곤 한다. 하지만 거대한 궁궐은 우리나라에도 있었다. 지금은 자취만 남아있는 고구려의 안학궁을 살펴보자. 427년 평양으로 천도한 후 586년 장안성을 새로 건립해 옮겨갈 때까지 고구려의 왕궁노릇을 한 궁궐이었던 안학궁의 제2궁전은 폭이 87m나 된다. 제2궁전은 전면 19칸, 측면 4칸의 거대 건물이다. 경복궁 근정전의 전면과 측면이 5칸인 것에 비하면 규모가 엄청나다는 것을 알 수가 있다. 고구려와 자웅을 겨루던 당나라 장안성의 함원전이 전면 11칸인 것을 생각하면 그 크기가 짐작이 안 갈 정도이다.

우리 역사에 등장하는 이런 대형 궁전이 또 있다. 중국의 어떤 학자들은 발해의 수도 상경성이 당나라 장안성을 모방했으며, 발해는 당나라의 지방정권이라고 주장한다. 하지만 발해 상경성 제2궁전 터는 폭이 96m에 달한다. 2009년 중국에서 제2궁전 터를 발굴한 결과 여기서도 전면 19칸, 측면 4칸의 거대한 건물이 세워졌음이 밝혀졌다. 발해 상경성은 고구려 안학궁을 모델로 만들어진 태왕황제의 궁전이지, 당나라 지방정권에서 세운 정도의 궁전이 아닌 것이다. 고구려와 발해의 궁전은 현재 터만 남아있어 높이가 어느 정도인지, 얼마나 화려했는지 알 수 없다. 하지만 고구려와 발해가 경쟁국이던 중국의 나라들보다 더 큰 궁전을 만들어, 자존심과 위세를 한껏 과시하고자 했던 것만큼은 확실하게 알 수 있다.

이러한 점은 불교가 국교였던 고려에서도 마찬가지였다. 1123년 고려를 방문한 송나라 사신단은 고려 사람들의 안내로 개경 한복판에 있는 광통보제사보제사를 방문했다. 이들 일행 가운데는 《고려도경》의 저자 서긍1091~1153도 포함되어있었다. 고려가 의도적으로 보제사로 송나라 사신단을 안내한 것은 나름의 목적이 있었다. 보제사는 당시 고려 선종의 대표 사찰로 연못이 3개, 우물이 9개, 거대한 종, 특히 대장경을 비롯한 1만 권의 장서를 보관하고 있는 2층으로 지어진 장경전을 보유하고 있었다. 당시 사람들이 세상의 모든 지혜가 이 절에 모여 있다고 말할 정도로 고려의 자랑거리였다. 고려인들은 보제사의 종소리가 워낙 커서 거란까지 들릴 정도라고 허풍을 치기도 했다. 이런 허풍을 치면서 보제사를 가보게끔 한 것은 서긍 일행이 놀랄만한 웅장한 건물이 있었기 때문이다. 서긍은 보제사에서 왕의 거처를 능가할 만큼 웅장한 나한보전과, 특히 정전 서쪽에 높이가 200척60.6m이 넘는 5층 목탑을 보았다. 고려 개경에는 보제사 말고도 30m 높이의 당간을 가진 흥국사, 서긍이 규모가 크다고 말했던 2,800칸 건물을 가진 흥왕사를 비롯한 거대 사찰들이 많았다.

거대 건축물은 한 국가의 국력을 상징하는 상징물이기도 하다. 고려는 송나라 사신 일행에게 '봐라, 너희만 대국이 아니다. 우리도 이런 웅장한 건물을 지닌 대국이니, 얕보면 큰 코 다친다.'라고 신호를 보낸 것이다. 고려의 궁궐인 만월대는 높은 기단 위에 만들어진 황제의 궁궐이었다. 고려는 황제국을 표방했기 때문에, 황제에게 어울릴 법한 대규모의 궁궐을 건축했다. 당시 고려를 방문한 송나라 사신들은 고려를 설득해 함께 금나라를 공격하자는 외교 협상을 하던 중이었다. 고려는 당연히 협상을 유리하게 이끌기 위해 고려의 힘과 위상을 과시할 필요가 있었다. 그렇기 때문에 고려가 대국임을 나타내는 상징물로 보제사의 거대 목탑과 흥국사, 흥왕사 등 거대 사찰들을 의도적으로 관람시켰던 것이다.

보제사 5층탑은 한 차례 무너졌다가 1392년 12월에 중건되어 조선시대에도 그 위용을 뽐내고 있었다. 김종직1431~1492의 문인으로 《유호인 시고兪好仁詩藁》를 남긴 유호인1445~1494은 개성을 방문하여 5층 목탑을 본 후 감흥을 시로 남겼다.

십천교를 지나 곧바로 가서 연복사에 이르렀다.
한 중앙에 우뚝 선 5층 누각이 온 성중을 압도하는데
창문과 기왓장에 저녁놀이 비치니, 참으로 웅장하구나.

연복사는 보제사에서 바뀐 이름이다. 성현1439~1504 역시 '연복사 층각에 오르며'라는 시를 남겨 5층 목탑의 거대함에 감탄했다.

금벽은 저녁노을에 번쩍번쩍 빛나고 오층 누각은 우뚝하게 드높구나.
사다리를 돌아 오르면 온종일 소란스럽던 새들도 발밑에서 날아다닌다.
(중략)
오층 꼭대기에 올라도 천년의 한을 다 삭힐 수는 없지만
한줄기 맑은 바람이 나그네의 옷자락을 치켜 올린다.

차천로1556~1615의 야담집인 《오산설림초고五山說林草藁》에는 "황계창이란 자는 개성 사람으로 연복사 5층 전각 위의 감실에 금은자金銀字로 쓴 불경 수백 본이 있었는데, 그가 이를 훔쳐가지고 나가려하자 중들이 그 기색을 알고 앞을 다투어 올라가 그리 못하도록 붙잡고 막았으나, 계창은 그 경축經軸을 모두 챙겨서 허리춤에 어지러이 꽂고 또 두 손에도 각기 수십 축씩 움켜쥐고는 5층에서 몸을 던져 날아 내려오는 것이 마치 나는 새와 같았으므로 중들이 놀라움을 금치 못했다."고 하였다.

권근1352~1409이 쓴 《연복사탑 중창기》에 따르면 연복사 5층탑 상층에는 영험한 불사리, 중층은 대장경 만 축, 하층은 장엄한 비로자나의 초상을 모신 거대한 건축물이었다. 권근은 5층탑이 높다랗고 우뚝함은 개성의 송악松嶽과 맞먹으며, 구름과 노을이 비쳐 단청이 눈부시다고 찬미했다. 일본이 자랑하는 호류사 5층 목탑의 높이가 31.5m이니 그보다 두 배가 높은 거대한 목탑이라면 전돌로 만든 요

양백탑만큼이나 웅장했을 것이다. 만약 이 탑이 오늘날까지도 남아 있었다면 한국을 상징하는 대표적인 건축물로 자리매김 되었을 것이다.

연복사에서는 조선 초기만 해도 왕이 참석하는 문수법회가 열렸고, 조선 정부에서도 토지를 내려주는 등 보호대상이었다. 하지만 불교 억압정책이 강화된 탓에 서서히 절이 황폐해지기 시작했다. 1551년 2월 4일 개성부 유생들이 올린 상소문에는 연복사, 왕륜사, 공명사, 개국사 등이 지금 남아있기는 하지만 그 터가 황폐해졌다고 하였다. 연복사는 그 뒤로 《실록》에 등장하지 않는다. 연복사 5층탑은 임진-병자란 때 불타 없어진 것으로 추정되고 있다. 이후에도 복원이 되지 않은 것은 사찰에 시주할 재력을 가진 자들이 모두 유학을 받아들임에 따라 사찰재정이 열악해진 탓일 것이다. 승려는 양인이지만 차츰 천민처럼 대우가 낮아지게 되자 점점 뛰어난 승려들이 사라져갔다. 불교 억압 정책이 시행되는 조선에서 거대 사찰을 유지하는 것이 어려워져 사찰은 갈수록 쇠락을 거듭할 수밖에 없었다. 따라서 새로운 대형 불사佛事는 조선조에서 더 이상 기대하기 어려웠다.

《고려사》 충렬왕 3년1277 8월조에는 관후서觀候署에서 왕에게 올린 아래의 글이 보인다.

"도선道詵 스님이 남긴 《도선밀기道詵密記》에 '산이 드물면 높은 누각을 짓고 산이 많으면 낮은 집을 지으라.' 했다. 우리나라에는 산이 많으니 만약 집을 높게 짓는다면 반드시 땅의 기운을 손상시킬 것이니, 태조 이래로 대궐 안에 집을 높게 짓지 않을 뿐만 아니라 민가에 이르기까지 완전히 이것을 금지했다. 지금 조성도감造成都監에서는 원나라의 건축 규모를 본 따서 몇 층이나 되는 누각과 다층집을 짓는다고 하니 이것은 도선의 말을 그대로 좇지 않은 것이요, 태조의 제도를 준수하지 않는 것이며, 장차 무슨 불의의 재앙이 있을 것이니 삼가야 한다."

이 글에서처럼 풍수지리상의 요인으로 높은 건축물을 짓는 것이 달갑게 여겨지지는 않았지만, 고려시대만 해도 누각을 비롯한 다층 건물이 적지 않았음을 알 수 있다. 특히 궁궐과 사찰, 탑은 크고 웅장하게 만들어지기도 했다.

조선에 거대 건축물이 사라진 이유

하지만 삼국과 발해, 고려시대에 만들어졌던 거대 건축물이 사라진 후 조선에서는 높고 웅장한 건축물을 짓지 못했다. 왜 조선은 거대 건축물을 만들지 않았던 것일까? 온돌을 사랑했던 조선 사람들의 생활 풍습 탓일까? 2층 이상에는 온돌방을 만들 수 없기 때문에? 하지만 온돌이 전국적으로 보급된 것은 17세기 이후다. 온돌 외에도 난방을 할 방법은 많기 때문에, 온돌은 그 이유가 되지 못한다.

조선에 고층 건물이 없는 이유 가운데 하나로는 남녀 분별을 중요시하는 유교의 가치관 탓도 꼽아볼 수 있지 않을까. 양반가의 저택에서는 여성들의 공간인 안채가 밖에서 보이지 않도록 담장으로 가렸다. 이런 상황에서 옆집 여성들의 생활 모습을 내려다볼 수 있는 2층 집을 짓기가 곤란했을 것이다. 하지만 이런 일은 한성부 같은 도시에만 해당될 것이다.

조선시대에 거대 건축물이 없었던 이유를 애민사상이나, 자연친화적인 세계관에서 찾는 이들도 있다. 정도전은 《조선경국전朝鮮經國典》에서 "궁궐의 제도는 사치하면 반드시 백성을 수고롭게 하고 재정을 손상시키는 지경에 이르게 될 것이고, 누추하면 조정에 대한 존엄을 보여줄 수가 없게 될 것이다. 검소하면서도 누추한 데 이르지 않고, 화려하면서도 사치스러운 데 이르지 않도록 하는 것이 아름다운 것이다." 라고 하였다. 여기 나오는 '검소하면서도 누추한 데 이르지 않고, 화려하면서도 사치스러운 데 이르지 않도록 하는 것儉而不陋 華而不侈'이 조선의 미학이며, 오늘날에도 계승 발전시켜야 할 한국인의 미학이라고 유홍준 교수는 말하고 있다. 조선의 이러한 미학 사상이 거대 건축물 건설을 제약했을 것이라는 주장에는 머리를 끄덕이게 만드는 부분이 없지 않지만, 그렇다고 조선이 애민사상에 투철한 백성을 위한 나라였다고는 생각되지 않는다.

조선이 애민사상에 투철했다면 차라리 백성들에게 제대로 급여를 주어가며 거대 건축 사업을 벌이는 편이 낫지 않았나 싶다. 하지만 조선은 대형 건설을 모두 강제노역인 부역賦役에만 의지했다. 국가에서 공사를 시작하면 백성들은 생업인 농업을 포기하고 공사 현장에 나가야 했다. 그러므로 너무 자주 백성을 동원하는 공사를 벌일 수가 없었다. 조선에서 백성들에게 급여를 주고 일을 시키는 고립제雇立制를 시행한 것은 17세기 이후로, 백성들의 생활이 너무나도 어려워져 고향을 떠나온 유랑민이 많아졌고 부역에 동원할 양민이 부족해졌기 때문이다. 결국 조선은 대동법의 개혁과 함께 고립제를 시행함으로써 굶주린 백성들을 돌보면서 부족한 노동력을 채울 수 있었다. 수원화성 건설은 마치 미국에서 벌어진 1930년대의 뉴딜 정책처럼 백성들에게 급여를 주고 진행했기 때문에 많은 이들의 생계에 실질적인 도움을 주었다. 하지만 조선 정부의 재정 운영 능력의 부족으로 수원화성과 같은 건설은 계속되지 못했다. 조선이 거대 건축물을 만들지 못한 것은 부역에 의지한 건설 사업 탓이 아니라, 부역제도 자체가 붕괴될 만큼 양인을 확보하지 못한 탓이 크다. 삼국과 고려는 부역으로 관급공사를 했지만 노동력 확보에 큰 어려움을 겪지는 않았다. 뒤편에서 노비문제를 다룰 때 다시 언급하겠지만, 국가적 노동력 확보를 위해서라면 노비를 마구 늘리기보다 양인의 사회적 지위를 안정시키는 정책을 먼저 펼쳤어야 했다. 지배계층이 내건 애민사상은 명분에 불과했고, 조선은 백성을 위한 나라가 아닌 사대부를 위한 나라였다.

그렇다면 지배층이 누리는 화려한 고급문화, 고급 건축물이라도 발전했어야 마땅하다. 하지만 그리 되지 못한 까닭은 유교의 질서의식 때문이다. 조선은 스스로를 제후국이라고 규정하다 보니 명-청 사신들 앞에 위압적인 건물을 지을 수가 없었다. 조선 태조 이성계재위:1392~1398는 처음 한양으로 수도를 옮기고 경복궁을 법궁法宮으로 지을 때 광화문 앞으로 고려의 수도였던 개경의 도시 구조를 의식해 9궤軌 도로를 만들었다. 9궤 도로란 천자가 타는 9대의 수레가 다닐 수 있는 길이다. 고려 수도 개경은 황제국의 수도로 건설된 황도皇都였기 때문이다. 하지만 태종 이방원재위:1400~1418은 그가 머문 창덕궁 앞으로 7궤 도로를 만들었다. 이는 제후가 타는 7대의 수레가 다닐 수 있는 길이다. 오늘날 태평로와 돈화문로 폭의 차이는 이때부터 생겨난 것이다.

　명나라 자금성은 외국 사신들에게 위세를 과시하기 위해 건물의 기단을 대단히 높게 지어, 실제보다 훨씬 웅장해 보이게 만들었다. 명나라는 여러 제후국을 거느린 제국이었다. 따라서 제국의 위용을 과시할 필요가 있었기 때문에 건축물을 거대하게 지었다. 하지만 조선은 위용을 과시할 건축물을 함부로 지을 수 없었다. 제후국의 왕성이 제국의 황성보다 크게 짓는다면 예법을 어겨 참람(僭濫)된 것이라고 비난받을 수 있었기 때문이다. 고구려와 발해는 당나라보다 큰 궁전 건축물을 지었지만 조선은 감히 그렇게 할 생각조차 하지 못했다. 태종이 7궤 도로를 만든 것은, 조선 스스로의 한계를 정해놓은 것이나 다름없었다. 도로가 이렇게 제후의 격에 맞춰 작게 만들어지다 보니, 건축물도 마찬가지로 제후국의 위상을 벗어나는 거대 건축물을 짓지 못했던 것이다.

　조선의 창덕궁은 임금의 살림집으로만 본다면 대단히 적절한 건축물이라고 할 수 있다. 자금성과 같은 거대한 궁전을 지었다면 부작용이 더 컸을 것이다. 왕이 살기에는 자금성은 불편한 건축물에 불과하다. 유교는 상하의 질서를 매우 중요하게 여겼기 때문에 임금의 공간인 경복궁 근정전이나 경회루가 조선 건축물의 상한선이 되었던 것이다. 개인의 저택이나 지방 관아를 궁궐보다 크거나, 높게 짓는 것은 하극상처럼 여겨질 수 있었다.

　요즘 교회들은 경쟁적으로 큰 건물을 짓고 있다. 삼국과 고려의 사찰들은 왕실과 귀족으로부터 막대한 시주를 받았기 때문에 거대하게 짓는 규모 경쟁을 했었다. 다양한 교파가 치열한 교세 과시 경쟁을 하던 고려시대에는 각 사찰에서 경쟁적으로 큰 사원을 지었다. 건물이 크면 교회와 사찰에 오는 사람들에게 신뢰를 얻는다고 생각하는 것은 예나 지금이나 다를 바 없다. 물론 교회와 사찰에 오는 신도들이 많으니, 이들을 수용할 교당이 커야 하는 것은 당연할 수도 있다.

하지만 조선의 종교시설인 서원의 경우는 규모를 키우는 데 한계가 있었다. 서원은 일반인들을 위한 예배나 법회 같은 대규모 행사가 열리지 않는, 일종의 수도사修道士인 선비들만을 위한 공간이었기 때문이다. 서원에서 ≪논어≫를 강의한다고 주변 마을 사람들이 서원을 찾아와 이를 듣지 않았다. 유교는 현실 기복종교가 아니었으니 일반인들이 서원에 가서 복을 빌지도 않았다. 소수서원을 비롯한 유명한 서원들은 왕실로부터 땅이나 노비를 대량으로 기부 받아 탄탄한 재정 기반을 갖고 있었다. 하지만 서원은 크고 화려하게 건물을 지을

| 직방재直方齋 | 영주의 소수서원에서 기숙사 혹은 교수들의 숙소로 사용했다. 조선의 종교 및 교육 시설인 서원은 크고 화려한 건물을 짓지 않았다. 검소함을 강조하는 유교의 가르침에 부합해야 했기 때문일 것이다.

필요가 없었다. 서원은 단지 유학을 공부하는 학생들을 가르치는 강당과 제사를 모시는 사당, 그리고 기숙사인 동재와 서재 정도가 필요한 구조였다. 크고 화려하면 도리어 검박하지 못하다고 비난받기 쉬웠다. 따라서 사대부들을 위한 공간인 서원에 거대 건축물이 들어서지 못했던 것이다.

조선시대 최고 부자들은 양반보다 못한 신분으로 여겨졌던 중인들, 특히 역관譯官 가운데에서 많이 나왔다. 한때 한성부 최고 갑부로 불렸던 일본어 역관 김근행1610~?은 자신의 신분 때문에 부를 마음껏 과시하지 못했다. 그는 자식들에게 부자임을 자랑하지 말라며 이렇게 말했다.

"내 물건이 화려하고 아름다우면 양반 귀족 자제들이 모두 갖고 싶어 할 것이다. 만일 내가 이것을 그들에게 주지 않으면 인심을 잃게 될 것이고, 강제로 빼앗기거나 도둑맞을 것이다. 그렇다고 고루 나눠 주자면 한이 없다. 무릇 사치와 자랑은 화를 부르는 법이다."

그는 절대 사치스런 복장을 하지 않았다. 최고 부자도 겉으로 사치를 부릴 수 없는 시대였기 때문에 큰 집을 짓기 곤란했다. 역시 한때 조선 최고 부자였던 역관 변승업1623~1709은 1696년 부인의 장례에 왕의 관과 같이 옻칠한 것이 문제가 되자, 이를 무마하기 위해 수십만 금을 고관들에게 두루 뿌렸다. 20세기 말에도 거대 재벌이 대통령과 관료들에게 미운털이 박혀 한순간에 해체된 적이 있었다. 마찬가지로 변승업도 한순간에 관리들의 미움을 사서 도태당할 것이 두려워 뇌물을 바쳤던 것이다. 조선시대는 철저한 신분사회다. 높은 사람들의 심경을 건드리면 무슨 일이 벌어질지 모른다. 당쟁이 격화된 조선 후기에는 관리들도 남에게 흠이 잡힐지 모르기 때문에 섣불리 사치를 부릴 수 없었다. 따라서 조선의 부자들은 요령껏 드러나지 않는 방식으로 부를 드러냈다. 조선 후기로 갈수록 사대부들의 집 평수가 넓어지기는 했지만, 눈에 띌 높은 누각 따위는 세우지 않았다.

궁궐, 종교시설, 관청, 저택 외에 대형 건축물을 세울 수 있는 것은 국방관련 시설물이다. 하지만 조선은 안보를 사실상 명-청에게 맡긴 셈이어서 굳이 높은 성벽을 지을 필요가 없었다. 도리어 거대한 축성 작업을 하면 의심을 살까 두려워했다. 예를 들어 북한산성은 1711년 청나라의 눈치를 보면서 몰래 건설한 것이다. 또 조선은 평지성보다는 산성이 발전한 탓에 성을 높게 쌓을 필요가 없었다. 전국적으로 볼 때 평지에 높은 성벽을 쌓아 보호할 만큼 경제적으로 번영한 도시가 수도인 한성부 외에는 없었다.

조선에서 높은 건축물이 없었던 중요한 이유 가운데 하나는 앞서 잠시 언급했던 정부 재정 탓이다. 1865년 4월부터 1867년 10월에 걸쳐 대원군1820~1898이 경복궁 중건을 할 때 조선 경제가 파탄날 뻔했다. 경복궁 중건이 큰 규모의 공사이기는 했지만 궁궐 하나 짓는다고 조선의 재정 자체가 크게 곤란에 빠졌던 까닭은 세도정치 시기를 겪으면서 국가재정의 기반이 크게 부실해졌기 때문이다. 조선 후기로 갈수록 국가에 세금을 내지 않는 궁방宮房 소유의 궁방토와 각 관청 소속 토지, 명문가 소유의 면세지가 크게 늘었던 때문이다.

게다가 17세기 이후부터 서서히 삼림 자원이 고갈되자, 건축 공사에 필요한 목재 가격도 크게 올랐다. 한성부 주변 가까운 곳에서 목재를 구할 수 있었던 조선 전기와 달리 조선 후기에는 강원도 등 먼 곳에서 목재를 운반해 와야 했다. 1617년 경희궁을 건설할 때보다 대원군이 경복궁을 건설할 때의 경제적 부담이 훨씬 컸다. 따라서 조선 후기로 갈수록 대형 건축물을 짓기가 어려웠다. 숙종재위:1674~1720 년간부터는 왕실의 상장례喪葬禮 때 산릉山陵에 마련된 임시건물을 줄이는 등 국장시설을 축소하는 방향으로 변화했다. 조선 전기와 달리 후기 들어 왕실의 건축물이 축소되는 경향을 보인 것은 비용 및 목재 수급 등에 문제가 생겼기 때문이다. 대형 건축물이 줄어들거나 없어지다보니, 조선 사람들이 세상을 보는 눈도 작아질 수밖에 없었다. 중국의 대형 건축물을 보고 지레 겁을 먹거나 조선을 스스로 작은 나라라고 여기게 되는 부정적인 견해가 생기기도 한 것이다.

거대 건축물을 바라보는 다양한 시선

우선 거대 건축물을 착취의 상징으로 보는 시각이다. 거대 건축물은 지배자의 욕망을 표시해주는 것에 불과할지도 모른다. 가령 만리장성은 현재 중국의 상징처럼 되어있는데, 과연 만리장성이 모든 중국인에게 자랑스럽기만 한 문화재일까? 만리장성은 인류역사상 가장 큰 문화재라는 칭송을 듣기도 하지만, 중국인들의 피와 땀을 착취해서 만들어진 건축물이기도 하다. 만리장성은 황제라는 인간 목장의 주인이 세금을 잘 내는 백성이라는 가축을 키우기 위해 만든 펜스에 불과하다고 볼 수도 있다. 노역에 동원되는 백성들의 입장에서 본다면 거대 건축물은 없는 편이 낫다. 실제로 역사상 진나라는 장성 노역에 동원되었다가 반란을 일으킨 진승?~기원전 208 등의 봉기로 인해 붕괴되기 시작했다.

또 하나의 시각은 과시용이라는 입장이다. 남북한 대립이 첨예했던 1974년 북한에서 거대한 문화예술 공간인 인민문화궁전이 완성되자, 대한민국 정부에서도 즉시 이에 버금가는 거대한 기념비적 건축물을 건설하기로 결정하고 1974년에 착공하여 1978년 8월에 비슷한 규모로 세종문화회관을 만들었다. 대중들의 삶과 별다른 관련이 없이 북한과 대한민국의 자존심을 위해 대형 건축물 경쟁에 나섰던 것이다. 건축물이 더 거대하다고 해서 그 사회가 더 나은 사회라고 단정할 수는 없다. 북한이 핵무기를 개발하고 미사일 사거리를 계속 늘린다고 해서 대한민국보다 더 나은 국가라고 할 수 없는 것과 마찬가지다. 하지만 과시용 건물은 보는 이들에게 경외감과 함께, 자긍심을 안겨주기도 한다. 그래서 북한은 평양에 의도적으로 거대 건축물을 많이 지었던 것이다.

또 다른 시각은 거대 건축물을 기술, 정치, 종교, 경제 등 그 시대 문명의 집약으로 보는 것이다. 거대 건축물은 문명의 상징 혹은 문명의 성취와 동일시되기도 한다. 이러한 관점에서 본다면 조선 문명은 이전 시대에 비해 쇠락한 것처럼 보일 수도 있다. 조선은 질서, 예의, 검약 등의 언어를 동원하여 자신의 욕망을 절제해야 했다. 한편 건국 뒤 제후국으로 자처한 조선은 종주국으로 삼은 명·청 제국에게 결코 위협적이지 않음을 보여주기 위해 자신을 내세우지 않은 측면도 있다.

거대 건축물은 사람들의 욕망을 자극하기도 한다. 조선은 사람들의 욕망을 자극하지 않았다. 그러므로 현실에 안주하고, 평온을 유지할 수 있었다. 하지만 비약적인 사회경제적 성장을 추구하지 못했다. 부자 한 사람의 사치가 경우에 따라 다수의 가난한 사람들을 먹여 살릴 수도 있다. 하지만 조선의 거부들은 질서 의식 때문에 자신들의 부에 걸맞는 사치를 부릴 수 없었고 그것은 곧 부의 원활한 사회적 순환이 이루어지지 않았음을 뜻한다. 그렇게 보면 그들의 검약이 꼭 바람직하다고만 말하긴 어려울 듯하다. 검소함만을 추구한 조선에서 새로운 기술이나 과학은 기대하기 어려웠다. 기술이 발전해야 다양한 산업과 예술 등이 발전할 수 있다. 거대 건축물을 짓고자 하는 사회적 욕구가 생기지 않으면 건축 기술도 퇴보하거나 아예 잃어버리게 된다.

조선의 위정자들은 유교의 산업관을 중농 정책으로만 해석한 탓에 다른 산업에 대해 거의 관심이 없었다. 따라서 농민들이 굶주리지 않고 살아가는 것에만 만족할 뿐 백성들의 보다 나은 생활수준의 향상에는 큰 관심이 없었다. 현실 유지에만 신경 썼을 뿐 조선이 가진 잠재력을 키워 미래에 국가의 위상을 어떻게 높여갈지에 대한 고민은 거의 찾아보기 어려웠다. 대형건축물이 없다는 것은 조선 문명의 이와 같은 성격을 단적으로 보여주는 예라고 할 수 있다.

17세기 중엽 효종재위:1649~1659이 북벌을 내세우고 국방력을 강화하며 조선의 운명을 바꿔볼 생각을 하기도 했지만 이는 특별한 사례였을 뿐이다. 사대부들은 천자국과 제후국의 질서가 영원한 것이라고 생각했다. 중국의 대형 건축물을 보고 돌아온 사람들은 천자국과 제후국의 차이를 더욱 뼈저리게 느꼈다.

요양 백탑을 회고하며, 조선에서 대형 건축물이 사라진 것이 우리 역사에 어떤 영향을 끼쳤는가를 다시 생각해보게 된다. 만일 연복사 5층탑만이라도 조선 후기까지 남아있었더라면, 연행사들이 백탑을 보면서 그렇게 감탄하지는 않았을 것이 아닌가? 연복사 5층탑을 보고 우리도 청나라처럼 변방의 오랑캐에서 중원의 패자가 될 수도 있겠지, 라고 생각해볼 수도 있지 않았을까? 조선은 스스로의 잠재력이 얼마나 큰지를 제대로 인식하지 못한 탓에, 도리어 이웃한 강대국을 지나치게 우러러 보았던 것은 아닐까?

온돌

최고의 자랑거리이자 골칫거리

한국 고유의 난방방식 온돌

온돌은 세계적으로 한국인 고유의 난방방식으로 이름높다. 온돌은 불을 피우는 아궁이, 아궁이에서 나온 열을 전달하는 구들, 열기가 빨리 빠져 나가는 것을 막는 개자리, 연기가 통하는 연도, 그리고 연기를 배출하는 굴뚝으로 구성된 매우 과학적인 난방 방식이다. 온돌은 방바닥을 고루 덥혀주기 때문에 습기가 차지 않고 화재에도 비교적 안전하다. 한번 뜨거워진 구들장은 오랫동안 방바닥을 따뜻하게 해주어 추운 겨울의 든든한 동반자 노릇을 해준다. 또한 연기와 재가 방안으로 들어오지 않으므로 청결한 생활이 가능하며, 별도의 난방을 위한 가구 없이도 편안히 지낼 수 있기 때문에 실내 공간 활용에도 장점이 있다. 아울러 바닥을 데우는 방식이라 실내에 신을 신고 들어오지 않으므로 실내 공간을 위생적으로 쓸 수 있게 해주는 장점이 있다. 물론 이것 말고도 다양한 장점들 때문에 다른 많은 전통문화가 사라져가는 과정에서도, 온돌만큼은 꾸준히 개량되어왔다. 오늘날엔 전기, 가스, 석유 등 새로운 에너지원을 이용하는 온수 파이프 방식으로 진화하여 고층 아파트 난방에도 널리 사용되고 있다. 그런 까닭에 일반인들에게 온돌은 매우 친근하면서도 자랑스러운 문화유산으로 자리매김 되어있다. 그러고 보면 온돌을 빼고는 우리 역사 속의 주거문화를 말하지 못할 정도다. 하지만 이런 온돌이 오로지 장점만 가지고 있는 건 아니다. 당연히 부정적인 측면을 동시에 지니고 있다.

2014년 봄에 필자는 YTN 사이언스방송 '한국사 탐구' 프로그램에서 온돌에 대해 심도있는 인터뷰를 한 적이 있었다. 그런데 본방을 시청하면서 필자는 그만 할 말을 잊고 말았다. 도저히 그대로 넘어가선 안 되겠다는 생각이 들어 PD에게 전화를 걸어 강력히 항의했다. 필자는 기분이 나빠도 웬만하면 참고 넘어가는 성격인지라 딱히 그런 경우가 없는데, 이번 온돌 방송만큼은 따끔한 지적을 하지 않을 수 없었던 것이다. 미리 그 이유를 이야기하자면, 자랑스러운 문화유산이라면 무조건 칭찬만 해야 된다고 생각하는 편견이 우리의 시야를 너무 좁히고 왜곡시키는 것에 대한 분노 때문이었다. 온돌 사례를 통해 독자들과 함께 이 문제를 다시 생각해보고자 한다. 먼저 온돌의 역사와, 온돌의 장단점을 살펴보자.

온돌의 대중화는 17세기 이후

온돌은 옥저와 고구려에서 사용하던 부분난방 시설인 쪽구들에서 발전했다. 기원전 4세기~서기 1세기 경 연해주 남부 크로우노프

카 문화옥저문화에서 쪽구들이 일찍부터 사용된 것으로 알려져 있다. 쪽구들은 방의 일부에 一자 또는 ㄱ자 모양의 구들을 놓는 부분난방 시설이기 때문에 쪽구들만으로는 실내가 충분히 따뜻해지기 어렵다. 그래서 쪽구들을 사용한 고구려인들은 휘장(커튼)을 쳐서 찬바람을 막았다. 또 실내에 화로를 들이고, 창문을 작게 내고 벽체를 두껍게 하는 방법도 동원했다. 그렇게 해서 추운 겨울을 지혜롭게 넘긴 것이다. 쪽구들이 방 안의 일부에만 자리 잡기 때문에 고구려 사람들은 실내에 신발을 신고 들어와 의자, 평상, 좌상, 장방 등에 앉아 입식생활을 했다. 고구려 고분벽화에는 이처럼 입식 생활하는 모습들이 담겨있다. 쪽구들은 삼국은 물론 발해와 고려에서도 사용되었다.

쪽구들이 여러 줄의 고래가 있는 형태로 발전하여 방 안 전체를 데우는 온돌방이 등장하게 된 것은 고려 후기 들어서였다. 이성계 1335~1408가 자주 찾았던 양주 회암사에서는 우리나라 최대의 구들 시설이 발견된 바 있다. 조선 초기에 온돌이 완성되지만 이때부터 온돌이 널리 보급된 것은 아니었다. 당시에는 양반집에도 병자나 노약자를 위해 한두 개 방에만 온돌이 놓인 정도였다.

1563년 2월 4일자 《명종실록》에는 이날 왕의 침실에서 화재가 난 일을 기록하고 있다.

"왕의 침실은 침상 아래에 으레 화기火器를 넣어서 따스하게 한다. 그때 반드시 먼저 네모반듯한 벽돌을 침상 아래에 벌여놓은 다음 화기를 넣어야 하는데도 내관이 4일에 벽돌을 벌여놓지 않고 이글거리는 불을 넣고는 다시 살펴보지 아니하여 불꽃이 세어져 화기를 뚫고 침상의 판자에 닿아 불이 붙었다. 밤 2경에 이르러 불꽃과 연기가 치솟았으나 겨우 끌 수 있었다."

이로 볼 때 임금의 침상은 침상 아래에 숯을 담은 화로를 넣어 덥히는 형태였으니 이는 온돌이 아니었다. 임금이 온돌방에서 생활하지 않았던 만큼 궁궐 안에도 온돌방은 거의 없었다. 조선 최고의 교육기관인 성균관의 학생들이 거주하는 동재와 서재는 본래 마루방이었다. 1417년경에야 병자를 위해 온돌방 하나가 설치되었고, 전체가 온돌방으로 바뀐 것은 1528년 무렵이었다. 따라서 조선 초기에 살았던 정도전1342~1398이나 한명회1415~1487 등이 등장하는 사극에 온돌방에서 대화를 나누는 장면은 상황이 잘못 설정된 것이다.

조선 초기의 온돌 보급이 왜 쉽지 않았던 것일까? 그것은 방 전체에 열기가 고루 전달되도록 고래를 놓고 구들장을 만드는 것이 고도의 기술이었기 때문이다. 온돌이 보편적인 난방 방식으로 정착된 것

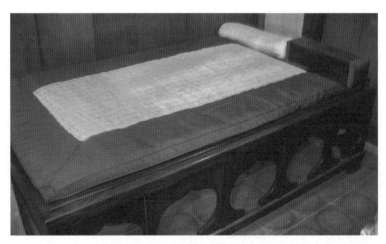

| 침상 | 조선 초기만 해도 이런 침상이 많이 사용되었으나, 온돌이 보급됨에 따라 사용이 크게 줄어들었다.

은 17세기 이후였다. 당시는 현재 기온보다 연평균 1~2℃ 정도가 낮은 이른바 소빙기小氷期라고 일컬어지고 있다. 기온이 낮아지자 조선 사람들은 따뜻한 아랫목을 가진 온돌을 선호하기 시작했던 것이다.

1624년 3월 5일자《인조실록》에는 영의정 이원익1547~1634이 인조에게 이렇게 아뢴다.

"신이 전에 듣건대, 선조先朝의 나인內人들이 모두 말하기를 '사대부집의 종들도 온돌에 거처하는데 나인으로서 마루방에 거처해서야 되겠는가.' 하므로 이로부터 대궐 안에 온돌이 많아졌다 하니, 마루방으로 바꾸면 낭비를 줄일 수 있을 것입니다."

그의 말에 따르면, 궁녀들이 생활하는 방이 온돌로 변화한 것은 16세기 말에서 17세기 초라고 할 수 있다. 성대중1732~1809은 《청성잡기靑城雜記》에서 온돌 보급에 대해 이렇게 적었다.

"온돌이 유행하게 된 것은 김자점1588~1651부터다. 옛날에는 방이 모두 마루여서 큰 병풍과 두꺼운 깔개로 한기와 습기를 막고, 방 한두 칸만 온돌을 설치해서 노인이나 병자를 거처하게 하였다. 인조 때 도성의 네 산에 솔잎이 너무 쌓여 여러 차례 산불이 나서 임금이 근심하자, 김자점이 이에 한성부 오부五部의 집들에 명해 온돌을 설치하게 하자고 청하였으니, 이는 오로지 솔잎을 처치하기 위한 것이었다. 사람들이 모두 따뜻한 걸 좋아하여 너나 할 것 없이 이 명령을 따라 얼마 안 가서 온 나라가 이를 설치하게 되었다. 지금은 이 온돌의 폐해가 심하니, 젊은 사람들이 따뜻한 데 거처하면 근

| 헐벗은 조선의 산 | 20세기 초 한양도성 주변의 산 모습. 인왕산과 낙산, 남산, 북악산은 벌채가 엄금되었으나, 땔감수요의 급증으로 황폐화를 면하지 못하고 민둥산이 되고 말았다.
출처:서울시립대학교박물관

육도 뼈대도 약해지며, 숲이나 산이 모두 민머리가 되어 장작과 숯이 날이 갈수록 부족해지는데도 해결책이 없다."

이원익과 성대중의 말처럼 온돌이 널리 보급된 것은 17세기 이후였다. 성대중은 온돌이 보급되면서 땔감수요가 늘어 산림이 파괴되었으며 이에 대한 해결책이 없다는 것을 심각하게 지적했다. 다음 두 기록은 궁궐 내에 온돌방이 늘면서 생긴 변화를 알려준다.

주강晝講에서 참찬관 이경여1585~1657가 1630년에 인조에게 "듣건대 선조 임금 때에는 대궐의 방에 온돌을 놓은 것이 매우 적었기 때문에 기인其人(땔나무와 숯을 공급하는 사람)이 바치는 땔나무가 오늘날처럼 많지 않아 단지 관리들의 신역身役으로만 내게 했고, 백성들의 전결田結에서는 징수하지 않았다고 합니다. 지금 갑자기 고칠 수는 없겠지만 의당 폐단을 줄이는 방도를 생각해야 할 것입니다."라고 아뢰었다.

영의정 정태화1602~1673는 이보다 뒤인 1662년 현종재위:1659~1674에게 "기인 공물貢物에 관한 부역은 가장 괴롭고 무겁습니다. 부녀자 처소 온돌 숫자는 가볍게 의논할 수 없으나 각 관청에 진상하는 숫자는 참작하여 덜지 않을 수 없습니다." 라고 아뢰기도 했다.

온돌 땔감부족으로 산림 황폐화 초래

이 기록처럼 17세기에 갑자기 궁궐에 온돌이 늘어나 땔감 소비가 급증하자 궁과 관청에 땔나무를 공급하는 기인其人들의 부역이 가장 괴롭고 힘든 일로 떠올랐다. 온돌의 단점은 이처럼 쪽구들에 비해 땔감이 많이 필요하다. 따라서 현종은 궁궐 안에 온돌방을 줄이도록 명했다. 하지만 한번 온돌방의 따뜻함을 경험한 사람들은 다시 마루방에서 살기가 쉽지 않다. 가축을 대량으로 방목하는 유목민들은 동물들의 배설물을 말려 연료로 사용할 수 있지만, 많아야 몇 마리 가축을 키우는 조선의 농민들에게는 그야말로 먼 나라 이야기였다. 온돌이 널리 보급되기 시작하면서 땔감 수요가 늘어 조선의 산림이 파괴되어 나가는 악순환에 빠지고 만 것이다.

이웃나라 중국은 조선보다 먼저 나무 부족을 겪었다. 물론 온돌 때문은 아니었다. 이를 간략히 살펴보자면 황하 중하류 일대에 황토고원지대로 유명한 산서성과 하북성 일대는 오랜 문명의 중심지답게 일찍부터 대규모 벌채와 개간이 이루어졌다. 특히 산서성 태행산

맥 일대의 산림은 수많은 왕조를 거치면서 벌목이 거듭되어 마침내 북송960~1127 시기에는 산림이 절반으로 줄었다. 명나라1368~1644가 건국될 즈음에는 산서성 북부에서 발해만에 인접한 산해관까지 수천리에 걸쳐 울창한 산림지대가 형성되어있었다. 하지만 명나라 수도 북경에 사는 황실과 고관, 부호들이 앞 다투어 대저택을 지었다. 아울러 명나라에 새로 도입된 옥수수나 고구마 같은 작물을 심어 먹고사는 농민도 대대적으로 산림을 훼손하며 경작지를 늘려나갔다. 이로 말미암아 16세기에는 이 일대의 산림이 다 사라져버렸다. 산에 나무가 줄어들다 보니 홍수가 나기 쉬웠고, 황하가 자주 범람하여 사람들에게 잦은 수해를 안겼다. 그러자 이번에는 평지를 떠나 산에 올라가 밭을 일구고 사는 농민이 많아졌다. 이로 말미암아 산림 파괴의 악순환은 더더욱 가속화되었다.

이런 상황이었음에도 불구하고 이 지역에는 많은 인구가 모여 살 수 있었다. 그 이유는 바로 석탄 때문이었다. 중국에서는 당618~907 시기에 이미 취사와 난방을 위해 석탄을 사용했다. 산서성면적 156,300㎢은 오늘날에도 중국 전체 석탄 매장량의 3분의 1을 차지하는 곳이다. 중국 최대의 동력탄 산지인 대동大同 탄전, 중국 최대의 무연탄 산지인 양천陽泉 탄전, 중국 최대의 노천탄광인 평삭平朔 탄전, 중국 최대의 코코스 산지인 고교古交 탄전을 비롯한 6,000여 곳의 크고 작은 탄광에서 현재도 석탄을 캐내고 있다. 석탄 덕분에 이 지역 사람들은 연료 걱정 없이 생활할 수 있었던 것이다.

반면 조선은 석탄을 거의 사용하지 않았다. 조선 왕실에서 종친들에게 석탄을 내려주는 경우가 종종 있었고, 삼척三陟과 통진通津 등지에 왕실 소유 석탄광산이 있었지만 주된 연료로는 거의 쓰이지 않았다. 우리나라에 주로 매장된 무연탄은 유연탄과 달리 쉽게 불이 붙지 않는 단점이 있었기 때문이다. 따라서 중국과 달리 조선은 땔감을 전적으로 나무에 의존했다. 그러므로 온돌 확대로 인한 땔감 수요의 급증은 조선 사회에 큰 파장을 몰고 왔다.

땔감 가격이 급등하자 백성들은 나무 부족으로 관棺을 마련하지 못해 장례를 초장草葬-시신을 짚으로 싸서 임시로 매장하기으로 치러야 할 정도였다. 나무 값이 오르자 불법으로 다른 사람의 산에 침범해 몰래 나무를 베는 투작偸斫 행위가 더욱 심해졌다. 농본국가 조선은 건국 초부터 치산치수治山治水를 위해 산림의 개인 소유를 금지하고 산림 보호 정책을 시행했다. 그리하여 국가에서 지정한 산림 일대의 바위

| 땔감장수들 | 도성 주변의 나무가 현저히 줄어듦에 따라 이제 성민들을 위한 땔감은 멀리서부터 조달되어야 했다. 아울러 필요량 또한 갈수록 늘어 땔감장수들은 늘어가기만 했다. 출처:서울시립대학교박물관

에 경계를 구분하는 금표禁標를 새겨 일반 백성의 접근을 금했다. 이런 금산禁山 제도를 통해 국가에서 필요한 산림을 보호하고자 했다. 하지만 일반 산림에 대해서는 산림공유 정책을 펼쳐 누구나 이용가능하게 하는 한편 민간인이 함부로 산림을 소유하지 못하게 했다.

즉 조선에서 산림은 공유지였다. 1968년 하딘G. J. Hardin은 《사이언스》에 게재한 〈공유지의 비극〉이란 글을 통해 개인주의적 사리사욕은 결국 공동체 전체를 파국으로 몰고 간다고 경고한 바 있다.

조선에서 산림은 내 것이 아니었다. 그렇기 때문에 나무를 베어만 갈 뿐 나무를 심고 관리해야 할 의무는 없었다. 당시 사람들은 엄청나게 많아 보였던 숲이 고갈될 것이라고는 생각하지 않았다. 즉 울창한 나무들이 땔감으로 마구 베어져 나가고, 농지개간으로 인해 숲이 파괴됐다. 조선의 산림은 하딘이 말하는 '공유지의 비극'에 딱 들어맞는 사례라고 할 만했다.

《경국대전》〈상례喪禮〉편에는 분묘를 중심으로 일정한 지역에 한해 묘주에게 독점적인 금양禁養 권리를 주도록 했다. 즉 특정한 지역에는 타인이 함부로 무덤을 만들거나 벌채를 할 수 없게 하고 묘주가 임산물을 길러 채취할 수 있는 권리를 인정했다. 그렇다고 산림이 제대로 관리된 것은 아니었다. 묘주가 산림의 이용권만 있을 뿐 농지와 같은 항구적인 소유권은 인정되지 않았기 때문이다.

그러나 이웃한 일본은 조선과 달랐다. 조선의 산림이 사실상 누구도 소유하지 않는 자유접근형 공유지인 것과 달리 일본에서는 공동소유자를 확인할 수 있는 공동체의 공유재산이었다. 일본에는 입회권入會權을 통해 산림을 이용할 수 있는 사람들이 정해져 있었다. 여기서 말하는 입회권이란 한 지역의 주민이 지방 관례나 법규에 의해 일정한 산림이나 연못 등에서 공동으로 이익을 얻을 수 있는 권리를 말한다.

따라서 그들은 공유지를 함부로 파괴하지 않고 산림을 보호했다. 예를 들어 시마네현 스가야 타타라 철광산 주변의 산림은 제철을 할 때 필요한 땔감 수요를 위해 지역을 15등분으로 나누고 매년 한 구역씩만 벌채를 허용했다. 그러면 15년 후에는 나무들이 원래상태를 회복한다. 그 결과 타타라 지역에서는 1751년부터 1921년까지 170년간 연간 200톤의 철을 생산하는데 필요한 목재를 제공하면서도 산림 파괴를 겪지 않았다.

연료대책 없는 온돌은 독毒

온돌로 인한 땔감 소비 급증이 촉매재 노릇을 해 산림이 파괴되기 시작하자 자연히 홍수와 가뭄이 빈번해졌다. 우리나라 논밭은 대개 산 아래 계곡에 만들어져 있다. 그런데 산에 나무가 없어져 토사가 밀려 내려오니 산 밑의 논밭은 물론이거니와 평지의 논밭마저 엉망이 되기 시작했던 것이다. 그러자 농민들은 너나 할 것 없이 산전山田 개발에 나섰다. 조선에는 일본 및 청과의 거듭된 전쟁으로 17세기 들어 농토를 잃고 떠도는 사람들이 많아졌고 이들이 산으로 들어가 화전火田을 일구는 경우가 늘어난 탓도 컸다.

가난한 농민뿐만 아니라 궁방宮房과 사대부들도 앞 다투어 산전 개발에 나섰다. 조선 후기에는 늘어나는 인구 부양을 위한 경지가 더 많이 필요해져 경작이 될 만하다 싶으면 어디든 가리지 않았다. 경작

한계지인 500m 높이의 산간지역까지 개간이 이루어졌다. 숲은 불을 질러 손쉽게 화전으로 만들 수 있었다.

1675년 조선 정부는 화전을 금지하는 정책을 실시하지만 실효를 거두지 못했다. 정약용1762~1836은《경세유표經世遺表》에서 "우리나라의 산악이 국토의 4분의 3인데, 화전의 면적이 평지의 논밭과 비슷하다."고 주장했다. 그의 주장대로라면 화전 때문에 전국적으로 엄청난 숲이 파괴되었다고 할 수 있다.

땔감 소비는 급증하는데 숲은 점점 사라지니, 마침내 건드려선 안 될 숲까지도 파괴되었다. 대표적인 것이 서울의 인왕산이다. 인왕산은 조선 초기만 해도 숲이 우거져 호랑이가 출몰하는 산으로 유명했다. 그러나 조선 후기에는 민둥산으로 변해 호랑이가 살 수 없는 산으로 변했다. 도성을 에워싼 북악산, 인왕산, 낙산, 남산 등 이른바 내사산內四山은 함부로 나무를 벨 수 없는 금산禁山이었음에도 불구하고 산림이 크게 훼손되어 버렸다. 내사산의 산림은 경작지 확보를 위한 산전 개발이 아닌 땔감 소비의 급증 탓에 파괴된 것이다.

조선 초기에 착호갑사捉虎甲士라는 호랑이 잡는 군인이 있었다. 이들은 매년 호랑이를 100마리 이상 사냥했고, 사냥을 통해 얻은 호피를 명나라나 일본에 선물로 보내줄 정도였다. 조선이 호랑이를 적극적으로 잡은 까닭은 호환虎患을 없애 백성들의 삶을 안정시키려는 노력의 일환이었다. 그러나 조선후기에 호랑이가 거의 사라지고 만 것은 호랑이를 없애고자 한 정부의 정책 탓도 있지만, 숲이 사라져 호랑이의 먹잇감이라 할 멧돼지나 사슴 같은 야생동물이 크게 줄었기 때문이다. 숲이 사라지면 그곳에 서식하는 동물들은 물론 인간의 삶마저도 크게 변하고 만다.

이런 과도한 산림 파괴에 대해 조선 정부도 우려하기는 했다. 1798년 10월 13일 비변사에서 정조재위:1776~1800에게 "근래 소나무에 관한 정책이 날이 갈수록 점점 해이해진 탓으로 공산公山이니 사양산私養山이니 할 것 없이 가는 곳마다 헐벗은 곳뿐이니 정말 작은 걱정거리가 아닙니다. ……산림을 보호하도록 단단히 타일러 경계하도록 하여 산이 울창해지는 효과를 볼 수 있게 해야 하겠습니다."라고 아뢰면서 문제의 심각성을 지적하는 한편 산림 보호가 필요하다며 주의를 환기하고 있다. 하지만 조정에서는 뚜렷한 대책을 내놓지 못했다. 당시 지방관들이 식목 사업에 적극적인 의지가 없었고 백성들 또한 나서지 않았다. 오늘날 지구 생태계의 파괴는 자본주의 또는 산업주의가 주된 원인이라고 많이들 언급하지만, 조선후기 산림 황폐화는 산업주의가 아니라 땔감확보 및 산전개발 때문이었다.

1910년 조선의 임목축적량은 남한의 경우 1ha당 10m^3도 안 된다. 특히 전남과 경북은 3~4m^3 정도에 불과했다. 이 정도면 마을마다 당산나무 외에는 별달리 나무가 없었다고 해도 과언이 아니다. 그러다가 1973년 이후 식목사업을 활발하게 펼친 결과 2010년 기준 임목축적량은 126m^3로 크게 늘어났다.

하지만 기억을 떠올려보면 70년대 초까지만 해도 우리나라에는 헐벗은 민둥산이 많아 홍수 피해가 잦은 편이었다. 산에 나무가 없으면 작은 동물이 살기 어려워져 자연히 개체수가 줄어든다. 그렇게 되면 이들보다 상위의 포식자인 육식동물 역시 서식하기 힘들다. 아울러 인간에게 유익한 먹을거리나 약재 등 산림자원도 현저히 줄어든다. 산림 파괴는 야생동물의 생태계뿐만 아니라 인간의 생태계에도 악영향을 미치는 것이다.

온돌의 보급은 산림뿐만 아니라, 다른 여러 분야에서도 조선을 변화시켰다. 온돌 아궁이에 불을 지피기 위해 안방 남쪽에 부엌이 붙게 되자 남쪽 창문이 없어져 실내가 어두워졌다. 아울러 아궁이를 이용해 취사를 하기 위해 부엌을 설계하다 보니 부엌이 방보다 낮아져 여성들의 작업환경도 나빠지고 일도 고단해졌다. 그뿐만 아니라 기존에 쓰이던 의자, 침상, 휘장 등이 퇴출되고 대신 온돌 바닥에 앉아 생활하기 쉽도록 문갑, 탁자 등 가구의 높이가 낮아졌다.

온돌의 단점을 이야기하기가 그렇게 힘이 드나?

YTN 사이언스 방송 프로그램 이야기로 돌아가 보자. 방송에서는 한의사와의 인터뷰를 통해 온돌이 몸에 대단히 좋은 난방방식이라고 좋게 평가했지만, 앞서 언급한 바와 같이 성대중은 온돌 보급 이후 사람들이 좌식생활을 하게 됨에 따라 근육과 뼈대가 약해진다고 주장했다. 온돌이 혈액순환을 도울 수 있을지는 몰라도 온돌로 인해 사람들이 게을러진 것은 어느 정도 사실이 아닐까. 온돌방에서 오래 생활하다보면 아무래도 움직임이 둔해지기 마련이다. 유사시 뛰쳐나가는 데도 입식만큼 원활하긴 어렵다.

조선의 선비들이 서안書案이라 불리는 책상에서 글을 쓰거나 책을 읽는 경우 아무래도 따뜻한 온돌방이 좋았다. 하지만 누군가는 아궁이에 불을 지피기 위해 땔감을 마련해야 했다. 이러한 좌식생활은 조선 후기에 일상화된, 겨우 300년 남짓밖에 지나지 않은 생활풍습이다. 그럼에도 박물관 등에서 전시하는 조선 사람들의 생활상 모형은 온통 좌식생활이다. 하지만 조선 전기만 해도 이러한 모습은 일반적이지 않았다.

방송 인터뷰를 하면서 필자는 PD에게 온돌의 장점뿐만 아니라 문제점도 방송하자고 했다. 그래서 인터뷰 때 1시간 넘게 온돌에 대해 각종 정보를 제공해주었고, PD도 이를 충실히 반영하겠다고 분명히 말했다. 그런데 정작 방송에서는 엉뚱하게도 '산림자원이 부족한 조선에서 개발한 난방시설이 온돌'이라는 잘못된 답변을 하는 다른 사람의 인터뷰가 나갔고, 필자가 지적한 산림 파괴와 같은 온돌의 문제점을 다 빼버렸다. 게다가 온돌이 우리 민족의 모태이자 우리 민족 생성의 근원이라는 멘트와 함께 방송을 끝맺었다. 칭찬도 적당히 해야지 지나치면 낯 뜨거워진다.

과연 온돌이 단점이란 도무지 없고 온통 장점만을 갖춘 세계 최고의 난방시설인가? 그것은 결코 아니다. 가령 과연 온돌이 우리 민족의 모태라면, 온돌을 사용하지 않던 시대에 살던 우리 민족은 뭐가 되겠는가? 필자는 온돌이 장점도 많다는 것을 잘 알고 있다. 하지만 장점이 많은 온돌이지만, 조선에게는 독이 되었다는 사실도 잊어서는 안 된다. 온돌의 장점은 다른 이들이 너무 많이 언급했다. 현재 우리가 이용하는 온돌은 전통 온돌에서 크게 개량된 것이고 연료 문제도 나무가 아닌 다른 화석연료를 이용하는 만큼 조선시대처럼 온돌이 큰 문제를 일으키는 것은 아니다.

필자는 앞서 말한 인터뷰를 통해 이런 점들을 언급함과 동시에 조선시대에 난방을 위해서 연료 문제를 등한시했다는 점만큼은 분명

이야기 해주어야 한다고 강조했다. 그런데 방송에서는 온돌의 악영향 부분을 쏙 빼버렸기 때문에 필자가 화를 낼 수밖에 없었던 것이다. 그것은 어떤 면에서 우리 문화에 대한 왜곡이다. 그런데 PD가 죄송하다고 하면서, "우리문화를 자랑하는 프로그램을 만들어야 자금 지원을 받고 외국에 이 프로그램을 수출할 수 있으니 이해해 달라."고 하는 게 아닌가! 필자는 이 말에 더욱 실망이 컸다. 이건 분명 잘못된 것이다.

2015년 9월에도 문화재청에서 온돌과 한지를 주제로 2편의 영상물을 만들기 위해 필자에게 출연을 요청한 적이 있었다. 그래서 필자는 연락해온 작가에게 온돌에 대해 비판적인 이야기도 담을 수 있다면 출연하겠다고 했더니, 문화재청에서는 우리문화의 우수성을 홍보하기 위한 영상물을 만들려고 하니 그런 이야기는 곤란하겠다고 했다. 이런 반응은 충분히 이해할 수 있다. 하지만 우리문화에 대한 맹목적 찬양보다는 객관적으로 수긍이 가는 내용을 담은 방송이 더 필요하다고 생각한다.

현재 우리는 연료 문제에 대해 별다른 걱정을 하지 않는 상태에서 살아가고 있다. 70년대에 혹심한 석유파동을 겪었으면서도 사람들은 언제 그랬냐는 듯이, 에너지 자원을 마구 낭비하며 산다. 하지만 자원 고갈에 대한 준비 없이 에너지를 낭비하게 되면 언젠가 조선이 겪었던 고통을 또 다시 겪게 될지도 모른다. 뛰어난 난방시설인 온돌의 과다 보급이 조선사회에 독이 되었던 사례가 결코 과거의 일만은 아닌 것이다.

제 2 장

유교의 폐해

기득권을 위해 변용된

인재등용의 장이 신분획득의 수단으로

낙타의 바늘귀 통과와도 같은 과거 합격

1882년 청나라 이홍장1823~1901의 추천으로 조선왕실의 외교고문
직을 맡게 된 독일인 묄렌도르프1848~1901는 그의 일기에서 '조선 개
혁에서 가장 큰 장애가 되는 사람들은 하층관리도 아니고, 관직이나
작위도 없으면서 귀족 신분으로 향리에 살면서 인민을 수탈하는 재
야인사들'이라고 썼다.

묄렌도르프가 말한 관직이나 작위도 없는 귀족 신분을 가진 재야
인사란 흔히 생원이나 진사라 불리는 사람들이다. 조선의 관리 임용
시험인 과거는 대과大科와 소과小科로 구분되는데, 소과 시험은 대과
시험을 치루기 위한 준비과정에 불과한 시험으로 생원시와 진사시
가 있다. 생원과 진사는 소과시험에 합격한 사람들을 말한다. 그런데
이 시험에 합격했다고 해서 당장 관리가 되는 것은 아니다. 소과에
합격하여 생원이나 진사가 되면, 대과 시험을 준비하는 성균관 입학

자격이 주어진다.

소과를 준비하는 자들은 지금의 초등학교에 해당하는 서당을 졸업하고 중고등학교에 해당하는 사부학당 또는 향교, 사립학교인 서원을 졸업 또는 재학하던 사람들이다. 성균관은 오늘날의 대학이라할 수 있다. 소과 가운데 생원시는 사서오경을 중심으로 유교 경전에관한 지식을, 진사시는 지식인의 교양인 시詩와 산문賦 등의 문예창작 재능을 시험한다. 따라서 시험에 합격하는 것은 요즘으로 치면 학위를 받는 것과 같다고 할 수 있다. 그러므로 국가로부터 학문적 재능을 인정받았다는 의미도 있다.

생원시는 고려의 승보시陞補試, 진사시는 국자감시國子監試를 계승해 성립된 시험이다. 그런데 조선 초기에는 생원시와 진사시를 거의실시하지 않았다. 조선 초기 태조에서 세종까지 58년간1392~1450 문과 합격자는 889명으로, 1년 평균 15.3명 정도가 합격했다. 본래는 3년 1회 33명1년 평균 11명을 뽑는 것이 원칙이나, 특별 시험이 추가되었기에 합격자가 다소 늘어난 것이다. 반면 태조에서 세조까지 76년간1455~1468 진사는 14명, 생원은 326명이 합격했다. 진사시는 거의실시되지 않았고, 생원시도 1회에 많이 뽑았던 경우를 제외하면, 실제합격자가 거의 없던 셈이다.

1418년 12월 13일 변계량1369~1430과 허조1369~1439가 세종에게 지금 도성 안의 자제들은 문과는 따라갈 수 없다고 하면서 모두 무과시험武擧으로 쏠리게 되니 염려된다고 아뢰었다. 또 맹사성1360~1438이 지금은 진사과가 폐지되고 생원시만 있으며, 그 정원이100명뿐이므로, 합격자를 늘려 학문에 뜻을 둔 선비를 권장하자고

	향교정원	생원초시	진사초시	생원진사계	합격률
한성부	400	200	200	400	100 %
경기	2,100	60	60	120	5.71 %
충청	1,770	90	90	180	10.17 %
전라	2,350	90	90	180	7.66 %
경상	2,870	100	100	200	6.97 %
강원	1,240	45	45	90	7.26 %
평안	2,160	45	45	90	4.17 %
황해	1,140	35	35	70	6.14 %
함경	1,320	35	35	70	5.30 %
계	15,350	700	700	1,400	9.12 %

했다. 사족의 자제들이 무관으로 진출하는 것을 우려한 변계량 등이 문과와 생원, 진사과의 합격자를 늘려 학문하는 자를 늘리자는 건의가 당장 시행되지는 않았지만, 예종재위:1468~1469 때 1회에 각 100명씩 합격시킨 이후, 시험 때마다 평균 100명씩 합격이 되자 사족 자제의 경우 소과 응시를 당연시하게 되었다.

1485년에 반포된 조선의 기본법전인《경국대전》에는 과거제도에 대한 규정이 실려 있다. 소과의 생원시와 진사시의 경우 초시初試와 복시覆試 2회에 걸쳐 실시하는데, 초시의 경우 지역별로 각 700명씩 총 1,400명의 합격자를 뽑았다. 조선 초기에 생원시와 진사시에 응시하는 자들은 대개 한성부는 사부학당에, 지방은 향교에 다니는 학생들이었던 만큼, 각 지역별 사부학당과 향교의 정원과 초시 합격자의 숫자를 비교해보면 생원시와 진사시의 초시 합격이 얼마나 어려운 것이었는지를 알게 된다.

교육특구인 한성부는 사부학당 정원이 400명이므로, 모두가 생원시나 진사시 초시에 합격할 수 있었다. 하지만 지방의 경우는 달랐다. 지역에 따라 향교 정원 대비 초시 합격률이 4~10%에 불과했다.

복시는 초시에 합격한 각 700명 가운데 각 100명을 뽑는 시험이다. 한 통계에 따르면 조선시대 생원과 진사가 된 자 가운데 무려 37% 이상이 한성부 출신이었다. 온갖 혜택을 받은 한성부에서는 생원이나 진사가 너무 흔한 반면, 지방에서는 생원이나 진사 되기가 너무도 어려웠다. 즉 지방민으로 향교를 졸업하고 생원이나 진사가 될

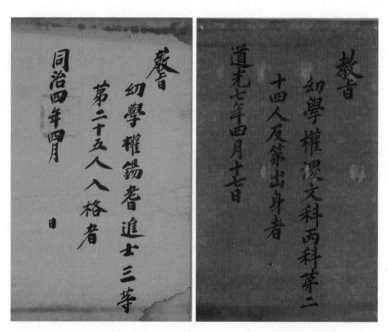

| 백패(왼쪽) | 진사과와 생원과의 합격자들이 받는 합격증. 여기에 쓴 교지教旨란 합격증을 국왕이 발행하고 수여함을 나타낸다.

| 홍패 | 대과 합격자들이 받는 합격증. 붉은색의 용지로 만들어졌다 하여 홍패로 불렸다. 조선에서는 홍패, 아니 백패만이라도 얻기 위해 처절한 경쟁을 벌여야 했다.

조선이 가지 않은 길

확률은 고작 1% 남짓했던 셈이다. 물론 향교에서는 사족뿐만 아니라 농민의 자식들도 교생으로 수업을 받을 수 있었다. 따라서 이들은 과거 응시가 목적이 아니었다. 교생이 되면 군역을 면제받을 수 있었는데, 이것이 더 중요한 목적이었다. 그러므로 향교 졸업자의 실제 합격률이 1%보다는 높았겠지만, 어쨌든 전체적으로 너무 낮았다고 볼 수 있다. 따라서 재수나 삼수는 기본이고, 10수생도 많았으므로 경쟁률은 나날이 높아졌다.

이렇게 소과에 응시하는 자가 늘어나자, 정부에서도 3년 1회가 아니라 더 자주 시험을 치러 합격자를 늘려주었다. 숙종재위:1674~1720 재위 46년간 생원과 진사가 각기 2,700명이 배출되었고, 고종재위:1863~1907 재위 시에는 1회 시험에 평균 생원 162명, 진사 251명이나 합격시켰다.

소과뿐 아니라, 대과문과 합격자도 조선 후기로 갈수록 늘어났다. 조선 초기 연평균 15명이 합격하던 문과 합격자는 세조재위:1455~1468 이후 조선 말기까지 왕에 따라 다소 증감이 있지만 대개 연평균 30명 선을 유지했다. 정시 합격자보다 특별시험 합격자가 더 많아진 탓이다.

하지만 그에 비해 관리 숫자는 조선 말기까지 거의 변함이 없었다. 따라서 문과 합격자가 늘어남에 따라, 합격해도 곧장 관직에 나가지 못하는 사람들이 늘어났다. 인맥이 없거나 한미한 집안 출신일수록 대기 시간이 길어졌다. 문과에 합격하고도 임용되지 못하는 자들이 늘고 있음에도 과거를 응시하려는 자들이 많았기 때문에, 조선 정부는 계속해서 과거를 실시해야 했다.

과거에 합격해도 관리로 일하지 못하는 사회

조선 초기에는 과거에 합격하지 않아도 상급 서리인 녹사錄事나 고급 무사인 갑사甲士 가 되어 일정한 근무 연한을 채우면 수령 등에 임용될 수 있었다. 하지만 과거 합격자의 관직 임용 적체가 심화되자 차츰 녹사나 갑사 등이 수령에 임용되는 길이 막히게 되었다. 심지어는 서리胥吏가 근무 연한을 채워 9품 역리驛吏 등에 임용되는 것조차 과거 합격자 때문에 힘들어지곤 했다. 이로 인해 사족의 자제들이 녹사나 갑사가 되는 것을 기피했다. 따라서 이런 자리는 차츰 중인들이 세습하게 되었다. 이처럼 사족들이 갑사가 되는 것을 기피하면서 조선의 군사력이 크게 약화되었다.

상황이 이렇게 되니, 조선 사회에선 과거가 아니면 관직에 나갈 수 없다는 인식이 널리 퍼졌다. 그러자 사족의 자제들은 이제 과거공부 이외에는 달리 진출로가 없어지고 말았다. 출세를 위한 길이 오로지 과거로 단일화된 것이 조선 사회의 다양성을 앗아버리는 중요 원인으로 작용했다.

당연히 과거 응시자 수는 증가일로를 걸었다. 1800년 3월 22일에 치러진 문과 시험의 하나인 인일제人日製 시험은 응시자가 특히 많았다. 이날 응시자는 10만 3,579명, 거둬들인 답안지가 3만 2,884장이나 되었다. 참가자 중에 답안지를 제출하지 못한 자들도 많았겠지만, 3만 장이 넘는 답안지를 불과 몇 시간만에 채점하여 당일로 합격자를 발표했다는 사실이 놀랍다. 더욱 놀라운 것은 인일제 시험 하루 전에 치른 정시庭試 초시 참가자 또한 11만 1,838명이고, 같은 날 치러진 무과 응시생도 3만 5,891명이나 되었다는 점이다. 이러니 시험을 한 장소에서 치를 수 없어, 여러 곳에서 동시에 치렀다. 인일제 시험에 응시한 사람 모두가 정시 초시에 참가했던 자들이라고 가정해도, 이틀에 걸쳐 무과 포함 과거응시생이 무려 14만 7,729명이다. 당시 한성부 인구가 20~30만 정도였으니, 얼마나 많은 사람들이 과거에 목숨을 걸고 있었는지 알 만하다. 따라서 문과 합격은 점점 기적과 같은 일이 되었다. 15세기 급제자들의 평균 나이가 25.72세였지만, 19세기에는 37.81세로 높아졌다. 전체 평균은 34.56세나 된다. 경쟁이 워낙 치열하다 보니 사람들은 더욱 많은 시간과 비용을 들여 과거시험을 준비해야 했다.

과거 합격의 꿈은 점점 조선 선비들에게서 점점 멀어져갔다. 관리로 나갈 꿈을 잃어버린 이들에게 그래도 남은 희망은 생원시나 진사시 합격이었다. 그 많은 조선의 유생들이 과거 이외에는 달리 할 일도 없었기 때문이다.

생원시와 진사시의 소과는 이제 성균관 진학을 위한 시험이라는 본래의 의미가 거의 사라진 시험이었다. 문과시험에 합격하려면 굳이 성균관을 나오지 않아도 되었기 때문이다. 지방의 서원이나 향교 등에서 공부해도 과거에 응시할 수 있었다. 생원시나 진사시에 합격하고 나서 성균관에 진학해 공부하다가 문과에 응시하고 대과에 급제해 관직에 나가는 것이 학문하는 유생儒生들의 정상적인 과정이지만, 생원과 진사가 된 후 문과에 합격한 사람은 소수에 불과했다. 생원과 진사 중 절대다수는 평생 관리가 되지 못했다. 문과에 합격하지 못한 상태에서 간혹 관리가 되는 경우도 있었지만, 대개는 종9품직에 해당되는 미관말직이었다.

조선 후기에는 처음부터 문과를 포기하고 생원시와 진사시에만 응시하려는 사람들이 많아졌다. 관직에 오를 수 없는 생원과 진사가 되려는 이유는 합격하면 군역 등의 국역國役을 면제받는 등 특혜가 주어졌기 때문이다. 군역 면제는 경제·사회적으로 큰 혜택이었다. 따라서 면역 특권만으로도 소과는 응시할 만한 가치가 있었다. 또한 생원이나 진사가 되면 유학자로서의 자격을 국가로부터 공인받는 셈이 된다. 아무리 조선 후기 들어 생원이나 진사를 한 해에 100명씩 뽑았다 하더라도 향촌 사회에서 이들은 결코 흔한 존재가 아니었다. 합격자들은 사람들의 존경을 받을 수 있었고, 향촌사회에서 일정한 지위를 확보할 수 있었다. 심지어는 생원, 진사에 합격 못하고 소과 초시에만 합격 했어도 대접받을 수 있었다.

양반 신분은 조선 초기만 해도 과거에 합격한 자와 그들의 가까운 친척들을 의미했지만, 점점 생원과 진사는 물론 생원시와 진사시를 공부하는 사람들도 양반으로 인정했다. 따라서 생원과 진사만 되더라도 양반 신분을 안정적으로 유지할 수 있었다. 한편 지방 사회에서 벼슬도 없이 놀고 있는 생원과 진사 들은 나름의 역할을 찾았다. 그것은 유교의 전도사 역할을 수행하면서 지방관을 보좌하고 자치 조직을 통해 향촌사회에 군림하는 것이었다. 조선은 관리의 숫자가 많은 나라가 아니다. 모든 지방에 지방관을 파견했지만, 통치를 지방관 혼자 해낼 수는 없었다. 그래서 향촌사회에서 유력자들의 협조가 필요했다. 진사나 생원은 지방관과 결탁해 이익을 얻기도 하고, 때로는 지방관에 대항하기도 했다. 이들은 향촌사회에 자리 잡은 또 하나의 권력이었다.

| 성균관 대성전(왼쪽) | 성균관 안에 자리한 제사 공간인 문묘의 정전으로, 공자의 위패를 모시는 전각이다. 성균관은 조선 최고의 교육기관인 동시에, 공자 등을 모시는 문묘를 가진 유교의 도장이기도 했다.

| 성균관 명륜당 | 성균관과 문묘는 보물 141호다. 명륜당은 성균관에서 유생들을 교육하던 강당으로, 1398년 태조가 도성 안에 성균관과 문묘를 창건할 때 건립되었다.

　　조선 사회에서 유학 보급을 위한 향약이 실시되자, 생원이나 진사는 향약 규율로 백성들을 교화하는 역할을 맡았다. 향약은 공식적인 유교 신앙 공동체나 다름없었다. 따라서 이들은 백성들 위에 군림하는 종교 지도자들이나 마찬가지였다. 백성들은 교화의 대상일 뿐, 교화를 시키는 주체가 사士였던 만큼 그들의 말은 곧 법이었다. 서원과 향교는 말하자면 그들의 수도원이었다. 촌민들은 서원의 규율을 국법보다 무서워했다. 그들은 향교와 서원의 유생명부인 청금록靑衿錄을 장악하고, 청금록에 오르지 못한 사람들을 차별했다. 자연히 그들은 지방사회의 권력자로 행세했다. 요즘 같다면 생원이나 진사는 지방 행정직 공무원 격이지만, 조선은 많은 인력에게 녹봉을 줄 만큼 재정이 넉넉하지 않았다. 그런데 정식 관리가 아닌 생원이나 진사가 지방민을 통제한 만큼, 이들의 행동에는 책임이 따르지 않았다. 오로지 권력을 행사하기만 했지 책임은 도무지 없는 이들을 묄렌도르프가 조선의 걸림돌로 본 것은 탁견이 아닐 수 없다.

과거시험 말고 다른 활로를 열어주었더라면……

관리가 되는 시험도 아닌 생원시·진사시는 조선 사회에서 신분 취득용 시험으로 전락하고 말았다. 신분 취득을 위해 평생토록 공부하며 다른 일에 종사하지 않는 사족들은 양인과 노비 들이 생산해낸 잉여 생산물로 먹고 살면서, 실무에는 아무런 도움도 안 되는 시나 산문 쓰기로 수십 년의 삶을 낭비했다. 조선 초기에 진사시를 시행하지 않았을 때 차라리 군대에 들어가는 길을 활짝 열어주었다면, 정예군이라도 육성할 수 있었을 것이다. 또 행정실무를 담당하는 상급서리인 녹사나 전문직 기술자인 잡과 출신자를 우대해 이들이 높은 직위에 오르도록 보장해주었다면, 다방면의 인재들이 조선 사회를 빛냈을지도 모른다. 사실 문과 시험은 행정 실무와는 전혀 무관한 시험이었다. 문과 합격자들은 유교 경전을 잘 암송하고 글이나 잘 쓰는 문장가였을 뿐이다. 유교 경전에 국가 통치에 대한 내용이 담겨있다고 하지만, 그건 어디까지나 원론에 불과하다. 따라서 과거에 합격하고 관리로 임용된다 해도 행정실무는 해당관청에서 다시 배워야 했다. 하지만 그나마 임기가 짧았기 때문에 특정분야의 전문가라고 쳐줄 만한 과거 출신의 고위관리는 거의 없었다. 조선에서 국가 운영에 필요한 실무를 담당하는 전문가는 한 부서에 오래 머문 서리와 녹사, 전문기술직을 뽑는 잡과 출신이지 과거 합격자가 아니었다.

조선에서 사회적으로 존경과 성공을 얻을 수 있는 사실상 유일한 통로가 과거제였고, 이것은 응시자가 얼마나 충실한 유교도儒教徒인지를 검증받는 방식이었다. 그로 인해 조선에서는 유교 이외의 다른 분야가 발전할 수 없었다. 설사 과거를 통해 똑똑한 인재가 선발된다

해도 이들은 행정 실무를 모르기 때문에, 조선의 행정업무는 쉽게 나아질 수 없었던 것이다.

경쟁률이 높아진 과거의 폐해는 이뿐이 아니었다. 1800년 3월 과거시험을 본 14만이 넘는 사람 가운데 80% 이상은 지방 사람이라고 여겨진다. 무려 10만이나 되는 사람들이 지방에서 과거시험을 위해 한성부로 올라와 짧으면 열흘, 길면 몇 달을 머무르며 시험 준비를 해야 했다. 조선 후기 한성부가 인구밀집을 통해 상업도시로 발전하게 된 데는 잦은 과거시험과 늘어난 응시생 덕도 있다. 이들은 셋방을 빌려 기거하고, 음식을 사먹고, 먹이나 붓·종이 등을 구입하느라 많은 소비를 해야 했다.

이들 응시생들이 사용하는 엄청난 과거 비용은 어디에서 나온 것일까? 과거 합격은 한 개인의 합격이 아니라 가문의 영광이기 때문에, 과거 비용은 응시생의 친척들이 염출해서 지원하기도 했다. 하지만 대개는 노비와 소작농을 부려 얻은 수익을 가져다 사용했다. 결국 조선의 양인과 노비들이 비용을 대준 셈이다. 가난한 자들은 이를 감당할 수 없어 엄두조차 내기 어려우니, 조선 사회에서 신분상승의 기회를 얻기란 낙타가 바늘구멍 들어가기만큼이나 어려웠다.

결국 과거 합격자는 한성부에서 오랜 동안 부와 권력을 축적해온 경화사족京華士族이 압도적으로 높은 비중을 차지하게 되었다. 조선 후기에는 경화사족이 3정승 6판서의 80~90%를 배출하는 인재 편중 현상을 보였다. 과거 합격자를 늘린다고 더 좋은 인재가 선발되는 것이 아니라 그저 과거 응시자만 늘어나는 현상이 벌어졌을 뿐이다.

또한 과거가 유일한 성공의 통로인 만큼 권세를 쥔 특정 집단에 유리하게 제도가 변질되어 갔다. 이리하여 오로지 공부만으로 출세하는 신분상승의 사다리 노릇이 기대되던 과거제도가 도리어 신분고착의 수단으로 변질되어 버렸다. 실력보다는 경제적 능력이나 사회적 인맥으로 합격이 좌우됨에 따라, 조선사회의 계급적 질서는 더욱 공고해져갔다. 조선 후기에는 양반의 수가 급증하는 가운데, 과거시험에서의 부정부패가 일상화된다. 요행히 관리가 된 이후에도 배경이나 연줄이 없으면 능력이 출중하더라도 고위직 진급은 어려웠다. 반대로 대대로 고위직을 독점하는 경화사족이 늘어갈수록 조선사회는 다양성을 잃고 쇠퇴해갔다.

조선은 유교의 수도사를 양성하느라 너무 많은 사회적 비용을 썼다. 조선의 과거제는 이전의 제도에 비해 상대적으로 공정한 경쟁, 폭넓은 인재 등용 범위 등 장점이 많았다고도 볼 수 있다. 하지만 조선 후기로 갈수록 과거제의 문제가 심각해져가는 것을 보면, 당시 정책 입안자들이 조선의 미래를 고려하여 보다 합리적인 교육제도와 인재등용 문제에 신경을 썼더라면 어떠했을까 생각해보게 된다. 조선 초기의 다양한 인재등용 방법이 상대적으로 조선 후기 단일한 인재등용 방법보다는 현명했다고 생각된다. 만약 조선 선비들이 과거에만 전념하지 않도록 교육제도와 인재등용 방법이 변화되었더라면, 남산골샌님으로 표현되는 조선의 실업자나 백수를 크게 줄이면서 보다 건강한 사회를 만들 수 있지 않았을까?

초등학생 시절부터 대학입시를 위해서 사교육에 매달려야 하는 교육 시스템, 남보다 뒤처지지 않기 위한 자격증에 불과한 대학졸업장, 소수에게만 유리한 고시제도, 소위 강남귀족이라 불리는 특권층의 등장 등 오늘날 대한민국의 모습은 너무나 조선시대를 닮아가고 있어 우려스럽기만 하다. 2016년 세계적 투자자인 짐 로저스Jim Rogers 로저스홀딩스 회장이 "한국의 공무원 고시, 대기업 시험 열풍은 대단히 부끄러운 일이며, 사랑하는 일을 찾는 청년들이 줄어들면 5년 안에 한국은 몰락할 것이다. 활력을 잃고 몰락하는 사회의 전형을 보는 것 같다."고 비판한 것을 결코 가볍게 흘려보내서는 안 될 것이다. 제도를 개혁한다면서 전체가 아닌 특정 소수에게만 유리하도록 만드는 작은 개악改惡만 난무했던 과거의 잘못이 반복된다면, 우리의 미래는 결코 밝을 수가 없을 것이다.

족보

양반 타령을 위한 핵무기

우리나라 족보는 조선시대 15세기에 본격 등장

조선 후기 사대부들이 익혀야 할 필수 과목 가운데는 예학禮學과 보학譜學이 있었다. 특히 임진왜란과 병자호란을 겪으면서 사대부들의 권위가 추락했을 때, 크게 각광을 받았다. 특히 족보학은 자신의 뿌리를 제대로 밝혀 상민이나 노비와 차별화하기 위해 사대부들이 심혈을 기울인 분야였다. 그런데 족보가 과연 진짜 자신의 뿌리를 밝혀주는 증거가 되는 것일까?

족보는 부계를 중심으로 혈연관계를 도표 식으로 나타낸 한 종족의 계보다. 중국에서 발전한 족보가 우리나라에 영향을 끼친 것은 삼국시대부터라고 할 수 있다. 최치원857~?의《제왕연대력》은 역대 왕과 왕족의 계보를 정리한 일종의 족보 같은 문헌이다. 고려시대에는 초기부터 왕실의 계보를 정리하는 한편 실록을 만들긴 했지만, 조선시대처럼 별도의 기관을 두는 정도로까지는 발전하지 않은 듯하다.

귀족 가문들이 개별적으로 각자의 가계를 기록하는 수준이었다. 우리나라에서 족보가 본격적으로 간행되기 시작한 것은 15세기 이후부터이다. 왕실을 제외한 삼국과 고려시대 조상들의 계보가 제대로 전해지지 못한 것은 당시 사람들이 족보를 편찬할 필요성을 크게 느끼지 않았기 때문이다.

《신약성서》 첫 장인 〈마태복음〉에는 아브라함과 다윗의 자손 예수 그리스도의 계보가 등장한다. 아브라함이 이삭을 낳고, 이삭은 야곱을 낳고, 그리고 낳고, 낳고 …… 계속 이어진다. 오랜 세월 인류 역사가 남성 중심으로 전개되어 온 만큼 한 집단의 계보 역시 부계 중심으로 만들어짐을 잘 알 수 있다.

하지만 자신의 선조를 부계에서만 찾는 것은 많은 문제가 있다. 명군이라 일컬어지는 세종대왕은 자식이 많았던 것으로도 유명하다. 세종이 낳은 자식 가운데는 문종과 세조 등 아들 외에 정소공주, 정의공주, 정현옹주, 정안옹주가 있다. 정소공주는 13살에 일찍 죽었지만, 정의공주는 안맹담에게 시집가서 4남 2녀를 낳았고, 정현옹주는 윤사로에게, 정안옹주는 심안의에게 시집을 갔다. 따라서 세종의 후손에는 안씨, 윤씨, 심씨도 있는 셈이다. 지금은 시대가 변해 누구나 외손도 손주라고 생각하지 남의 피붙이라고 생각하지 않는다. 그런데 왜 안씨, 윤씨, 심씨 가운데 어느 성씨도 세종을 자신들의 조상이라고 내세우지 않을까? 부계 조상이 아니라서?

혈통이란 남자만으로 이어질 수 없다. 인류는 자웅동체가 아니지 않은가. 현재의 나의 DNA 유전자는 아버지와 어머니께서 주신 것이다. 혈연적으로 따져보면 모든 인간은 부모가 2분이고, 할아버지와 할머니는 4분이다. 그렇다면 각 개인의 10대 조상은 단 한 사람이 아니라, 산술적 계산으로는 2의 10승 즉, 1,024명이 된다. 20대 조상은 100만이 넘고, 30대 조상은 10억이 넘으며, 40대 조상은 무려 1조 명이 넘게 된다. 1세대를 30년으로 치면, 약 900년 전 나의 조상은 당시 전체 인류의 수만큼이나 된다. 물론 실제 조상의 숫자가 저렇게 많지는 않다. 30대 조상은 10억이 아니라, 훨씬 적은 1만 명 미만일 수도 있다. 고대에는 교환혼交換婚 즉 신랑과 신부의 가족, 친척 사이에 배우자를 주고받는 방식의 혼인이 있었기 때문이다. 또 동성동본의 결혼이 금지되지도 않았고, 족내혼族內婚도 수시로 이루어졌기 때문이다. 정확한 숫자는 알 수 없더라도 각 개인의 조상이 결코 한 사람이 아니라, 무수히 많았음은 분명하다.

그렇기 때문에 조선 초기에 만들어진 안동 권씨나 문화 유씨 족보에는 남성만을 족보에 담지 않았다. 1476년에 만들어진 성화보成化譜에는 안동 권씨 이외에 외손 계열 자손들도 모두 수록했다. 그러므로 당연히 사위도 수록했는데, 그중에는 동성동본인 안동 권씨도 다수 있었다. 조선은 동성동본 결혼을 금지했지만, 현실에서는 18세기까지 간간히 행해졌음을 알 수 있다. 1562년에 만들어진 문화 유씨 가정보嘉靖譜에는 내외손을 차별 없이 동격으로 취급해 기록했다. 사위의 경우 성명만 쓰고 본관이나 선조에 대해서는 쓰지 않았지만, 그 자손 즉 외손이나 외외손을 6,7대까지 자세히 적고 있다. 그러다보니 가정보는 무려 4만 2,000명을 등재해놓고 있는데, 그 때문인지 성종에서 중종에 이르는 75년간1469~1544 실시된 89회의 문과 과거합격자 1,595명 가운데 무려 1,120명이나 여기에 올랐다. 이들의 대부분인 1,071명이 문화 유씨와 혼인관계 등으로 연결되어있다.

1701년에 만들어진 안동 권씨 신사보辛巳譜의 경우는 외손을 모두 수록하면 분량이 너무 방대해질 것을 염려해 범위를 한정해 만들었다. 18세기 이후에는 《내외자손보》, 《외손보》 등의 이름을 가진 족보도 편찬되었음을 감안하면 신사보가 부계만을 중시하기 위해 외손의 수록 범위를 축소한 것은 아니다.

여성들이 가계의 수장을 이어간 놀라운 옛 기록들

삼국시대로 거슬러 올라가보면 뜻밖의 기록이 발견된다. 《삼국유사》 〈명랑신인明朗神印〉 조에는 돌백사 주첩柱貼-공문서의 주각注脚-주석에 쓰인 글을 인용하고 있다.

"경주 호장 거천巨川의 어머니는 아지녀阿之女이고, 아지녀의 어머니는 명주녀明珠女이다. 명주녀의 어머니인 적리녀積利女의 아들은 광학대덕廣學大德과 대연삼중大緣三重이다. 이들 두 사람은 모두 신인종에 귀의했다."

광학과 대연은 명랑스님의 비법을 이어받은 신인종의 승려로, 비법으로 해적의 침범을 물리쳐 고려의 건국을 도왔다. 931년 왕건은 송악 돌백사에 머물면서 두 사람 부모의 제사비용으로 쓰라며 돌백사에 전답을 내려주었다. 여기서 알 수 있는 것처럼 고려 초에 왕건의 보살핌을 받은 광학과 대연 두 고승의 어머니가 적리녀라는 사실만 전해질 뿐, 아버지가 누구인지에 관해서는 기록하지 않았다.

적리녀의 자식으로는 광학
과 대연, 그리고 명주녀가 있
다. 광학과 대연은 스님이니,
후사가 없다고 할 수 있다. 그
래서 딸인 명주녀가 사찰 제사
를 이어받았을 것이다. 그런데
명주녀에게 아들은 없었을까?

경주 호장 거천의 세계世系

아들은 어디 가고 명주녀의 딸인 아지녀에게 가계가 계승되어, 아지
녀의 자식인 경주 호장 거천과 연결되는 족보가 돌백사 주첩 주각에
쓰인 것일까?

　적리녀, 명주녀, 아지녀 3대로 이어지는 여성 계승 족보는 분명 조
선시대의 족보와는 전혀 다르다. 또한 거천이 고려 초기에 경주 호장
이었고 광학, 대연이 신인종의 고승임을 감안하면 적리녀 가문의 신
분은 신라에서 최소한 6두품~5두품의 높은 신분이었을 것이다. 거
천의 어머니 아지녀, 할머니 명주녀, 증조할머니 적리녀로 올라가는
모계 계보가 만들어진 것이 우연이라고 볼 수는 없다. 딸로만 계승됨
에도 이 가문의 위상이 결코 낮아지지 않았기 때문이다. 적리녀가 남
편을 제치고 고승들의 부모로 제사를 받는 존재라면, 그녀는 모계로
이어지는 가계의 수장이라고 보는 것이 합리적이다.

　또 다른 사례를 찾아보자. 고려시대의 김관의생몰년 미상가 쓴《편
년통록》에 실린 왕건 조상의 계보는《고려사》에도 인용되어있는데,
이 계보를 보면 신라 말 고려 초에 여성이 가문의 수장으로써 가계
를 계승할 수 있었음이 확인된다.

왕건의 증조부는 모호하지만, 증조모는 진의로 고려에서 정화왕후로 추존된 인물이다. 그리고 4대 조상은 진의의 부모인 보육과 덕주로 연결되고, 다시 강충을 거쳐 시조인 호경까지 연결된다. 이러한 족보는 조선시대라면

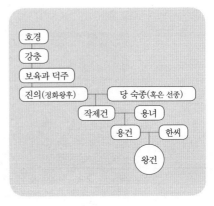

왕건의 세계世系

불가능한 족보다. 신라 말 고려 초에 가계의 구성 원리는 조선시대와 크게 달랐으며, 그 의미는 결코 가볍지 않다.

고려시대에는 아버지가 아닌 어머니 성씨를 계승하기도 했다. 대표적인 경우가 왕건의 손녀인 천추태후964~1029이다. 그녀는 왕씨가 아니라 할머니의 성씨인 황보씨로 성씨를 삼았다. 17세기까지만 하더라도 조선의 결혼풍습은 시집가기가 아닌 장가가기였다. 남자가 결혼하면 처갓집에서 자식을 낳고 몇 년간을 살았다. 그래서 장인을 친부모 이상으로 여기는 사람들도 많았다. 장인의 배려로 사위가 음직蔭職으로 벼슬길에 오르는 일도 흔했다. 우리나라는 부계만이 아니라, 모계까지 포함하는 양계兩系적 전통이 강한 나라였다.

성씨와 본관은 영구불변이 아니다

그런데 결혼 풍습이 중국의 방식을 따라 여자가 남자의 집으로 시집오는 것으로 차츰 변화했고, 그러면서 여성이 한 번 시집을 오면

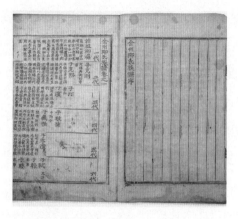

| 진주 류씨 족보 | 족보 간행은 종친회의 주요사업이었다. 가문의 번성을 위해 가급적 많은 일가붙이를 담고자 노력하므로 자연히 시간과 돈이 많이 들었다.

다시 여성의 집으로 돌아가지 못하게 막는 풍습도 생겨났다. 이에 따라 자연히 사위와 장인의 관계는 멀어지고 양계적 전통도 차츰 약화되었다. 과부재가금지법도 부계집단의 결합력을 높이는 데 결정적 기여를 한 제도였다. 유향소 설치, 향약 실시, 서원의 증가를 비롯해 유교화의 진전으로 부계집단의 결합력은 강력해졌다.

이런 가운데 17세기 들어 본격 등장하는 각 가문의 족보는 이제 부계집단의 결속력이 한층 강화된 형태로 나타났다. 15~16세기만 해도 대체로 외손과 친손을 동등하게 대우하여 수록했지만 17세기에는 외손의 범위를 3대로 한정하고, 18세기에는 2대로, 그리고 나중에는 사위만을 기재하게 되었다. 그럼으로써 친족 범위가 줄어들고 부계를 중심으로 한 가문의 결합력이 강력해졌다. 족보는 양반의 상징물처럼 여겨졌고, 이제 족보 없이는 양반 행세를 할 수 없게 되었다.

《노비에서 양반으로, 그 머나먼 여정》의 저자 권내현은 경상도 단성현산청군의 호적을 분석해 조선 후기에 노비가 어떻게 양반으로 변해 가는지를 규명한 바 있다. 그가 주목한 사람은 17세기 말 단성현에 살았던 김수봉과 그 후손들이다. 이 책을 살펴보면 본관과 성씨가 어떻게 변화해 갔는지를 잘 살펴볼 수 있다.

노비 신분 김수봉은 자신이 살던 지역에서 인구가 가장 많은 김해 김씨를 자신의 성관으로 선택했다. 김수봉의 선조가 김해 김씨였다가 노비로 전락했을 수도 있지만 이는 추적이 어렵다. 성씨와 본관을 가졌다고 모두 양반은 아니었다. 1717년 단성현 도산면에 사는 김해 김씨 가운데 양반이나 중인은 단 1호도 없었다. 노비 가운데 성만 있고 본관이 없는 자, 본관만 있고 성이 없는 자, 성과 본관이 모두 없는 자 들도 있었다. 김수봉의 딸은 결혼하면서 신분이 상승되었는데, 이때 그녀는 함안 조씨로 바뀌었다.

한편 김수봉의 고손자인 김종옥은 1825년 호적에서 본관을 안동이라고 기재했다. 그는 거주지를 새로운 곳으로 옮기면서 새로운 본관을 가졌다. 19세기 중엽 김수봉의 후손들은 지역 내 구성원이 거의 없으면서도 양반 성씨였던 안동 김씨를 새로운 성관으로 삼았던 것이다. 오늘날에는 성과 본관이 결코 바뀔 수 없는 신성한 것이라는 사회적 인식이 있고 그것이 오랜 역사적 전통이라고 믿지만 연원을 따져보면 결코 그렇지 않다. 성과 본관이 없던 노비 출신들은 기존의 성과 본관 가운데 선택하거나 아예 새로 만들어야 했다. 이럴 때 성을 바꾸는 경우는 드물었지만, 본관을 바꾸는 경우는 흔할 정도로 많았다. 그러므로 특정 본관의 구성원이 많은 것은 사회적 영향력이 큰 본관을 선택한 사람들의 수가 많았기 때문이라고 볼 수도 있다.

신분해방에 따른 족보의 변질

현재 우리나라에는 250여 개의 성씨와 3,400여 개의 본관이 있다. 이 가운데 김·이·박·최·정 5대 성씨가 인구의 절반을 넘는다. 김해 김씨의 경우 수로왕의 12대손인 김유신595~673을 중시조로 무려 98파 412만2000년 기준명이 넘어 전체 인구의 9%에 달한다. 반면 세력이 미약한 159개 성씨는 다 합쳐도 전체 인구의 1%에 못 미친다. 이런 인구 집중현상은 특정 성씨의 등장 시점이 오래된 탓도 있겠지만, 조선 후기에 처음 성씨를 취득한 사람들이 새로운 성씨를 만든 것이 아니라 특정 성씨를 집중적으로 선택했기 때문이다. 성과 본관은 변하지 않는 것이 아니다. 혈연적으로 아무런 관계가 없던 사람들이 본관을 바꿈으로써 동성동본이 되는 해프닝도 벌어졌다.

17세기부터 조선에서는 거대한 신분변동이 일어났다. 그리하여 천민이나 양인들이 공명첩 등을 사들여 적극적으로 신분해방을 도모했다. 권내현이 분석한 김수봉 일가도 그런 사람 가운데 하나였다. 19세기 말이 되자 천민은 드물고 전체 인구 대부분이 양반인 시대가 열렸다. 새롭게 양반이 된 사람들도 양반의 상징물인 족보를 필요로 했다. 보학 발달은 이런 사회적 수요에 따른 필연적 현상이었다고 보아도 무방하다. 양반이 족보에 집착할수록, 이번에는 거꾸로 양민과 노비 또한 족보를 갖고 싶어 했다. 사회 전체적으로 이런 분위기가 무르익자 마침내 족보는 전 국민의 필수품으로 변해버렸다.

오늘날 대한민국 사람 가운데 족보에 이름이 실리지 않은 사람은 거의 없다. 하지만 족보의 상당수는 양반의 혈통을 말해주지 않는다. 아울러 자신의 진짜 조상이 누구인지 말해주는 것도 아니다. 가까운 아버지, 할아버지, 증조부 정도야 확인이 가능하겠지만 더 먼 조상이 진정 나의 아버지의, 아버지의, 계속된 아버지인지는 알 수 없다. 합리적으로 추정컨대 대부분의 한국인은 한때 노비 생활을 한 조상을 두었을 가능성이 크다. 즉 현재 집안에 비치해 두고 있는 족보가 자신의 제대로 된 혈통을 설명해주는 것은 아니라는 말이다.

널리 알려진 바와 같이 17세기 이후 돈을 주고 족보를 산 사람이 많았다. 그러나 족보에 이름 올리기가 그리 만만한 일은 아니었다. 그러려면 적지 않은 돈과 오랜 시간을 투자해야 했다. 족보의 제작 및 등재 과정을 살펴보자. 먼저 어느 문중에서 족보를 만들기로 결정하면 문중의 실무자들이 각 지역에 사는 사람들에게 갱신된 자손들의 내역과 분담금을 내라고 통문을 돌린다. 이때 잘 조직화된 문중 사람들은 원활히 협조가 이뤄지지만, 일을 진행하다보면 아무래도 연락이 닿지 않아 누락되는 이들도 있기 마련이다. 당연히 이런 상황에 대비해 조치가 마련되어있다. 만일 어떤 이가 족보에서 누락되었다고 연락을 해오면, 문중에선 이들의 호구단자 등을 살펴보고 그를 족보에 올릴지 말지를 결정하게 된다. 같은 문중 사람임이 확실하면 곧장 본보에 올리지만, 다소라도 의심이 가면 우선 별도로 만든 부록인 '별보別譜'에 올려둔다. 그렇게 몇 세대가 지나고 족보가 몇 번 더 만들어지면 별보에 있던 이들이 슬그머니 본보에 올라가게 된다. 그래서 매번 족보가 만들어질 때마다 문중 지파의 숫자가 늘어나는 경우가 일반적이다. 아마도 이런 과정 속에 가짜로 족보에 오르는 이들이 적지 않았을 것이다.

한편 우리나라 성씨 가운데는 중국에서 온 사람을 시조로 삼는 경우가 있다. 그렇다고 그 집안이 모두 중국인의 후손은 아니다. 중국계 시조를 둔 모든 성씨가 그런 것은 아니겠지만, 시조가 어디 출신인지 알 수 없기 때문에 조선에서 감히 시조의 출신을 문제 삼을 수 없는 중국 출신으로 삼은 경우도 적지 않을 것이다. 그리고 귀화인의 경우 이 땅에 살면서 많은 한국인들과 피가 섞이게 되는데, 유독 그 한 사람만 중국 출신이라고 그 후손들이 모두 중국인일 수 있겠는가.

성씨와 족보로 인한 오해

신라사 전공자인 이종욱 전 서강대 총장은 신라를 '한국인의 오리진'이라고 주장한다. 그는 우리나라 인구의 56%가 김·이·최·정·손·배 즉 신라 6성을 가진 반면, 단군·고주몽·온조를 시조로 하는 씨족이 거의 없으니, 신라야말로 우리민족의 오리진이라고 보았다. 그가 신라를 한국인의 오리진이라고 주장하는 것은 자유겠지만, 그 근거가 한국의 성씨라는 것은 납득할 수 없다. 그는 성씨에 대해 크나큰 오해를 하고 있다. 성씨가 경주 김씨인 사람들 모두가 신라인의 피만 받은 것은 결코 아니다.

많은 사람들이 족보를 대단히 신성한 것이고 나의 뿌리를 밝혀주는 것이라고 생각한다. 하지만 족보는 가장 오랜 것이라 해봤자 약 500~600년 전에 만들어졌고, 대다수 문중의 족보는 300~400년 전부터 만들어지기 시작한 것이며, 대부분의 한국인이 족보에 실리게 된 것은 20세기 이후의 일이다. 아울러 족보는 부계는 나오지만, 모계가 다 밝혀져 있지 않다. 부계와 함께 모계를 모두 고려한다면, 우리 조상은 단 한사람이 아니라 수많은 사람들, 좀 더 확대하여 말하자면 이 땅에 살았던 사람들 모두라고 할 수 있다.

세종대왕의 피가 전주 이씨에게만 전해진 것도 아니다. 어쩌면 이글을 읽는 당신의 20대 조상일 수도 있다. 각자의 조상 가운데는 명재상이나, 청백리도 있겠지만 범죄자, 매국노, 기생, 외국인, 노비 등 다채로운 직업을 가진 사람들도 있을 것이다. 조상의 범위를 좁혀서 뛰어난 특정 조상만을 자신의 조상이라고 생각하는 것은 과거를 통해 현재의 자기를 높이려는 좁은 생각의 발로일 뿐이다.

조선 후기에 강화되기 시작한 부계집단의 결집이 지금 우리 사회에서는 편가름의 원인으로 작용하기도 한다. 혈연의식이 동성 간의 친목 도모나 조상 숭배 차원에 머물러야지 집단 이기심으로 작용하는 것은 결코 바람직하지 않다. 족보가 갖는 순기능도 있지만, 이제는 역기능도 생각해볼 때다.

과거에는 어느 집안의 누구 자식이냐가 세상의 평판을 좌우했다. 상황이 그랬으므로 양반이라면 으레 보학에 밝아야 했다. 하지만 이제는 시대가 변했다. 대한민국은 누구나 법 앞에 평등하며, 사회적 특수 계급을 인정하지도 창설할 수도 없도록 규정한 헌법에 의해 통치되는 민주국가다. 누구 자식이라는 것만으로 남들과 다른 혜택을 받는 것은 평등사회를 명백히 규정해놓은 헌법에 위배되는 것이다. 그렇지만 아쉽게도 한국 사회는 뉘 집 자손이냐를 가지고 사람을 평가하는 경향을 아직 완벽하게 청산하지 못하고 있다. 자칫하면 우리 사회가 다시 계급사회 혹은 신분사회로 퇴보하지 않을까 우려된다. 우리는 20세기 말 민주화가

진전된 것을 대한민국의 자랑스러운 역사라고 생각해왔다. 그럼에도 지금 신분사회의 재도래를 우려하는 것은 우리가 아직도 조선시대의 그림자로부터 자유롭지 못하기 때문이다.

사대봉사

양반들이 집착한 진짜 이유

권력에 따라 모시는 범위가 달랐던 제사상

아마 대부분의 한국인들은 집에서 제사를 치를 것이다. 1969년 제정된 〈가정의례준칙〉에서는 제사를 모시는 조상의 범위를 아버지와 할아버지 2대로 한정하고 있다. 하지만 이른바 좀 격식을 차리는 집안의 경우엔 증조부와 고조부까지 4대를 모시기도 한다. 흔히 이렇게 4대를 모시는 제사를 사대봉사四代奉祀라고 한다. 그렇다면 과연 몇 대까지 차려놓고 지내는 것이 맞는 올바른 법식일까?

필자는 대학 시절 종친회에서 실시한 예학과 보학 교육에 참여한 적이 있다. 그때 받은 교육 중에 지금도 기억이 생생한 것은 "4대 조상까지는 혼백이 남아서 후손들을 돌보고 계시니 제사를 잘 받들어야 한다."는 것이었다. 또 어떤 책에선가 "사람은 4대가 지나면 혼과 백이 흩어지므로, 4대 조상까지만 제사를 지내야 한다."는 글을 읽은 기억도 있다. 필자는 해마다 치러지는 이런 제사에 참여하고 있었던

| 불천위의 위패들 | 경기도 연천군에 있는 숭의전은 조선시대에 고려 태조 등에게 제사지내던 곳으로 배신청에는 뛰어난 신하들인 서희, 강감찬, 윤관 등의 위패도 함께 모셔져 있다. 지금도 해마다 제사를 지낸다.

만큼, 딱히 이에 대해 의문을 품지 않고 지냈다.

그러다 제사를 끊지 않고 계속해서 지내야 하는 불천위不遷位가 있다는 것을 알게 되면서 의문이 생겼다. 매년 5월 초면 종묘 제사가 열린다. 이날 종묘에 모인 제관들은 4대가 아닌 20여대에 걸친 조선의 역대 왕들에게 제사를 올린다. 조선시대에는 종묘 제사가 국가적으로 중요한 행사였다. 그런데 왜 조선의 왕실에서는 4대 조상이 아닌, 훨씬 윗대의 조상들에게까지 제사를 올렸을까? 훌륭한 임금은 혼백이 흩어지지 않는 것일까? 불천위의 조상은 영혼이 흩어지지 않으니 수백 년이 지난 지금까지도 제삿날을 기다리며 우리 주변을 떠돌고 있다는 것일까?

1485년에 반포된 조선의 기본 법전인 《경국대전》에 "문관 6품 이상은 3대인 증조까지, 7품 이하는 2대인 조부까지, 일반평민은 1대인 아버지에게만 제사를 지내야 한다."는 규정을 접하면서 필자의 의문은 더욱 커졌다. 사실 조선의 대다수 양반은 관직을 얻지 못했다. 그러므로 대부분 1대 봉사가 기본이었다. 대과가 아닌 소과에 간신히 합격한 김진사며 이생원 같은 사람은 감히 4대조까지 제사를 지낼 엄두조차 내지 못했다. 필자에게 이런 사실은 매우 충격적이었다.

2014년 서울시민대학에서 강의할 때 "제사를 왜 장남만 지내느냐. 딸들도 제사를 지낼 수 있다."는 이야기를 한 적이 있었다. 그러자 나이 든 청강생 한 분께서 "그럼 귀신이 집집마다 돌아다니면서 제사상을 받아야겠느냐?"며 이의를 제기했다. 그래서 고려 때만 하더라도 제사를 아들 딸 구별 없이 지냈으며, 자식들이 순번을 정해 지내는 윤행봉사輪行奉祀나 조상 제사를 나눠서 지내는 분할봉사分割奉祀가 있었고, 절에 가서 재齋를 지내는 것으로 대신하는 경우도 많았다고 알려주었다. 그러자 안색이 크게 변했다. 필자는 말이 나온 김에 아래와 같이 사대봉사의 연원을 설명했는데, 충격을 받으셨는지 그분은 다음 강의 때부터 더 이상 나타나지 않으셨다.

우리나라에서 사대봉사는 16세기 무렵에 시작되었고, 다수의 사람들이 이를 따른 것은 18세기 이후에 불과하다. 물론 사대부의 사대봉사 개념은 우리나라가 아닌 중국 송나라에서 기원한 것이며, 조선은 송나라의 법식을 본떠왔을 뿐이다. 고대 중국의 예법을 적은 《예기禮記》〈왕제〉편에는 "천자는 7대조, 제후는 5대조, 대부는 3대조, 사士는 1대조만 사당을 세울 수 있다."라고 규정되어있다. 즉 신분에 따라 제사를 지내는 대수代數를 다르게 규정한 것이다. 그렇다면《예기》의 규정이 조선의《경국대전》에도 직접 영향을 준 것이라

볼 수 있다. 그럼 왜 신분에 따라 제사를 지내는 대수가 달랐던 것일까? 가장 중요한 원인은 제사에는 집단의 세력을 확대하는 기능이 있기 때문이었다. 그러므로 지배자의 제사권 범위는 넓히고 피지배자의 제사권 범위는 좁히려고 했기 때문에, 신분에 따라 제사 범위가 확연히 달랐던 것이다.

이 점에 관해서는 우리의 제천행사를 생각해보면 쉽게 이해가 간다. 제천행사에서는 한 집단의 모든 구성원이 함께 섬길 수 있는 천신과 시조신에게 제사를 지낸다. 왕부터 백성들까지 모두 나와 제사를 지내고 함께 술 마시고 춤추고 노래하며 축제를 즐긴다. 제천행사는 집단의 응집력을 고취시키는 최고의 축제인 셈이다.

하지만 자신의 할아버지 제사라면, 할아버지의 후손, 즉 사촌들까지만 제사에 참석하게 된다. 사촌이라 하면 많아봐야 수십 명이다. 반면 4대조인 고조할아버지까지 제사를 지내면 참석자의 범위가 보다 넓어져 100명이 넘는 경우도 생길 것이다. 제사에 참석한 사람들은 같은 조상의 후손이라는 유대감, 즉 가문의식을 가지고 있다. 유대감을 지닌 많은 사람들이 한 곳에 모인다는 것은 힘이 결집됨을 뜻한다.

종묘에 모셔진 왕실 조상들의 불천위라는 수수께끼의 열쇠가 바로 여기에 있다. 왕은 왕실의 힘을 키우는 데 관심을 기울인다. 그러므로 당연히 제사를 통해 왕실의 범위를 확대할 필요성을 느낀다. 건국 시조는 자신이 나라를 세운 것은 하늘의 명天命을 받았기 때문이라고 정당성을 선전할 수 있다. 반면 건국시조의 후예로 등장하는 후계 왕들의 권위는 오로지 건국 시조의 신성한 혈통을 전해 받았다는 데서만 나온다. 따라서 왕실의 가묘家廟인 종묘의 제사는 일차적으로 왕권의 신성함을 혈통을 통해 확인하는 자리이다. 그러므로 건국시조는 아무리 세대가 지나도 제사를 받들어 모셔야 하는 불천위不遷位의 자리를 차지할 수밖에 없다. 불천위 시조는 집단의 결속을 다지고 집단의 특별함을 상징하는 존재이기 때문이다.

하지만 귀족들이 왕실처럼 높은 세대까지 제사를 지낸다면 세력이 강한 가문 구성원의 힘을 왕실이 통제하지 못할 수 있다. 따라서 왕실의 입장에서는 귀족들의 세력 결집을 방지하기 위해 제사권을 신분에 따라 제한하지 않으면 안 된다. 제사권의 범위는 권력과 깊은 관련이 있는 것이다.

송나라 사대부의 세력확대를 위해 고안한 사대봉사

왕가의 제사권을 정점으로 한 차등화된 제사권 규정은 오랜 세월 지켜져 오다가, 중국의 신분제가 크게 요동치는 과정에서 변화가 생겼다. 당나라618~907 시대 안사의 난755~763과 황소의 난875~884을 겪으면서 전통 귀족들이 몰락한다. 그리고 5대 10국907~979의 혼란을 극복하고 등장한 송나라960~1279에서는 피지배 신분인 사士 가운데 과거에 합격한 자들이 새로운 지배계급으로 등장한다.

그런데 사士 출신자가 관직을 얻어 재상까지 올라도 그들은 겨우 1, 2대 조상에 대해서만 제사를 지낼 수 있었다. 송나라는 과거를 통해 인재를 선발해 관리를 임명하는 제도를 시행하는 나라였다. 개인적 능력이 출중하여 벼슬을 얻었다 해도 그 지위는 세습되지 않았다. 따라서 대부大夫 정도의 고위직에 오른 사람들은 대대로 신분을 계속 유지할 수 있는 방법이 없을까 궁리했다.

세습 봉작을 받아 귀족으로 변신하고 싶었던 사대부들은 그들의 학문인 성리학을 통해 자신들의 의지를 관철시킬 방법을 찾아냈다. 성리학을 철학적 분석이 아닌 역사적·계급적 관점에서 분석해보면, 성리학자들은 공자와 맹자의 말을 자기들의 계급적 이익에 맞도록 재해석한 것이 분명하게 드러난다. 그들은 과거와 지금이 다르기 마련이라면서 예법의 변용이 필요하다고 주장했다. 즉 당나라 시대 귀족들처럼 가묘家廟를 건립하고 제사할 수 있는 조상의 범위를 확대해, 자신들과 일반 서민을 구분 짓는 수단으로 삼자는 의도였다.

가묘는 새로운 지배층인 사대부들의 정치적, 문화적 우위를 드러내는 중요 수단이었다. 그리하여 그들은 1041년 문무공신의 가묘 건립을 허락하는 조칙을 받아내는데, 그것이 곧 1050년에 반포된 황우조칙皇祐詔勅이다. 조칙에서는 정1품 이상이 4대까지 가묘 제사를 지낼 수 있고, 종2품 이상은 3대까지 지낼 수 있게 했다. 집안에 3, 4대 조상들의 위패位牌를 모시는 사당廟을 모실 수 있는 가문은 곧 혈통이 우월한 귀족 가문으로 공인받는 것이나 다름없었다. 하지만 가묘 설립 자격을 가진 자들이 극소수에 불과했기 때문에, 가묘 설립이 당장에 크게 활성화된 것은 아니었다. 그러다가 1111년에 결정된 《정화오례신의政和五禮新儀》에서는 '문관 정2품 이상, 무관 종2품 이상은 5대까지, 문관 종2품에서 5품까지와 무관 정3품에서 5품까지는 3대까지, 6품 이하 관인은 2대까지 제사 조상의 범위를 정한다.'고 했다. 이로써 관품을 가진 사인士人들 모두에게 가묘 건립의 여지가 생긴 것이다.

이때부터 가묘를 세운 가문에서는 섬기는 조상의 범위를 넓히려는 노력이 가속화되었다. 그래야 가문의 힘을 키울 수 있었기 때문이다. 친척은 자신의 지위를 보장해주는 보험과도 같았다. 또한 명문거족을 탄생시킬 수 있는 방법이기도 했다. 이들은 예법을 변용하여 제사를 지낼 조상의 범위를 확대했다. 가령 장재1020~1077 · 사마광1019~1086은 3대까지 제사를 지냈다. 11세기 송나라 사대부 계층에서는 3대 제사가 일반적이었다. 그리고 당시 사대부들은 귀족들의 전유물이었던 족보를 만들기 시작했다. 같은 성씨끼리의 동족의식을 강화하면서 자신들의 사회적 지위를 보장받으려 노력한 것이다. 이런 분위기 속에서 주희1130~1200는 4대까지 제사를 지내자고 주장했다. 그의 제자들이 편집 · 발행했다는 《주자가례朱子家禮》는 4대조까지의 제사를 체계화했다.

이로써 4대조까지 제사를 지내야 한다는 주희의 예법이 곧 사대봉사의 근거를 제공했다. 주희는 개신改新 유학이라 불린 '성리학의 완성자'라는 평가를 받지만, 그가 정립한 예법은 고래로부터 전해져 온 것이라기보다는 송나라 사대부를 위해 새롭게 만든 것이라고 보아야 한다. 마침내 송나라 사대부는 제사를 통해 종족의 힘을 결집하여 지방의 지배세력으로, 중앙의 명문가로 위세를 떨치게 되었다. 피지배층이었던 사족들이 차츰 귀족화되어 갔고 자신들은 일반 서민들과 다르다는 차별의식을 갖게 되었다.

조선, 《주자가례》를 원용한 사대봉사 도입

이러한 당-송 변화의 복사판이 고려-조선의 사대봉사 도입과정

에 고스란히 나타난다. 1390년공양왕 2년 2월에 제정된 사대부와 서인
의 제례에 대한 규정을 보면 "종4품 이상의 대부는 3대를 제사지내
고, 6품 이상은 2대를 제사지내고, 7품 이하와 서인들은 부모만을 제
사지낸다."고 해놓았다. 이러한 규정은 95년 후 반포된《경국대전》에
서도 크게 바뀌지 않는다. 다만 "6품 이상은 3대, 7품 이하는 2대, 서
인은 부모만을 제사지낸다."로 제사 범위가 조금 확대되었을 뿐이다.

조선이 성리학을 국가 이념으로 받아들이긴 했지만,《주자가례》
에 규정된 사대봉사가 곧장 실행되진 않았다. 조선에서는 사대부에
서 서인에 이르기까지 집집마다 가묘를 세워 때에 맞춰 제사를 지내
도록 하고 이를 어긴 자는 불효로 벌을 준다고 했지만, 15세기 말까
지 가묘는 별반 활성화되지 않았다. 부모님에 대한 상례喪禮와 제례
祭禮를 불교식인 천도재薦度齋와 수륙재水陸齋로 지내는 경우도 많았
다. 즉 이때까지도 불교의 문화적 영향력이 남아있었던 것이다. 게다
가 조선 초기에는 부계父系 가문의 전통도 완전히 확립되지 않은 상
태였다.

하지만 성리학 근본주의자들인 사림파가 등장하는 16세기 들어
불교식 제례祭禮가 유교식《가례》에 의거한 제사로 바뀌어나간다. 그
러면서 이들은 서서히 부계 가문의 확대를 위한 제사 범위의 확대를
왕에게 요구하였다. 1519년 2월 15일 조강朝講에서 검토관 심달원
1494~1535은 중종에게 "4대조인 고조까지 제사지내야 한다."고 주장
했다. 반면 이언적1491~1553, 이이1536~1584 등은 나라에서 정한 3대
조까지만 제사를 받들었다. 그럼에도 4대조까지 제사를 지내려는 사
대부들의 욕구 또한 매우 강했다.

지방향리 출신 가운데 조선의 지배층으로 올라선 경우 고려의 귀족처럼 음서제로 관직을 세습하거나 문벌의 힘으로 권력을 장악할 수 없었다. 조선 초기만 해도 귀족과 다름없는 막강한 훈구파勳舊派 세력들은, 제사문화를 고쳐 가문의 범위를 넓히려는 적극적 노력을 기울이지 않았다. 반면 15세기 말부터 정계에 등장한 지방향리 출신 사림파들은 고려의 귀족처럼 음서제로 관직을 세습하거나 문벌의 힘으로 권력을 장악할 수가 없었다. 그들에게는 명문가의 전통도 충분한 재산도 없었다. 그렇다고 지위를 세습할 만큼 자손들의 과거 합격이 보장된 것도 아니었다. 과거시험은 경쟁률이 워낙 높아 대를 이어 합격하기란 하늘의 별따기나 다름없었다. 재물·인맥·세습지위 등 권력유지라는 점에서 안정적인 구조를 확립하지 못한 사림파는 송나라 사대부들을 모델 삼아 자파의 미래를 대비하기 시작했다. 그것은 곧 가문의 힘을 키워 다수의 힘으로 지위를 유지하는 것이었다.

16세기 들어 많이 만들어지는 족보는 가문의 확대를 꾀하는 사림파의 움직임과 긴밀한 연관이 있다. 이들은 《주자가례》의 예법을 적극 수용했다. 그리고 마침내 예학의 대가인 김장생1548~1631이 사대봉사를 지내면서 이 풍습이 널리 퍼져나가게 된다.

양반들이 사대봉사에 집착한 진짜 이유

양반은 본래 과거에 합격해 관직을 역임한 사람을 의미했다. 과거가 엄격하게 정기적인 식년시式年試만 시행되었다고 가정하면 조선에서 문과 급제자는 3년에 33명, 즉 1년에 단지 11명만이 선발될 수 있었다. 증광시增廣試·별시別試 등 각종 부정기 시험을 자주 치른 조선 후기에도 1년에 30~40명 정도의 합격자가 나올 뿐이었다. 518년 간 조선시대 문과 시험은 총 804회 15,150명의 합격자를 냈다는 통계가 있다. 이를 평균내면 1년에 29명 정도만이 문과에 합격한 셈이다. 무과의 경우도 1년에 59명 정도였는데, 이나마 조선 후기에 합격자가 급증한 덕분이다. 이런 점을 감안하면 소수에 그쳤을 음직蔭職을 합쳐도 조선에서 양반으로 행세가능한 사람은 극소수일 수밖에 없었다.

하지만 조선 초기부터 양반은 관제상의 문반과 무반만 가리키는 용어가 아니라 점차 지배 신분층을 지칭하는 용어로 변질되기 시작했다. 아버지가 양반이란 이유로 그 자식이 일반 평민들 위에 군림하고, '8촌 형님이 양반 관리이니 나도 양반'이라며 어깨에 힘을 주기 시작했다. 본래 양반은 공적인 일을 수행하는 관리인 만큼 그에 따른 책임을 다해야 했다. 하지만 양반의 가족과 친척까지 양반 행세를 하면서도 법적으로 아무런 책임을 지지 않으며 단지 지위를 나타내는 용어로 변질되고 말았다. 개인이 양반되기는 어렵지만 자신의 친족 가운데 누군가가 과거에 합격해 양반이 되면 나도 양반 행세를 할 수 있었던 시대였다. 그러므로 자연히 친족의 범위를 넓히고, 세력을 강화하고자 하는 사회적 분위기가 조성된 것이다.

이제 과거 합격자 배출은 한 개인과 가정의 영광이 아니라 가문의 영광이 걸린 문제였다. 그래서 과거 응시생은 주변 친척들의 도움을 받아 준비하는 경우가 많았다. 이러니 합격자는 그 뒤 친척들을 두루 보살펴야 했다. 아울러 한 가문이 양반 지위를 계속 유지하기 위해서는 가문 내에 과거 합격자가 꾸준히 배출되어야 했다. 따라서 가문의 범위가 넓을수록 양반이 될 수 있는 확률이 높았으므로 사대봉사는 사대부들에게 신분 유지를 위해 필수적이 아닐 수 없었다. 상황이 이렇다보니 과거시험을 치를 때 응시생은 자신의 4대 조상까지 적어내야 했다.

16세기 이후부터 양반층 가운데는 4대조 내에 관리로 활동한 조상이 없는 경우도 생겨났지만, 족보와 가문의 힘으로 여전히 양반으로 행세하곤 했다. 조선 중기 이후에는 양반의 조건에 관직 이외에 유교적 교양과 도덕이 포함되었다. 이는 곧 조상을 잘 숭배해야 유교적 소양을 갖추었다고 인정한다는 것으로 해석되어, 사대봉사는 양반이라면 반드시 행해야 하는 신분 유지의 필수 조건으로 자리 잡았다. 이러다보니 조상에 대한 제사를 거르기만 해도 사회적으로 지탄받기 일쑤였다.

조선 후기에는 신분질서의 문란으로 노비에서 양인, 양인에서 양반으로 신분 상승을 이루는 사람들이 많아졌다. 이때 새롭게 양반이 된 사람들이 해야 할 가장 중요한 일은 족보를 사거나 조작해서라도 기억에도 없는 조상께 제사를 지내는 일이었다. 제사가 양반 신분을 규정짓는 중요한 잣대가 되었기 때문이다.

양반 노릇의 필수품 역할을 한 4대봉사

이처럼 사대봉사는 과학적 근거나 조상에 대한 존경심 때문이라기보다는 사대부의 이익을 위해 만들어진 것이다. 또한 그리 오래지 않은 몇백 년 전에 조성된 풍습일 뿐이다. 그 이전 사람들은 대체로

| 장천1호분 연화화생도蓮花化生圖 | 길림성 집안시 소재. 이 그림은 무덤 주인 부부가 내세에 정토에서 같이 화생化生하기를 염원한다는 뜻을 담고 있다. 우리 조상들의 내세관이 잘 나타나 있다.

부모님 제사는 지냈지만 기억에도 희미한 고조부나 증조부까지 모시진 않았다.

　지금은 조선시대처럼 가문의 결집이 중요한 게 아니라, 개인의 역량이 더 중요하다. 또 친척의 덕을 많이 보는 조선시대와 달리 이제는 조부모와 부모와 형제 정도만이 개인의 출세에 영향을 끼치는 시대이다. 아울러 과거처럼 친척들이 동족마을을 이루면서 같은 직종에 종사하며 살지 않기 때문에 제사에 참석하기 위해 일부러 시간을 내기조차 어려운 경우가 많다. 따라서 제사의 정치적 효력은 물론 친척간의 우의를 다지기 위한 모임의 장이라는 기능도 차츰 사라지고

| 광개토태왕릉비 | 길림성 집안시 소재. 고구려의 위엄을 드러내는 비문 속엔 무덤 관리를 담당하는 수묘인에 대한 법령이 자세히 나와 있어 신주가 아닌 무덤을 중요시했음을 알려준다.

있다. 지금도 제사가 중요하다고 생각하는 분들이 많지만 그렇다고 4대봉사를 굳이 고집해야 할 필요는 없다.

굳이 유교를 들먹이지 않더라도 우리나라에서 조상을 숭배하는 효는 대단히 중요한 덕목이었다. 삼국시대에는 조상의 무덤이 거주지 바로 곁에 있었다. 그리하여 수시로 조상의 무덤을 찾아 제사를 올렸다. 삼국시대 사람들은 조상의 영혼이 주변에 머무른 채, 늘 후손을 돌보고 있으며 무덤은 조상의 육신과 혼이 깃든 곳이라고 생각했다. 유교에서는 신주를 모신 사당祠堂에서의 제사를 중요시했지만, 우리의 전통에서는 무덤墓 제사를 우선했다. 그런 까닭에 조선에서는 중국과 달리 각종 절일節日마다 묘소에 찾아가 묘제墓祭를 지내는 풍습이 발달했다. 설날·한식·단오·추석 또는 10월 하원下元 등에 성묘하고 묘제를 지내는 것은 무덤을 중요하게 여기는 우리의 전통 신앙에 유교의 외피가 덮였을 뿐이다.《주자가례》를 익혀 예학의 대가로 칭송받았던 김집金集,1574~1656은 1649년에 〈송시열에게 답하며 송준길에게도 함께 보이다〉라는 글에서 "추석 때의 성묘는 내 집에서는 아이들에게 설행設行하지 말도록 명했고, 가묘에만 약간의 술과 과일을 올리도록 시켰다."고 한 것은 조선의 풍습인 성묘를 중국식 가묘제로 바꾸고자 하는 주자학자의 의지를 볼 수 있다. 이처럼 사대봉사, 가묘제는 조선시대에 변형된 제사문화였을 뿐이다.

오늘날 우리가 굳이 유교식 제사문화를 고집할 필요는 없다. 우리가 혹시 전통이라고 믿어왔을지 모르는 사대봉사조차 사실 그리 오랜 전통이 아니었듯이, 제사문화도 시대에 따라 변하는 것이 당연하다. 부모님을 비롯한 조상님을 생각하는 마음만 달라지지 않는다면 제사상에 올리는 음식, 제사의 절차 정도는 얼마든지 바뀌어도 된다. 제사를 지내지 않는 사람이 늘어나는 것 또한 시대 환경이 만들어낸 자연스런 변화다. 아울러 부모님과 조부모님을 기리는 방식이 반드시 제사일 필요도 없다. '제사는 지난 시대의 유행이었다.' 고 언젠가 우리 미래의 역사에서는 기록하게 될지도 모른다. 내가 죽으면 자식들에게 제사를 지내지 말라고 하면서도 지금 당장은 제사를 그만하지 못하겠다는 사람들이 우리 주변에 적지 않다. 당장은 부모형제 등 과거의 인습을 따르는 분들과의 조화를 생각하기 때문일 것이다. 하지만 머지않아 우리 사회에서 사대봉사를 포함한 제사문화가 조상을 기리는 숱한 옵션 가운데 하나로 변화되지 않을까 싶다.

몸통의 책임회피를 위해 악용된 사상

우리 역사상 최악의 패전 가운데 하나로 꼽히는 쌍령전투

역사적 무게에 비해 일반인들이 잘 알지 못하는 쌍령전투는 1637년 1월 경상도 근왕병이 조선을 침략해온 청군과 경기도 광주시 쌍령동 일대에서 맞붙은 전투다. 이에 관해 인터넷상에는 우리 역사상 가장 부끄러운 패전 가운데 하나라는 글들이 많이 올라와 있다. 심지어 '청의 기병 300명에 대패한 4만의 조선군'이라는 글도 있다. 대체 어떤 전투였기에 이런 이야기가 떠도는 것일까?

1636년 12월 8일 압록강을 건너 조선을 침략한 12만 8천의 청군은 불과 7일만인 12월 15일 남한산성을 포위한다. 급박한 외침이 예상되었음에도 별달리 대비책을 세우지 못한 인조재위:1623~1649는 적이 처들어온 사실조차 까맣게 모르고 있다가 12월 14일이 되어서야 적이 개경을 통과했다는 소식을 듣고 부랴부랴 남한산성으로 피난을 떠나온 것이다. 그런데 이런 상황은 뭔가 기시감이 든다. 바로

| 한양도성 일부 | 조선은 수도를 서울로 정하면서 18.6km의 산성을 쌓았다. 그러나 임진왜란과 병자호란은 물론 한 번도 이 산성으로 적을 막아보지 못했다.

1592년 임진왜란 때와 너무도 상황이 비슷하지 않은가. 4월13일 부산에 당도한 일본군이 진격해오자, 선조는 같은 달 29일에 도성을 버린 채 달아나고, 일본군은 5월 1일 한성부로 들어온다. 이로써 알수 있듯이 조선은 그토록 엄청난 왜란을 겪고 40년이 지났음에도 방어 시스템이 거의 바뀌지 않았다. 도리어 적군의 수도 점령 시간이 더 빨라졌다.

임진왜란 당시 그나마 일본을 물리칠 수 있었던 데는 세 가지의 힘이 작용했는데 병자호란 때는 이조차 없었다. 세 가지 힘이란 첫째 이순신·김시민·권율과 같은 명장, 둘째 대포를 앞세운 명군, 셋째는 의병이었다. 병자호란 당시 조선은 산성을 중심으로 적의 진격을 지연시키는 방어태세를 취하고 있었다. 게다가 각 지역 장군들은 자기 관할 지역을 함부로 벗어날 수 없도록 제약받고 있었다. 이로 말미암아 당대의 명장 임경업1594~1646 장군을 의주 백마산성에만 머물게 만들고 말았다. 때문에 백마산성을 피해 남진하는 적군을 막아내지 못하는 실책으로 이어졌다. 또한 명은 이미 쇠망해가는 상황이라 조선에 원군을 보낼 처지가 아니었다. 마지막으로 의병 활동 또한 임진왜란 때와는 크게 달랐다.

1636년 12월 19일 인조는 8도 사대부에게 의병을 일으켜 달라고 호소했다. 그러자 각도에서 근왕병이 출동했다. 12월 24일 가장 먼저 강원도 근왕병 7천명이 경기도 양근현재는 양평군에 통합으로 진군하고, 26일 선봉장 권정길이 1,000명을 이끌고 남한산성 부근의 검단산까지 진격했다. 하지만 다음날 선봉부대가 청군과 교전하다 사실상 전멸 당하자 강원도 근왕병은 그대로 와해되고 말았다.

충청도 근왕병 7,000명도 남한산성으로 진군했다. 그런데 1월 2일 용인시에 위치한 험천고개에서 청군과 전투가 벌어지자 충청도 병마절도사 이의배는 전투 발생 전에 도주했다. 충청도 근왕병은 단 하루만에 병력의 태반을 잃고 공주로 후퇴하고 말았다.

전라도 근왕병 8,000명은 1월 4일 광교산에 도착해 다음날 전투에서 청의 장군 수무루 양굴리舒穆禄 揚古利를 사살하는 첫 승리를 거두었다. 하지만 광교산 전투의 승리에도 불구하고 탄약과 식량 부족을 이유로 수원 및 공주로 철수해 전라도 근왕병은 남한산성을 전혀 구원할 수 없었다.

경상도 관찰사 심연이 지휘하고, 좌병마절도사 허완, 우병마절도사 민영이 선봉장을 맡은 문제의 경상도 근왕군도 남한산성을 구원하기 위해 출동했다. 《인조실록》 15년1637 1월 15일자 도원수 심기원1587~1644의 장계에 따르면, "경상 좌병사 허완이 군사를 거느리고 경기도 광주의 쌍령에 도착하였는데 제대로 싸워보지 못하고 군사가 패하여 죽었으며, 우병사 민영은 한참동안 힘껏 싸우다가 역시 패하여 죽었다."고 간략하게 기록했다. 《실록》에는 쌍령이 병자호란 시기 근왕군이 많이 죽은 곳이라 하였고 《승정원일기》에는 이곳에서 전사자가 너무 많아 4월이 되어서도 시신의 100분의 1도 수습하지 못했다고 적고 있다.

쌍령전투에 대해 가장 자세한 기록은 이긍익1736~1806의 《연려실기술》에 나온다.

이긍익은 경상 좌병사 허완과 우병사 민영이 4만 군사를 이끌고 쌍령을 넘어가는데 척후병을 파견하지 아니하여 적의 사정을 몰랐음을 비판하면서 시작한다. 허완과 민영은 쌍령에서 각기 좌우 산등성이에 진을 진 뒤, 정예 포수는 진영 가운데 두고 중등과 하등포수를 밖으로 몰고는 화약을 각각 2냥씩 나눠주었다. 그러자 부하 장수들이 "바깥을 지탱하지 못하면 가운데를 어찌 지킬 수 있겠는가?" 라고 질문하자, 허완은 1등 포수가 많지 않기 때문이라 했다. 1월 3일 아침 적의 선봉 33명이 산봉우리를 타고 내려오면서 전진하자, 당황한 조선군 포수들이 함부로 총을 쏘아대는 바람에 화약이 다 떨어져 화약을 달라고 소리쳤다. 그러자 적이 이 말을 알아듣고 돌격을 시도하며 목책을 뛰어넘어 조선군 진영에 돌입했다. 그러자 조선군 포수들은 총 한번 쏘지 못하고 저절로 무너지며 앞 다투어 도망을 시도했다. 밀집된 지역에서 도망을 시도하던 조선군은 목책 앞에서 넘어지고 또 넘어져 순차적으로 압사하는 상황이 벌어졌다. 앞의 사람을 밟고 넘어가다가, 또 뒤의 사람에게 밟혀 죽었다. 즉 공포심에 질려 도망가던 수많은 조선군이 스스로 압사 당했던 것이다. 게다가 좌병사 허완은 도망을 시도하다가 3번이나 말에서 떨어져 죽었다.

좌병사의 진영이 붕괴된 후 청군은 우병사 민영의 진영을 공격했다. 우병사의 부대 역시 포수 1인당 화약 2냥씩 지급했다. 적군을 맞아 총을 쏘아 적이 감히 덤비지 못하게 했으나 이내 화약이 떨어졌다. 이에 화약을 다시 지급하기 위해 서두르다가 부대 안에서 그만 화약 더미에 불이 붙어 커다란 폭발이 일어났다. 조선군이 크게 혼란에 빠지자 이때를 틈타 청군이 돌격해 민영을 비롯한 우병사의 부대 역시 전멸 당했다.

이긍익은 적 300여 기병에게 좌우 양진영이 모두 격파되었다고 적었다. 또 경상도 근왕군은 너무 급하게 진군한 탓에 군량이 후방에 있어 군졸이 굶주리고 추위에 떨어 싸우려는 의지가 약했다고 적었다. 그는 조선군의 이런 문제들을 장수들의 무능 탓으로 돌렸다. 또한 경상감사 심연은 충주에 있으면서 전진하지 않다가 여주에 이르러 패전 소식을 듣고 조령으로 달아나 창의대장 전식과 만났는데, 전식의 군대도 선비와 종 수백여 명에 불과했다고 기록했다. 게다가 그 군사도 참모관에게 나눠 거느리게 하고 전식은 사대부 6, 7명과 더불어 조령과 죽령 사이를 숨어 다녔다고 했다. 또 심연은 항상 자객이 옆에 있는 것처럼 경계했는데 하루는 어떤 자가 적이 온다고 잘못 전하자, 감사 이하 각자가 말을 채찍질해 달아나다가 거짓임을 깨닫고 부끄러워했다는 일화도 적고 있다.

물론 이런 부끄러운 사례가 우리나라에만 있는 것은 아니다. 가령 《삼조북맹회편三朝北盟會編》에는 1126년 2월 10일에 송宋의 장군 이 간이 2,000명의 병사로 금金의 기병 17명과 맞서 싸우다 패배했다는 기록이 있다. 싸우려는 의지가 부족하고 무기를 다룰 줄도 모르는 군 사들과 무능한 지휘관이 이끄는 군대는 종종 강한 의지를 가진 소수 의 적들에게 패하기도 한다. 1637년 경상도 근왕군 역시 이런 군대 였다.

조선의 예견된 참화

물론 이긍익이 지적한 4만 군사는 지나치게 많다. 경상도 근왕군 본진인 심연의 부대는 이천 부근에 머물러 합세하지 못한 상태였다. 또한 타 지역 근왕군이 7,000~8,000명이었던 것과 비교할 때 경상 도만 유독 4만이란 것도 믿기 어렵다. 허완과 민영이 인솔한 부대는 대개 수천 명 수준으로 보는 것이 옳겠다. 하지만 수천 명으로 조선 군의 숫자가 줄어든다고 하더라도 조선군이 참패했다는 사실이 바 뀌는 것은 아니다. 언급하기도 부끄러운 쌍령전투에 굳이 주목하는 것은 쌍령전투가 조선사회의 온갖 문제들을 종합적으로 드러낸 사 례이기 때문이다.

쌍령전투의 패배 원인으로는, 먼저 장수들의 무능함을 들 수 있 다. 척후를 제대로 활용하지 못하고 주둔지를 잘못 택했으며, 병사 들의 배치를 잘못해 가장 유능한 사수를 장군 주변에만 배치해 적을 막을 때는 실제로 활용하지 못했으며, 지원군이 되어야 할 심연의 군 대가 너무 늦게 따라붙어 전투에서 전혀 도움이 되지 못했고, 장수들이 지레 겁을 먹고 당황하여 도망칠 생각부터 하는 등 장수들의 무능이 도를 넘었다.

두 번째 원인은 훈련된 병사들이 너무 적었다는 점이다. 정예 포수라 불린 이들은 조선의 중앙 정예군인 어영군 5,000명의 일부로 볼 수 있는데, 쌍령전투에 참가한 이들은 이들 중의 불과 수백 명 정도였다. 나머지는 제대로 훈련조차 받지 못한 군사들이었다. 따라서 총 한번 제대로 쏴보지 못한 병사들은 실전에서 우왕좌왕할 수밖에 없었다. 숱한 전투 경험을 가진 청군에 비해 전투력에서 너무 큰 차이가 났다.

하지만 쌍령전투에서 참패한 진정한 원인을 장수와 병사들에게만 돌릴 수는 없다. 쌍령전투뿐만 아니라 다른 전투에서도 비슷한 결과가 발생한 것은 당시 조선 국방문제 전반에 걸쳐 문제가 있었기 때문이다.

나라를 수호해야 할 지도층인 사대부들에게 싸울 의지가 없었다는 점이다. 명분상 나라에 충성해야 된다는 것을 알기에 남의 눈치를 보느라 출전은 했지만 진정 목숨을 내걸고 나라를 위해 목숨을 바칠 각오를 가진 자들이 없었다. 이긍익이 비판한 심연과 전식은 물론 당시 전라도와 충청도의 근왕군을 이끈 지휘관들도 마찬가지였다. 그저 근왕군을 일으켜 출동했다는 것만으로 자신들의 도리는 다했다고 여겼다. 그들은 단지 하늘이 조선을 버리지 않으니 나라가 망하지는 않을 것이라는 믿음을 갖고 있었을 따름이다.

또 하나의 문제는 군사제도이다. 조선 초기 군사제도는 천민이 아닌 남자들은 누구나 군대에 가야하는 양인개병제良人皆兵制였다.

중앙군인 5위의홍위·용양위·호분위·충좌위·충무위 소속 13개 병종兵種 중에는 갑사甲士를 비롯해 별시위·친군위·족친위·충의위·충찬위 등 양반자제들이 복무하는 병종이 있었다. 5위의 주력은 일정한 무예시험을 거쳐 선발된 직업군인인 별시위, 갑사, 친군위, 대졸隊卒 등 이었다. 이 가운데 갑사는 대개 부유한 사족의 자제나 양인 상층부에서 선발되었다. 말을 타는 갑사는 본인이 말을 준비해야 했기 때문이다. 갑사로 복무 중에 무예가 뛰어나면 수령으로도 진출할 수 있었다. 갑사는 조선 초에는 2,000명에서 1475년에는 1만 4,800명까지 대폭 증가되기도 했다. 하지만 한성부로 올라와 근무하는 갑사들은 대체로 1,000~2,000명에 불과했다. 한성부에 근무하는 갑사들에게는 녹봉을 지급해야 했기 때문에, 너무 많이 복무시킬 수가 없었다. 그런데 과거 합격자의 증가로 인해, 갑사로 복무한 후 수령으로 진출할 기회가 차츰 줄어들었다. 따라서 갑사로 복무하려는 자들은 점점 줄어들었다.

이에 비해 삼국시대는 지배층이 군사귀족이었고 사병을 거느렸던 만큼 지배층은 무력을 기반으로 권력에 접근했다. 반면 조선의 경우엔 학자 관료가 주류였으므로, 군대를 바라보는 관점이 달랐다. 조선은 관리가 되면 국가의 일을 담당하는 만큼 군역이 면제되었다. 또 유학을 장려한다는 이유로 향교·사부학당·성균관에 소속된 학생들에게는 군역을 연기시켜 주었다. 그런데 사족들이 정당하게 할 일이라고는 과거시험뿐이었다. 소과·대과 등을 치루기 위해 과거 준비를 하다 보니 계속해서 군대를 연기함으로써, 사실상 군역에서 제외되었다. 사족들은 출세에 도움이 되지 않는 군 입대를 계속 기피했던 것이다.

그렇다고 사족의 자식들 모두가 법으로 군 면제 혜택을 받는 것은 아니었다. 학업 성적이 나빠 향교 등에서 퇴출되었을 때는 군대에 가야 했다. 그런데 1626년 8월 10일 사헌부는 "향교 등에서 공부하는 학생 가운데 학업 성적이 나빠서 군대에 가는 자 가운데 사족이 분명한 자는 군대로 보내지 말고 포布를 내는 방법 등으로 해결하자."고 건의했다. 사헌부에서는 그 명분으로 '국가에서 선비를 대우하는 도리', '인재를 버림으로써 원망을 사는 근심'을 앞세웠다. 학교에서 탈락한 교생들을 군대에 보내는 것은 '사지死地'에 나가는 것과 다름없이 여기게 될 것이라고 했다. 즉 사족들은 특별한 사람들이므로 군대에 가지 않아도 된다는 논리였다. 1623년 계해정변으로 사족들에 의해 왕위에 오른 인조는 국가에서 선비를 대우하는 도리를 앞세운 그들의 요구를 내치지 못했다. 이를 계기로 사족들은 사실상 군대를 면제받았고 조선 초기 양인개병제는 완전히 무너졌다.

1626년은 왜란이 끝난지 30년도 안 된 시점이었다. 왜란을 통해 조선이 얼마나 군사적으로 무능했는지 경험했음에도 불구하고, 기득권 세력은 자식들을 군대에 보내지 않았다. 더욱이 그해 8월은 나날이 강성해지는 후금과의 군사적 충돌마저 우려되는 시점이었다. 그럼에도 불구하고 사대부들은 후금에 대한 근거 없는 자신감으로 전쟁 불사를 외쳤다. 당연히 결과는 참담했다.

1627년 1월 3만의 기병을 동원한 후금군이 진격해 들어오자 조선군은 적을 제대로 방어하지 못했다. 그들은 안주성을 함락시키며 황주 방어선마저 뚫고 개성까지 밀고 내려왔고, 조선은 적의 일방적 요구에 응하는 화의를 통해 전쟁을 수습해야 했다. 정묘호란이 마무리되었지만, 이후 후금은 청으로 국호를 바꾸고 국력을 더욱 키우며 계속해서 조선을 압박해왔다. 이같은 상황이라면 조선의 대응책은 군대를 증강시키는 등 전쟁에 대비했어야 마땅하다. 하지만 조선은 여전히 아무런 준비를 하지 않았다. 사대부들은 그들 자신이 전쟁에 나가 싸울 생각은 하지도 않으면서 의리와 명분을 내세우며 청과 전쟁을 벌여야 한다는 주장만 계속 펼쳤다. 따라서 1637년 삼전도의 굴욕은 예견된 필연이었다.

현실회피의 수단으로 전락한 유교의 덕치사상

평생 글만 공부하며 전쟁이 무엇인지 모르고 입으로 임금에게 덕을 쌓으라고 충고만 하던 선비들은 막상 전쟁이 나면 어쩔 줄 몰라 했던 것이다. 그럼에도 사대부들은 믿는 구석이 있었다. 1625년 3월 20일 《승정원일기》에는 시독관 엄성1575~1628이 임금에게 《맹자孟子》를 강의하면서 다음과 같이 말한 것이 보인다.

"맹자께서 말씀하시기를, '임금된 사람이 만약 탕 임금과 무왕이 정벌한 것처럼 할 수 있다면 자연히 왕이 되어 천하를 다스리게 될 것이다. 제나라와 초나라가 비록 크지만 족히 두려워할 것이 있겠는가.' 하셨습니다. 대개 동쪽을 정벌하면 서쪽의 오랑캐가 원망하고 남쪽을 정벌하면 북쪽의 오랑캐가 원망하였으며 덕화를 입으면 기뻐 복종하지 않는 곳이 없었습니다. 그러므로 탕 임금이 사방 70리 되는 땅을 가지고도 오히려 왕이 되어 천하를 다스릴 수 있었던 것입니다. 성상께서 만일 천 리의 영토를 가지고 왕정王政을 행하실 수 있다면 오랑캐를 어찌 두려워하겠습니까."

　인조가 덕을 쌓아 왕도 정치를 펼칠 수 있다면 후금의 위협은 두려워할 것이 없다는 말이었다. 엄성은《맹자》등에 기록된 고대 중국 임금들의 전설 같은 이야기, 즉 덕치를 하면 오랑캐들이 자연히 복종한다는 것이 현실에서도 가능하다고 믿었다. 이는 당시 사대부들의 공통된 믿음이기도 했다. 이들은 임금이 덕을 쌓으면 모든 것이 해결될 것처럼 이야기했다.

　선조가 몽진을 떠나 평양에 도착한 1592년 5월 9일 대사간 이헌국1525~1602 등은 "비록 혼란한 상황이지만 자주 경연에 나아가 학문을 토론하는 일을 멈추지 말아야 합니다." 라고 청했다. 그 다음날에는 홍문관 부제학 홍인상1549~1615 등도 "임금이 아녀자와 시녀들과 함께 계시면서 오랫동안 경연을 비우시기 때문에 백성의 민심이 점차 흩어지고, 전하의 총명이 날마다 어지럽혀지고 있어 민망하고 답답합니다."라고 아뢰었다.

　이렇게 신하들이 경연을 요청하자 선조는 전란 중에서도 유교 경전을 읽으며 토론하는 경연을 할 수밖에 없었다. 신하들이 전쟁 중에 경연을 하자는 것은 기독교 성직자들이 적을 물리쳐달라고 신께 기도하자는 것과 다름없었다. 하지만 그해 12월 선조는 경연을 연이어 거부했다. 그러자 12월 19일 사간원에서는 임금의 덕의 성취는 경연에 달려 있으니 비록 난리를 당하더라도 경연을 폐지해서는 안 된다고 아뢰었다. 임금이 덕이 있어야 나라가 안정되고 백성이 따른다고 생각한 유학자들로 구성된 삼사三司, 사헌부, 홍문관, 사간원의 관리들이

| 주자대전 | 송나라 성리학자 주희의 글을 모아놓은 문집. 조선 후기에 그의 말은 법보다 위에 있었다. 당연히 조선 유학자들에게 이 책은 절대적인 경전으로 떠받들어졌다.

| 심경心經 | 송나라 진덕수가 경전과 도학자들의 저술에서 심성 수양에 관한 격언을 모아 편집한 책. 왕의 경연장에서 임금을 가르치는 책으로 채택되어 조선의 정치논의가 공리공론으로 흐르는 계기가 되었다.

이렇게 청하는 것은 지극히 당연하게 받아들여졌다.

하지만 하나님에게 올리는 기도가 793년 바이킹으로부터 잉글랜드의 린드스펀 수도원을 구하지 못하고 14세기 흑사병으로부터 유럽 성직자의 죽음을 구하지 못했듯이, 경연을 열고 임금이 덕을 쌓는다고 해서 조선에서 일군과 청군을 저절로 물러나게 할 수는 없었다. 조선 사대부들은 그들의 믿음이 아무런 효과를 내지 못함에도 불구하고 조선말까지 그런 믿음을 거두지 않았다. 그리고 그 믿음이 있었기에 집권세력은 조선말까지 자식들을 군대에 보내지 않았고 조선의 군대가 엉망이 되어도 당장 전쟁이 없다는 이유로 제도 개선의 노력을 보이지 않았던 것이다. 덕치가 이루어지면 나라가 보존된다는 믿음을 부여잡고, 사족들은 자기들의 의무를 방기한 채 오직 임금만을 바라보았다. 그리고 일부 세도가들은 덕치를 행해야 할 임금 위에서 권력을 남용했다. 유교의 가르침을 가장해 상황을 호도하고 나라의 안보야 어찌되든 자신들의 이권만 챙기면 된다는 생각을 가능하게 한 것은 유교에 대한 맹목적 신앙이었다.

중세 유럽이 기독교라는 거대한 종교에 짓눌려 있었듯이 조선 역시 유교라는 거대한 종교의 그늘 아래 놓여 있었다. 유럽이 흑사병의 유행을 계기로 교황과 성직자의 권위가 무너지면서 종교개혁과 르네상스시대를 거쳐 근대세계로 나아갔지만, 조선이 강력한 유교의 믿음에서 해방되기 시작한 것은 나라의 운명이 끝장나고 나서였다.

못 말리는 기층민중의 열망

프랑스인도 놀란 조선 사람들의 문자 해독력

"우리나라 말이 중국말과 달라 한자와는 서로 통하지 아니하므로, 이런 까닭에 어리석은 백성이 이르고자 하는 바가 있어도 마침내 그 뜻을 실어 펴지 못하는 사람이 많으니라."

유명한 《훈민정음》의 서문과 《조선왕조실록》의 곳곳에는 백성들을 평가하며 대개 어리석다고 표현한다. 그런 연유에선지 사극에도 조선의 백성들은 대개 글을 읽지 못하는 것처럼 나온다. 하지만 이것은 뭔가를 잘못 알고 있는 것이다. 사실 조선 사람들은 글을 읽고 쓸 수 있는 문자 해독 능력이 대단히 뛰어났다.

1866년 병인양요 때 프랑스군을 따라 조선에 온 앙리 쥐베르 1844~1909는 이런 기록을 남겼다.

| 외규장각 | 1782년 2월 정조가 왕실 관련 서적을 보관할 목적으로 강화도에 설치한 규장각. 이곳에 수장된 책을 약탈한 프랑스군은 조선의 출판문화에 크게 놀라는데, 서민들의 집에도 책이 많음을 알고는 더욱 놀라게 된다.

"극동의 모든 국가들에서 우리가 경탄하지 않을 수 없고 동시에 우리의 자존심을 상하게 하는 한 가지 사실을 발견할 수 있는데, 그것은 바로 아무리 가난한 집이라도 집 안에 책이 있다는 사실이다. 극동의 나라들에서는 글을 읽을 줄 모르는 사람이 거의 없으며, 또 글을 읽지 못하면 주위 사람들로부터 멸시를 받는다. 만일 문맹자들에 대한 그토록 신랄한 비난을 프랑스에 적용시킨다면 프랑스에는 멸시 받아야 할 사람들이 부지기수일 것이다."

앙리 쥐베르가 본, 가난한 집에도 책이 있던 고장은 강화도를 말한다. 조선시대 섬사람이라고 하면 신분이 낮고 가난하며 무식한 사람들이라는 편견이 있어온 것이 사실이다. 조선 초기에는 왜구의 침입 때 섬사람이 적과 내통할 우려나 섬을 방어하기 어렵다는 이유를 들며 섬을 비우는 공도空島 정책을 실시하기도 했다. 그러다가 사람들이 점차 다시 섬에 들어가 살게 되었는데 대개는 내륙에서 생활하기 어려워서 이주한 사람들, 도망친 노비, 역모나 민란 관련자 등이 많았다. 아마 이런 것들이 영향을 끼쳐 편견이 퍼지게 된 듯하다.

하지만 바다에 점점이 박힌 섬에는 지식인들도 많이 이주했다. 1755년 나주괘서사건에 연루된 훈장 박천우에 관한《추안급국안推案及鞫案》에 따르면, 전라도 부안군 위도는 물고기가 매우 많이 잡혀 살기가 좋을 뿐 아니라 섬의 인심이 후해 훈장을 매우 우대하여 급료를 넉넉히 준다는 소문을 박천우가 듣고, 1747년 그 섬에 들어가 박동형의 집에서 그의 아들을 가르치며 2년간 살았다고 한다. 그는 풍토병 탓에 신안군 도초도로 옮겨 살게 되었는데 도초도에는 서당이 매우 많았다. 그는 고랑동 서당에서 10명의 학생들을 가르치며 2년여 살다가 다시금 군산 앞바다에 위치한 고군산도 상인 박필영의 집에 머물며 그의 아들과 조카들을 가르치며 1년간 머물렀다. 즉 박천우는 5년간 도서 지역을 오가며 훈장으로서 아이들을 가르치며 살아가는 데 별로 지장이 없었다.

그의 증언처럼 18세기 도서 지역에도 다수의 서당이 존재했고, 도서 지역에서 조금이나마 생활형편이 여유로운 사람은 자신의 집에 훈장을 묵게 하면서 자식들에게 배움의 기회를 만들어주었다.

조선 사회는 과거시험 확대·양반층 증가로 어린 시절부터 유학을 공부한 자들이 많았다. 하지만 과거에 합격해 관리가 되는 것은 물론 진사·생원이 되는 것조차 경쟁률이 심해져 공부를 해서 먹고 살기란 현실적으로 매우 어려웠다. 수십 년간 열심히 유학 공부를 한 양반들이 그나마 가장 쉽고 양반 체면을 손상시키지 않으며 할 수

있는 경제 활동은 서당을 차려 학생들을 가르치는 것이었다. 진사·
생원이 못 되어도 천자문을 가르칠 실력만 되면 서당을 차릴 수 있
었기 때문이다. 이런 훈장에게 배우려는 학생은 사대부가 아닌 서민
의 자식들이었다. 서민들은 자식만큼은 일자무식에서 벗어나게 해주
고픈 열망을 지니고 있었다. 그런 열망이 도서지역뿐만 아니라 조선
전역에서 서당을 통한 교육활동이 활발하게 이루어지도록 동력을
제공했다.

조선 후기에는 서당이 전국적으로 크게 늘어났다. 18세기 말엽 인
왕산 아래에서 송석원시사松石園詩社 모임을 주도해 여항문학閭巷文學
전성기의 주역이 된 천수경의 직업은 서당 선생이었다. 평민 출신인
그가 싼 가격에 학생들을 가르치자 양민과 노비의 자식들이 몰려들
어 학생 수가 300명이 넘을 정도였다. 요즘으로 말하자면 그는 대형
학원 원장인 셈이다. 이처럼 조선 후기에는 가난하고 신분이 낮은 사
람들도 조금만 노력하면 글을 배울 수 있었다.

섬사람 김이수와 문순득의 뛰어난 문자 해독력

1791년 1월 18일 정조는 삼엄한 경호 속에 어가를 타고 수원화성
을 떠나 궁궐로 돌아오고 있었다. 그런데 갑자기 정조의 어가를 멈추
게 한 사건이 벌어졌다. 격쟁擊錚이었다. 격쟁이란 조선시대에 억울
한 사람들이 임금이 거둥하는 길가에서 징이나 꽹과리를 쳐서 임금
에게 하소연을 하던 제도였다. 조선시대에는 신문고가 있었지만 효
율적으로 운용되지 않았다. 따라서 격쟁은 백성들이 직접 임금을 만
나 억울함을 호소할 수 있는 유일한 길이었다.

이날 정조를 멈추게 한 사람은 흑산도민 김이수였다. 서남해의 외딴 섬인 흑산도 주민이 배를 타고 육지에 오른 뒤 또 다시 먼 길을 걸어 도성까지 와 임금에게 격쟁을 올리기란 결코 쉬운 일이 아니다. 그가 힘겹게 격쟁을 행한 까닭은 흑산도의 부당한 세금 때문이었다. 그는 1772년에 관청 앞으로 흑산도의 고통인 고등어세가 부당함을 호소하는 탄원서를 제출한 바 있었다. 또 1783년에는 보리로 세곡을 받고도 또 콩을 더 걷어가는 문제에 대해서도 탄원서를 쓴 적이 있었다.

흑산도민의 삶의 고통을 더욱 가중시킨 것은 종이 세금이었다. 종이를 만드는 원료인 닥나무가 흑산도에서 서식하자 섬 주민들은 대대로 닥나무를 채취해 종이를 만들어 공물로 납부해왔다. 하지만 세월이 흘러 흑산도에 닥나무가 감소되면서 섬사람들은 닥나무를 구하기 위해 육지로 나와야 했다. 그리고는, 현지에서 종이를 만들어 납부해야 했기에 육지로 나갈 때 필요한 체류비 또한 만만치 않았다. 그 결과 흑산도 사람들에게 종이세 부담은 날로 심각해져 갔다.

남자가 많은 집은 생업까지 포기하고 닥나무를 채취해 종이를 만들어도 종내 충당하기 어려울 정도였다. 그리하여 세금 때문에 섬을 버리고 도망가는 주민들도 생겨날 지경이었다. 그는 담당 관리에게 호소해도 소용이 없자, 주민들이 연명으로 작성한 탄원서를 들고 나주목사를 만나 사정을 호소했다. 그래도 해결이 안 되자 전라감영에 호소했고, 전라감사는 현지실태 조사를 했지만 형식적인 조사에 그쳤다. 그러자 마침내 격쟁을 통해 임금에게 문제를 해결해달라고 했던 것이다.

김이수의 격쟁을 올린 결과는 《일성록》에 등장한다. 1791년 5월 22일 좌의정 채제공1720~1799은 흑산도 거주민 김이수의 격쟁으로 생긴 문제를 조사하여 정조에게 보고했다. 흑산도에 닥나무가 다 멸종되었는데도 종이 세금을 내는 것은 부당하니, 이를 영원히 혁파하라는 내용이었다. 결국 김이수의 격쟁으로 흑산도민의 오랜 소원이 해결된 것이다.

김이수는 조선시대 민권 운동가라고 할 수 있다. 그가 억울함을 표출할 수 있고 정조를 만날 수 있었던 것은 한문으로 된 문서를 쓸 수 있었기 때문이다. 김이수뿐만 아니다. 섬사람 가운데 대표적인 지식인을 또 한 사람 꼽자면 제4장에서 소개하는 홍어장수 문순득을 꼽을 수 있다.

KBS 역사 스페셜 《조선시대 홍어장수 표류기, 세상을 바꾸다》에서는 그가 정약전을 만났을 때 기억력을 발휘해 자신이 표류 중에 보고 들은 것을 구술하는 장면이 등장한다. 그런데 문순득은 3년 전에 보고 들은 것을 어찌 그렇게 정확히 다 기억한단 말인가? 그렇다면 그는 천재 중의 천재일 것이다. 문순득을 만난 실학자 이강회는 문순득에 대해 장사를 업으로 하는 사람으로서 "비록 문자는 없지만 지혜롭고 재능이 있다雖無文字 爲人慧能."고 평가했다. 여기서 '문자가 없다'는 말은 명문장을 쓸 줄 모른다는 말이지, 글자를 전혀 읽고 쓸 줄 모른다는 것은 아니다. 문순득은 비록 문장가는 아니었어도 한문을 읽고 쓸 줄 아는 사람이었다.

원재명1763~1817의 연행록인 《지정연기芝汀燕記》를 보면 1804년 11월 26일 청나라 사행 길에 나선 그가 청나라와의 국경인 책문에서 문순득을 만났고, 그의 보따리 속에 든《노정기路程記》를 읽고 그 안에 담긴 정보에 감탄했다는 내용이 적혀 있다. 다시 말해 문순득은 자신이 보고 들은 것을 글로 꼼꼼히 적어《노정기》를 만들었던 것이다. 그는 우이도를 관할하는 나주목사에게도 자신의 경험담을 쓴 글을 보여준 바 있다. 정약전이 쓴《표해시말》은 그의 구술만이 아니라 그가 남긴 기록을 바탕으로 삼은 것이었다.

문순득이 비록 섬사람이고 홍어장수에 불과했지만, 글을 알 뿐만 아니라 당대에 어지간한 학자들보다 세상을 보는 안목이 뛰어난 인물이라 할 수 있다. 그가 홍어장수이므로 무식한 일반 백성일 것이라는 선입견 탓에 KBS 방송에서 그를 단지 기억에 의존하는 사람으로 묘사한 것이 아닐까 한다.

노비 출신의 시인 정초부, 판서 반석평

백성 가운데 글을 읽고 쓸 줄 아는 사람들은 시간이 흐를수록 더욱 많아졌다. 심지어 노비들조차도 예외가 아니었다. 18세기 당대 명사들의 시를 모은《다산시령茶山詩零》과《병세집幷世集》에는 노비 시인 정초부1714~1789의 시가 다수 포함되어있다. 그는 성씨가 '정'이고 이름이 없어 나무꾼이라는 뜻을 가진 초부라 불렸다. 정초부는 어려서 그의 재능을 알아본 주인 덕분에 주인의 아들인 여춘영과 함께 글공부를 할 수 있었다. 그의 주인이 된 여춘영은 정초부를 스승이자 평생의 친구처럼 대하며 지인들에게 소개했다. 그는 양반들보다 시를 잘 지은 탓에 조선 후기 시인들의 시 모임인 동원아집凍原雅集에 초대받아 그들과 함께 시를 짓기도 했다. 물론 그는 시 모임에서 항

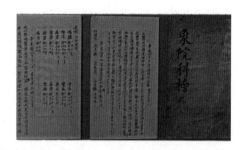

| 《상원과방 象院科榜》 | 조선시대 역과譯科 합격자의 명부. 각 관청의 중인 1,600여 명이 1851년에 신분 제약 극복을 위해 실제 행동에 나선 조직적인 통청운동通淸運動의 내용이 담겨 있다.

상 댓돌 밑의 땅바닥에 앉아 양반들에게 시를 지어 바쳤다. 그는 43 세에 면천이 되어 양인이 되었고, 옛 주인 여춘영은 그가 죽을 때 애 도하는 제문을 쓰기도 했다. 정초부는 노비 출신 가운데 비교적 행운 아라 할 수 있다. 하지만 정초부만 글을 배웠던 것은 아니다. 천민이 라고 해서 양반들과 타고난 능력부터 차이가 나는 것은 아니기 때문 이다.

이만강1689~1755은 노비로 태어나 이웃 선비에게 글을 배운 후 신 분을 속이고 과거를 보았다. 그리하여, 1725년 우수한 성적으로 대과 에 합격하고 현감, 제주 판관 등 15년간을 관리로 지낸 인물이다. 하 지만 이름을 엄택주로 바꾼 것이 발각되어 끝내 과거 합격이 취소되 고 노비로 다시 전락했다. 1987년 KBS방송에서 방영한 《사모곡》과 1996년에 방영한 《만강》은 그의 파란만장한 일대기를 소재로 한 드 라마였다.

반석평?~1540은 재상집의 노비로 태어났지만, 재상이 그를 아들 없는 부잣집에 양자로 보내 공부하게 했다. 그는 1507년 문과에 급제하여 관찰사, 형조판서 등을 지내는 등 관직에서도 승승장구했다. 그는 나중에 자신이 노비 출신임을 밝혀 뭇사람들을 놀라게 만들기도 했다. 노비 출신임에도 이처럼 공부를 해서 출세한 사람들 또한 적지 않았던 것이다.

18세기 중인들의 시 모임인 송석원시사에 참여한 문인 가운데는 술집 심부름꾼인 왕태란 인물도 있었다. 조선 후기에 글을 배우는 자들이 늘어난 까닭은 글을 배우면 사는 형편이 나아졌기 때문이다. 조선 초기에는 대부분의 천민들이 농촌에 얽매여 살았고, 시장이 발달하지 않은 탓에 글을 배워도 써먹을 수 있는 일이 거의 없었다. 하지만 후기에는 상업이 발달하고 한성부가 소비도시로 급성장하면서 글을 배워두면 할 수 있는 일들이 많아졌다. 한성부에서 글을 알면 경아전京衙前이나 액정서掖庭署에서 천한 일을 하다가도 고급 서리인 서제書題, 사알司謁-정6품로 승진할 기회가 있었다.

노비가 신분 상승을 이루는 방법에는 군대에 들어가 승진하는 길도 있었다. 역사 속에는 이들 가운데 변경의 장수로 성장해 중인층 이상으로 살아간 사람도 확인된다. 조선 후기에는 부를 축적한 양인이나 천민 가운데 공명첩을 사거나 족보를 구매하는 등 다양한 방법으로 신분 상승을 이루는 사람들이 줄을 이었다. 그런데 글을 읽을 줄 모르면 족보를 구해봤자 아무런 소용이 없었다. 설사 공명첩을 구입해 신분 상승을 이룬다 해도 금세 탄로날 수밖에 없기 때문이다. 양반이 되려면 호적에 기재되는 직역職域 자체가 유학幼學 즉 벼슬하지 않아도 향교나 서원 등에 적을 두고 공부하는 사람이 되어야 했기 때문이다. 즉 글을 모른다면 신분이 상승해도 양반행세를 할 수가 없었던 것이다. 그렇기 때문에 양민이나 천민 모두 아무리 힘들어도 자식들을 서당이나 향교에 보냈다.

그렇게 해서 글을 알게 된 이들은 조선 사회의 부당성에 대해 생각하게 되었고 어떻게든 자신의 신분상승을 위한 노력을 기울였던 것이다. 18, 19세기 양반의 급속한 증가는 설사 당장은 가난할지라도 공부를 통해 더 나은 미래를 만들고자 하는 백성들의 열망을 통해 이루어졌다. 그리하여 세계사적으로 비교해 볼 때 유럽의 시민사회 혁명에 버금갈 만큼 엄청난 신분 해방의 역사가 조선사회에서 이루어졌다. 노비에서 양인으로, 양인에서 중인이나 양반으로 신분 상승이 이루어졌다. 이런 신분 해방운동은 차별로부터 해방되고 싶은 백성들의 열망과 높은 학구열에서 비롯된 것이다.

배움의 열망을 막은 기득권자들의 우월 욕망

해방 후 한국 사회가 세계 어느 나라보다 빠른 경제성장을 이룩할 수 있었던 것은 한국인의 배움의 열기 덕분이라 평하는 사람들이 많다. 민립대학 설립이나, 농촌 계몽운동 등이 식민지 조선에서 가능했던 것은 배워야 제대로 살 수 있다는 민초들의 신념 때문이었다. 남에게 차별 당하지 않고 동등한 대우를 받고 싶어하는 '동등욕망iso-thymia'을 지닌 조선의 백성들은 열심히 배우고 노력해 신분을 상승시켰다. 오늘보다 나은 내일을 맞이하기 위해 공부를 해야 한다는 열망이 1960~70년대 고도 경제성장의 원동력 노릇을 했다.

하지만 한국인의 교육 열망이 2000년대 들어 대한민국 발전에 큰 도움이 되지 못하고, 도리어 지나친 사교육비 문제, 청년 실업자 문

| 《유원록遊院錄》 | 서원들의 유생 명단. 유생이 서원의 모든 의례와 당회에 참여할 자격을 얻으면 《유원록》에 오르고, 이는 사회적으로 양반으로 인정받았다는 뜻이 된다.

제로 나타나는 것은 무엇 때문일까?

　이러한 문제는 조선시대를 돌이켜보면 답을 찾아볼 수 있다. 조선은 백성들이 지닌 배움의 열망을 제대로 활용하지 못했다. 남들보다 우월함을 과시하고 싶어하는 '우월욕망Megalothymia'을 지닌 자들은 사람들이 간신히 마련한 사다리마저 걷어차 버리거나 또 다른 신분의 벽을 만들어 버렸기 때문이다. 조선 초기만 해도 3정승 6판서 등 고위직자가 전국 각지에서 배출되었지만, 조선 후기 들어서면 80~90%가 경화사족京華士族이라 불리는 한성부의 몇몇 명문집안에서 배출되었다. 과거시험의 부정은 점점 심해져 처음부터 과거 합격자는 내정된 것이나 다름없었고, 운 좋게 합격하더라도 출신이 나쁘면 관직을 얻지 못하거나 얻는다 해도 너무 오랜 시일이 걸렸다. 인재가 특정 지역에서만 배출되면 사회가 경직되고 퇴보를 하게 마련이다. 조선 후기 세도정치의 폐해는 특정 가문의 인재가 권력을 독점하는 데서 비롯된 것이다.

　특정 소수가 권력을 독점한 반면, 다수의 양반들은 권력에서 배제

되었다. 이런 탓에 몰락한 양반들은 관직 등용의 기회를 잃고 향촌 사회에서나 위세를 유지하는 향반鄕班이 된다. 이들보다 더 밀려난 사람들은 소위 잔반殘班이 되어 사회 경제적 처지가 일반 백성들과 차이가 없었다. 만일 프랑스인조차 부러워했던 학구열을 조선사회가 더 효율적으로 이끌어줄 수 있었더라면 우리 역사는 분명 달라졌을 것이다. 거듭 언급하는 바이지만, 조선은 엄청난 잠재력을 지니고 있었음에도 이를 효과적으로 분출시키지 못한 것이 문제였다.

오늘날 우리나라는 세계 최고의 대학 진학률을 자랑한다. 수십 년 전만해도 드물던 대학생이 이제는 차고 넘친다. 지성의 전당이던 대학이 이제는 남들이 가니까 어쩔 수 없이 가야만 하는 취업 학교로 전락하고 말았다. 대학을 나와도 명문대학이 아니거나 집안에 든든한 배경이 없다면, 대학을 나오지 않은 것과 다를 바 없는 경우도 늘고 있다. 조선시대와 똑같은 일이 벌어지고 있는 것이다.

공부해야 출세할 수 있다는 믿음은 조선시대로부터 물려받은 일종의 습속이라 할 만하다. 하지만 이미 권력을 쥔 자들은 자기 자식들에게 좋은 자리를 대물림하기 위해 특목중, 특목고, 로스쿨, 외교 아카데미 등 새로운 제도를 만들거나 외국 유학, 직장 세습, 낙하산 등 그들에게 유리한 방법을 백화점 식으로 마구 동원해 공정한 경쟁을 해치고 있다. 특권층이 누리는 기득권과 관련해서는 경쟁의 진공 상태를 추구한다. 그리하여 국가의 중요 자리는 점점 소수의 금수저가 독점해가는 추세다. 그러다보니 과거에는 가난해도 능력이 있으면 출세할 수 있었지만, '개천에서 용 났다는 말'은 이제 전설로나 전해지는 말이 되고 말았다. 이런 추세가 지속되면 대한민국이 어떻게 될지는 조선 후기를 살펴보면 쉽게 예상이 된다.

국가가 발전하기 위해서는 모든 이들의 능력이 충분히 발휘되는 건강한 사회가 되어야 한다. 소수가 권력을 독점하고 다수가 좌절하는 사회가 만일 퇴보하지 않는다면 그게 오히려 이상하지 않겠는가. 우리 역사에는 남만큼 인정받으려는 동등욕망을 가진 사람들의 강력한 에너지가 흘러 넘쳐왔다. 이는 우리 사회가 가진 커다란 자산이다. 그 에너지를 효과적으로 이용하던 시기에는 우리 사회가 발전을 이루었다. 하지만 조선시대처럼 소수가 권력을 독점하고, 권력을 세습하며, 변화의 사다리를 걷어 차 버린다면, 우리 사회의 미래는 어두울 수밖에 없다.

제 3 장

잘못된 선택이 불러온
생활모순

다함께 즐기던 제천행사가 사라진 이유

축제의 3대행사는 제사, 놀이, 사냥

우리나라는 축제의 나라다. 조선시대부터 전해오는 강릉단오제처럼 오랜 역사를 자랑하는 축제도 있지만 대개는 90년대 중반 이후 우후죽순처럼 생겨난 것이다. 2015년 10월에 개최된 축제만 무려 352건으로, 연간 1,000건이 넘는 축제가 곳곳에서 열린다. 1945년 이전 5건, 1960년 16건, 1980년 105건이었던 것과 비교하면 참으로 격세지감을 느낄 만하다. 축제가 갑자기 늘어난 만큼 그에 따른 병폐도 적지 않다. 지방자치단체장의 업적을 위한 축제, 부족한 주민참여, 어딜 가나 비슷한 먹을거리와 행사가 등장하는 무색무취 등이 한국 축제가 안고 있는 문제점으로 지적되곤 한다. 2015년 전국 지자체의 361개 주요 축제 가운데 흑자를 낸 것은 강원도 화천군 산천어축제가 유일했다. 그래서 몇 년 못 가고 사라지는 축제가 비일비재하다. 관官이 주도하는 축제가 아니라 각 지역민들이 함께 즐기는 자발적인 축제가 되어야 하는데, 실상 그렇지 못한 것이 우리나라 축제 문화의 현주소다.

축제는 개인 혹은 집단에게 특별한 의미가 있거나 결속력을 강화시켜 주는 사건 또는 시기를 기념하는 일종의 의식이다. 그런데 관에서 주관하는 축제에 참석한 사람들은 쭈뼛쭈뼛하며 스스로 축제의 주체가 아닌 관람자의 위치로 전락하고 만다. 볼거리, 즐길거리를 위해 축제에 참여하지만 축제에 몰입하지 못하며 돈만 쓰고 돌아오고 만다. 축제를 주관하는 자들과 축제에 참여하는 자들 사이에 괴리감이 커 보인다.

하지만 고대의 축제는 이렇지 않았다. 고대의 축제는 대개 종교의례에서 비롯되었다. 우리나라 축제도 고조선과 동예의 무천, 부여의 영고, 삼한의 계절제, 고구려의 동맹, 고려의 팔관회와 연등회 등 오랜 전통을 갖고 있다. 이런 축제들은 하늘에 제사를 지내고 난 후 모두가 함께 즐기는 종교축제요 제천행사였다. 제천행사는 제사, 놀이, 사냥이란 3가지 행사를 치르기 마련이다. 제천행사에서는 천신을 비롯한 조상신과 기타 특별한 권능을 가진 신을 받드는 제사를 거행했다. 신을 받듦으로써 집단의 안전과 번영이 보장될 것이라는 위안을 얻을 수 있다면, 제천행사는 그 자체로 의미가 충분하다. 한편 이런 행사는 신의 노여움을 풀고 복을 받고자 하여 치러지기도 한다.

또 제사를 지내는 사람들과 신 사이에 특별한 관계신의 자식이라거나 신에게 선택된 사람들이라는가 맺어져 있음을 선언하고 이를 통해 자긍심을 갖기 위해 위해서 실시되기도 한다. 고구려에서는 매년 동맹 행사에서 천신의 손자가 세운 성스러운 나라가 고구려임을 확인하는 의식, 즉 해모수와 유화부인이 만나 추모왕을 탄생하는 과정을 상징하는 의식을 거행함으로써 자긍심을 고취했다. 삼한의 계절제의 경우 농사를 본격적으로 시작하는 5월에는 신에게 한 해 농사가 무탈하게 이뤄지기를 기원했고, 농산물을 거둬들이는 10월에는 신에게 풍요로운 수확을 안겨준 데 대해 감사드리는 기곡제祈穀祭와 추수제秋收祭를 올렸다.

다음으로 제사만큼이나 중요한 행사는 신의 가호 아래 함께 즐기는 놀이다. 제천행사에 참여한 일반 대중들이 진정으로 기다리는 것은 신명나는 축제의 장이었다. 무천舞天이란 말은 춤을 추면서 천신을 맞이하고, 영고迎鼓는 북을 치며 신을 맞이한다는 뜻을 담고 있다. 동맹東盟은 그 의미에 대해 해석이 분분하지만, 신 앞에 여러 사람들이 함께 맹세한다는 뜻이 담긴 것이라고 여겨진다. 동맹 관련 기록들에는 남녀 구분 없이 여러 날 동안 밤낮으로 모여 먹고 마시며 노래하고 춤추며 즐겼다고 나오는데, 참가자들이 모두 금, 은, 비단으로 치장했다고 했다. 이는 동맹의 참가 자격을 좋은 옷을 입을 수 있는 귀족들로 제한했다는 뜻이라기보다는 고구려인들 모두가 이 행사를 중히 여겨 저마다 한껏 치장을 하고 나왔다는 의미로 보는 게 타당하지 않을까. 만약 금, 은, 비단으로 치장한 참가자들이 귀족뿐이라면, 동맹은 그저 소수만의 축제가 되고 말기 때문이다. 하지만 동맹은 브라질의 리우 카니발처럼 사람들이 가장 좋은 옷을 입고 나와 신분에 상관없이 함께 어울려 마음껏 즐기는 축제였다. 술 마시고 노래하고 함께 춤을 추다보면 저절로 흥이 나게 마련이다. 그러다 절정의 순간에 도달하면 자신이 마치 신과 하나가 되었다는 느낌을 얻

| 장천 제1호분 벽화 전실 서벽 | 길림성 집안시 소재. 다양한 사람들이 축제날의 다양한 놀이를 즐기는 모습을 그렸다. 위쪽에는 씨름, 춤과 노래, 재주를 부리는 장면이 담겼고, 아래쪽에는 사냥 장면이 담겼다.

을 수도 있을 것이다. 흥에 겹다 보면 사회가 강요하는 신분이란 족쇄도 걷어차 버리게 되고 누군가는 자못 광태에 가까운 일탈된 행동을 벌일지도 모른다. 제천행사는 이런 환희와 일탈을 모두 품어 안아주는 하나 됨의 장이다. 일상의 고된 스트레스 따위는 이런 행사를 통해 다 털어버리고 다시 새로운 생활을 시작할 동기를 얻게 된다. 그것이 축제의 진정한 효능이 아닐까.

전쟁이 잦았던 시대에 사람들은 늘 긴장과 두려움을 지니고 살았다. 생존이 무엇보다 중요했던 시대에 사람들은 축제를 통해 잠시나마 긴장감을 풀고 두려움을 극복시켜주는 무언가를 기대했다. 두려움을 극복하기 위해서는 웃음을 주는 놀이, 승리를 기원하는 설렘과 승리의 기쁨을 안겨주는 승부 놀이가 효과적이다. 로마에서 거대한 전차 경기장, 검투장을 만들어 로마인들로 하여금 경기에서 오는 짜릿한 승부감을 맛보게 한 것은 바로 이런 목적에서였다. 마찬가지로 삼국시대에도 제천행사에서 씨름, 수박희, 활쏘기 경기와 같은 겨루기 시합을 벌여 사람들로 하여금 승부감을 맛보게 했다. 또 가면극, 재주 부리기 공연을 열어 사람들에게 웃음을 안겼다.

요한 하위징아1872~1945는 인간의 본질을 호모 루덴스Homo Ludens 즉 '놀이를 즐기는 인간'이라고 파악했다. 그는 놀이를 인간의 근원적인 활동 형식으로 보았고, 문화가 놀이에서 비롯된 것이라고 했다. 놀이의 바탕에는 자유와 규칙이 있다. 함께 놀이를 즐기는 사람들 사이에서는 약속이 지켜져야 한다. 이런 놀이 정신이 공동체에서 사회적으로 표출된 것이 축제다. 축제는 놀고 싶은 인간들에게 자유를 주는 시간이며, 동시에 구성원 간에 지켜야 할 규칙을 숙지하는 시간이

기도 하다. 일탈은 기존 질서의 완전한 파괴가 아니라, 기존의 질서를 자연스럽게 받아들이도록 하는 기능을 한다.

축제 기간 중 함께 놀이를 통해 서로 신뢰를 쌓고 동지애를 키우는 것이다. 삼한 사람들은 떼를 지어 노래와 춤을 즐겼다. 수십 명이 모두 함께 일어나 뒤를 따라가며 땅을 밟고, 손과 발을 구부렸다 치켜들었다 해가며 서로 장단을 맞추며 집단 춤을 추었다. 발해 사람들은 먼저 노래와 춤을 잘하는 사람들을 여러 명 앞에 내세웠다. 그리고는 그 뒤를 남녀가 따르면서 서로 화답하여 노래 부르며 빙빙 돌고 구르고 하는데, 이를 답추踏鎚라고 했다. 이렇게 떼지어 부르는 노래와 춤은 당연히 집단의 화합과 번영을 위한 것이거나, 공통된 정서를 담은 것일 수밖에 없다. 함께 술 마시고 노래하며 춤을 추는 가운데 자연스럽게 생겨난 동료의식이 전쟁터에서 목숨을 걸고 함께 싸우는 원동력이 되는 것이다. 신뢰가 없다면 전쟁에서 승리를 장담할 수 없다. 따라서 전쟁이 많은 사회는 제천행사와 같은 축제가 반드시 필요했던 것이다.

제천행사에서 중요한 또 한 가지는 사냥인데, 이 또한 국가적인 혹은 부족적인 단위에서 성대히 치러졌다. 고구려는 매년 3월 3일 낙랑 언덕에 모여 사냥을 했다. 이때 잡은 멧돼지와 사슴 등으로 천신과 산천신에게 제사를 지내기도 했다. 사냥대회에서 두각을 나타낸 인물은 장수로 등용이 되기도 한다. 유명한 바보 온달? ~ 590이 역사에 등장하게 된 계기도 사냥대회에서 우승한 사건 때문이었다. 장천 1호분 벽화에는 야외에서 사람들이 다양한 놀이를 하는 장면 아래로 사냥하는 장면이 그려져 있다. 사냥은 신에게 바칠 제물을 얻

| 답추踏鎚상상도 | 군사박물관 소장. 노래하고 춤추며 노는 발해의 축제를 묘사했다. 말타기와 활쏘기를 익히며, 노래하기와 춤추기를 밥 먹듯이 하는 우리 조상의 모습이 잘 드러난다.

는 행사이기도 하다. 약수리고분 벽화에는 사냥꾼과 더불어 몰이꾼이 묘사되어있다. 몰이꾼이 제때에 역할을 해주지 않으면 사냥은 성공하기 어렵다. 대규모 사냥은 전투나 다름없다. 넓은 공간에서 각자 맡은 역할과 약속된 움직임을 통해 사냥감을 목표한 지점으로 유인 또는 몰이를 해서, 잡는다. 그 과정에서 각 사람들소규모 부대과의 통신도 점검하고, 서로간의 역할에 대한 신뢰를 쌓는 과정도 경험하게 된다. 아울러 실전용 활쏘기, 창이나 칼 쓰기 등도 연습할 수 있다.

1241년 몽골군대가 유럽의 기사단과 전쟁을 할 때 적들을 마치 사냥감을 모는 것처럼 크게 몰아 헝가리 평원에서 대파했던 사실이 널리 알려져 있다. 제천행사 때 시행되는 사냥은 군사 훈련, 인재 등용, 전쟁 준비이기도 했던 것이다.

제천행사 기간 중에는 제사, 놀이, 사냥 외에 국가의 중대사가 결정되기도 했다. 부여는 영고 행사 중에 중요한 법 집행을 하고 가벼운 죄인은 풀어주었다. 고구려 동맹에서도 중요한 사건에 대한 법 집행을 통해 중죄인을 벌하면서 가벼운 죄인들은 사면해주었다. 또한 이때에 군사행동, 대외관계, 조세수취, 공공사업 등 국가적 중대사를 지도층이 논의하고 참석한 대중들에게 동의를 구하거나 공포하기도 했다. 제천 행사장은 곧 정치 행사장이기도 했다. 아울러 오락과 예술의 마당이었고, 물건을 교환하는 시장이기도 했다. 제천행사는 지배층의 필요와 구성원의 적극적인 참여가 맞물려 오래도록 지속될 수 있었다.

지배층이 독점하던 중국의 제천의례

고대 한국인들이 치룬 제천행사는 고대 중국의 제천행사와는 많은 점에서 차이가 난다. 중국 제천의례의 원형은 인격신인 상제上帝를 모신 상商-殷나라가 아니라, 천자에게 천명天命만을 주고 세상에 간여하지 않는 천天을 섬기는 주周나라에 연원을 둔다. 주나라의 제사는 축제가 아니라, 엄숙한 제의祭儀였다. 천신에게 제사 지내는 사람은 천자를 비롯한 극소수여서 참가자가 많지 않았다. 제의를 지내는 모습은 엄숙하고 경건하여 일반인들에게 제의 자체에 경외감을 불러일으키게 했다. 복잡한 절차 하나 하나에 담긴 깊은 의미는 예법으로 발전했고 이것이 《예기禮記》, 《주례周禮》 등의 경전을 탄생시키는 배경이 되었다.

하늘에 제사지냄을 통해 천자는 일반인들이 가질 수 없는 권위를 얻을 수 있었다. 하지만 대다수의 사람들은 제천행사에 참여하지도 못했고 신과 하나 되어 즐기는 축제를 즐기지도 못했다. 천자가 천신과 직접 만나는 유일한 행사인 봉선封禪 의식은 일반인들에게는 철저히 가려진 비밀스런 것이었다. 천명을 받은 천자가 천단天壇 등에서 지내는 제사가 거창할수록 천자의 위상은 올라갔지만, 천신과 일반인은 철저히 분리되고 말았다.

경건한 의식에 짓눌린 중국의 제천 행사에서 남은 것은 각종 예기禮器와 예법 그리고 권위뿐이었다. 천자는 백성들을 통치함에 있어서 권위에 의존했다. 천신의 대행자인 중국의 천자는 오직 지상에서 백성들을 통치할 뿐이며, 백성들은 그 권위에 복종하면 될 뿐이었다. 천자와 백성들 사이에는 동질감이 약할 수밖에 없다. 중국의 천자는 천신의 뜻을 대행할 자는 오직 자신뿐이므로, 다른 나라에서 하늘에 제사를 지내는 것을 잘못이라고 지적했다. 오직 중국의 천자만이 천명을 받은 자라는 독점의식을 가졌던 것이다.

중국의 제천행사와는 달리 우리의 제천행사는 이같은 독점의식이 강하지 않았다. 신은 어디서든 내려와 인간과 합일이 될 수 있었기 때문이다. 그래서 작은 부족들도 천신에게 제사를 지낼 수 있었다. 하지만 제천의식이 정치와 결합되면서, 점점 지배자들은 제사 의식의 독점을 통한 권위를 확보하고자 했다.

고대 전쟁은 신들의 전쟁이기도 했다. 두 부족이 싸우면, 싸움에 이긴 부족의 신은 상위로 올라가고, 패배한 부족의 신은 하위로 내려가는 것이 일반적이었다. 대국을 건설한 지배자들은 최고의 신인 천신에 대한 제사 주관자가 단 한 사람 즉 자신뿐이어야 한다고 작은 소국들에게 강요하기 시작했다. 천자는 천단天壇에서 하늘에 제사를 지내는 반면 천자에게 복종하는 제후들은 천자가 책봉해준 땅의 신과 곡물의 신을 향한 사직단社稷壇 제사만을 허용했다. 그리고 이것을 천하의 올바른 질서, 즉 예법禮法이라고 가르쳐왔다. 주나라 예법에 더 큰 의미를 부여한 것은 공자였다.

공자의 언행을 기록한 《논어》는 피지배자의 입장이 아니라 그들을 다스리는 지배자의 입장을 적극 옹호하며 지배자의 통치를 돕는 유자儒者들의 입장에서 만들어진 책이다. 주나라의 각종 의례와 규정 등을 정리한 《예기》와 《주례》를 비롯하여 각종 의식에서 사용된 노래인 《시경》과 주나라 천자의 정통성과 정치사상이 담긴 역사서인 《서경》 역시 유교에서는 경전으로 삼았다. 따라서 유교를 수용한다는 것은 주나라의 제천의식을 받아들이는 것이라고 할 수 있다.

춘추전국시대에 출현한 제자백가諸子百家 가운데 유독 유교를 한漢나라에서 국교로 삼은 까닭은, 천자의 입맛에 가장 잘 맞는 종교이자 정치이론이며 사상이기 때문이었다. 불교사에 있어서 마우리아왕조의 아쇼카 왕재위:기원전 269~232년 무렵은 전륜성왕轉輪聖王이라 불리며 불교를 널리 퍼뜨리는데 공헌했다. 유교사에 있어서 이와 같은 인물은 단연코 한 무제재위 기원전 141~87라고 할 수 있다. 무제 이후 한나라는 세계제국으로 성장해 중국의 외연을 크게 넓혔다. 이때부터 유교는 주변국에 퍼지기 시작했다.

고려시대까지 지켜졌던 우리의 전통 축제문화

일반적으로 유교는 고조선 말~삼국시대 초기에 전해진 것으로 알려져 있다. 하지만 유교적 가치관은 삼국시대 사람들의 인식에 깊게 자리잡지 못했다. 유교의 핵심사상이며, 보편적인 도덕사상인 삼강오륜三綱五倫만 하더라도, 삼국시대 사람들에게는 특별한 의미를 갖지 못했다. 《맹자》에 나오는 부자유친, 군신유의, 부부유별, 장유유서, 붕우유신의 오륜은 신라 세속오계世俗五戒의 사군이충, 사친이효, 교우이신, 임전무퇴, 살생유택 가운데 3가지 충忠, 효孝, 신信 항목은 유사하다. 하지만 신라인들은 오륜의 별別과 서序 사상 대신에 무퇴無退와 유택有擇을 더 중요하게 여겼다. 즉 남녀분별과 상하질서 보다는 용맹함과 생명존중 사상을 더욱 중요하게 여긴 것이다.

고려는 958년 과거科擧로 관리임용을 실시하는 등 유교문화를 적극 수용하지만, 475년 동안의 고려사에서 볼 때 유교가 고려의 국교國敎 지위에 오르지는 못했다. 고려는 황제가 다스리는 나라였다. 983년 성종이 환구圜丘- 천자가 하늘에 제사를 지내던 곳에서 제사를 지낸 것을 비롯해, 고려 말까지 꾸준하게 하늘에 직접 제사를 올렸다. 스스로를 제후국으로 여겨 하늘에 직접 제사하는 것을 꺼렸던 조선과 크게 달랐다. 만약 유교가 고려의 국교였다면 고려는 제천의례를 치르지 않았어야 한다. 유교의 질서의식에서는 오직 하늘에 대한 제사는 중원을 차지한 나라만이 지낼 수 있기 때문이다.

고려는 팔관회에서도 천신에게 제사를 지냈다. 고려는 해마다 10

월과 11월에 서경과 개경에서 팔관회를 실시했는데, 팔관회는 불교식 제의가 아니라 고구려 동맹 행사를 계승한 제천행사였다. 《송사宋史》〈고려〉조에 "고려에서는 10월 동맹을 팔관재八關齋로 개최한다."는 기록이 있다. 외국인의 눈에는 고려의 팔관회가 고구려 동맹과 같은 제천행사로 보인 셈이다. 팔관회에서는 천령天靈과 용신龍神, 오악五岳, 명산名山, 대천大川의 여러 신들에게 제사를 지냈다. 팔관회 행사는 왕과 신하들 간에 예를 나누는 군신의례, 가무백희로 전개되는 무대공연, 그리고 개경에 있는 호국사찰인 법왕사로 향하는 임금의 행차 등 크게 3등분된다. 행사는 14일 소회와 15일 대회 2일간 열린다. 매년 10월에 서경에서 열리는 팔관회는 11월의 개경축제와 비슷하다. 다만 임금 대신에 재상을 파견해 고구려의 건국 시조인 동명신東明神에 대한 제사와 산천제山川祭를 올린 점이 달랐다.

팔관회는 동맹을 계승하기는 했지만, 중요한 차이가 있다. 고대 제천행사가 공동체의 신명풀이의 장이었던 것과 달리, 팔관회는 군신의례 절차가 축제의 중요한 부분을 차지하며, 무대와 객석이 엄격히 분리된 볼거리 위주의 축제였다. 4명의 소년이 화랑 옷을 입고 춤추는 화랑무花郎舞, 용봉상마거선龍鳳象馬車船의 행렬, 개국공신인 김락과 신숭겸 인형을 만들어 행하는 연극, 전문 기예집단이 노래하고 춤추다가 6명씩 두 패로 갈라 장대에 매단 주머니에 공을 집어넣는 시합을 벌이며 노는 포구락抛毬樂, 아홉 명이 9개의 기구로 묘기를 부리는 구장기별기九張機別伎, 그 밖에 어룡지희魚龍之戲, 헌선도獻仙桃 등 각종 음악과 춤, 서커스에 가까운 기예가 펼쳐졌다. 축제의 본질적인 기능에서 본다면 팔관회는 전통과 의례, 궁중과 민간의 예술이 결합된 흥거운 축제의 한마당이라고 볼 수 있다. 일상에서 벗어난 소란스럽고 어지럽기조차 한 공간에서 송, 요, 금, 일본, 대식국아리비아, 동남아 등에서 온 진귀한 물건도 사고 팔 수 있는 팔관회는 국가적 행사일로 많은 이들의 사랑을 받았다.

팔관회는 고려의 9대 속절俗節, 즉 명절의 하나였다. 이태진 전 서울대 교수는 팔관회와 연등회를 지방호족 또는 향리들이 군현민들을 당해지역 수호신에 대한 신앙으로 결속시키기 위한 행사로 보기도 했다. 향도香徒는 행사 실무를 위한 조직으로, 한 지역 촌민이나 군현민 모두가 망라되는 큰 규모였다. 1010년 무렵에 작성된 경북 예천군 개심사지 오층석탑기에는 탑을 지을 때 지방민들이 조직적으로 함께 일한 내용이 기록되어있다. 승려와 속인, 선량 등 1만명이 동원된 작업은 동량棟梁, 부동량, 상평, 장사, 행전, 위강, 선량, 대사, 대정 등의 체계적인 조직을 갖춘 미륵향도, 치향도에 의해 이루어졌음을 알 수 있다. 동량은 지역의 우두머리인 호장戶長이 맡았다.

고려시대에는 매향埋香풍습 등 지역민이 자발적으로 동원되는 사례가 많았다. 고려초기에는 지방의 호족들이 지역별로 할거하면서 지역민에 대한 강력한 통제력을 발휘했다. 따라서 지방호족들은 지역민과 강력한 유대관계를 유지하며 위아래가 결속할 수 있는 축제와 행사를 열었다.

하지만 지역민의 강력한 단합은 중앙권력의 입장에서는 결코 바람직한 것이 아니었다. 고려는 지방호족을 해체하고 강력한 중앙권력을 구축하기 위해 호족들의 지역민에 대한 영향력을 약화시키기 위해 팔관회를 중지하기도 했다. 983년 성종이 지방호족들의 향직

鄕職을 개편하고 987년 연등회와 팔관회를 정지한 후, 991년 유교의 사직단을 들여온 것은 모두 중앙권력 강화를 위한 조치였다. 유교의 사직단은 왕권과 지방호족 사이의 병렬적인 체계를 수직적인 체계로 바꾸려는 시도였다. 즉 유교의 계급질서가 왕권 강화에 도움이 된다고 여겼기 때문에 왕사王祠, 후사后社, 치사置社와 같은 서열을 갖춘 제사문화를 들여온 것이다. 지방 호족을 일시에 억압하는 것이 무리이고 또 팔관회와 연등회의 사회 통합 기능을 무시할 수 없어 팔관회를 다시 부활시켰지만, 고려의 왕은 호족과 백성들로부터 초월적인 존재가 되려는 노력을 멈추지 않았다.

팔관회 날 고려의 왕들은 궁궐의 일부인 위봉루威鳳樓 또는 신봉루神鳳樓에 올라가 축제를 지켜보았다. 서민들 역시 다양한 놀이와 춤, 노래 등을 즐겼지만 왕과 서민들 사이에는 커다란 벽이 놓여 있었다. 삼국시대의 제천행사와는 이 점에서 차이가 있다. 즉 고려시대에는 제천행사의 성격이 크게 변해버렸던 것이다.

고려는 지방호족들을 중앙귀족으로 끌어들이며 지방사회를 해체하고자 했다. 몽골의 침략과 왜구의 습격으로 인해 고려 말에 지방사회의 호족들은 크게 몰락했다. 지방호족이 몰락한 가운데 등장한 것이 조선이었다. 조선은 남아있던 지방사회의 유력자들에게 과거시험을 통해 대거 중앙권력에 참여할 수 있는 기회를 부여함으로써, 이들을 중앙권력 지향적인 사람들로 변화시켰다. 즉 지방의 유력자들은 지방민과 하나가 되어 지방에서 성장하기보다는 중앙에 다가가 출세하는 것을 삶의 목표로 삼게 되었다. 유교의 계급질서는 조선의 이러한 사회변화를 더욱 촉진시켰다.

고려의 9개 속절인 원정元正, 설날, 상원上元, 1.15, 상사上巳-새해 첫 뱀날, 한식동지 후 105일, 단오5.5, 추석8.15, 중구重九-9.9, 팔관八關-10.15, 또는 11.15, 동지冬至-음력 11,12월는 대부분 조선에 계승되지만 유독 팔관회만큼은 계승되지 않았다. 음력 2월에 열리는 연등회는 기곡제祈穀祭, 팔관회는 추수감사제의 성격을 띠고 있다. 그래서 이날은 왕과 호족들이 농민들과 함께 농사의 시작과 끝을 알리며 함께 축제를 즐기는 날이었다. 샤머니즘과 불교가 혼합된 고려의 축제를 유교국가인 조선에서 없애버린 것이다.

유교는 제천행사뿐 아니라 공동체 의식도 망가뜨려

유교가 한 사회를 총체적으로 지배하게 된 것은 조선이 건국되고 나서의 일이다. 1392년 7월 17일 건국된 조선에서 가장 먼저 한 일 가운데 제사제도 즉 사전祀典 개편작업이 있었다. 그해 8월 5일 국가의 중대사를 다루는 도당都堂회의에서 팔관회와 연등회의 폐지가 정해졌다. 8월 11일에는 예조에서 제사 제도를 완전히 유교식으로 개편할 것을 청했다. 그리하여 천자가 하늘에 제사를 지내는 예절인 환구圜丘 및 백고좌법석百高座法席 등 불교와 도교식 제례도 모두 폐지되었다. 태종의 사전祀典 개편, 세종의 오례五禮 제정, 성종의 국조오례 편찬 등이 이루어지고, 삼국과 고려의 제천행사와 성황제城隍祭 등 마을축제를 음사淫祠, 즉 정당하지 못한 신에 대한 제사라고 규정했다. 이로써 고조선, 삼국시대, 고려로 이어져온 제천행사는 조선에 와서 단절되고 말았다.

조선에서는 단오를 제외한 모든 명절에 유교식 제사의례를 투영시켰다. 중국식에서는 매 계절의 중간마다 사당祠堂에서 제사를 올리는 사시제四時祭 개념이 있었다. 조선의 사대부들은 이를 다소 변형시켜 설날, 한식, 단오, 추석날의 한 해 4차례에 걸쳐 산소에 가 제사 지내는 묘제墓祭를 지냈다. 명절날에 백성들과 함께 즐기는 축제는 사라지고 유교적 제사의례만 남은 것이었다.

| 《삼강행실도三綱行實圖》 | 1434년에 왕명으로 각종 서적에서 군신 부자 부부의 삼강에 모범이 될 만한 충신 효자 열녀의 행실을 모아 만든 책. 유교 보급을 목적으로 대량 배포했다.

이런 과정을 거쳐 마침내 우리의 문화전통 속에서 하늘에 제사를 지내며 상하가 함께 즐기는 축제는 사라졌다. 엄숙함과 질서로만 가득한 종묘의 제례와 제례악은 유학자들의 취향에만 들어맞는 것이었다. 중요무형문화재 1호이며, 세계 무형문화유산이기도 한 종묘제례악에 참석하며 함께 춤추고 노래하고 싶은 사람들이 과연 있었을까? 종묘제례악은 조선 백성들로선 한 번도 들어보지 못한 낯선 음악이었다. 그것은 왕과 사대부들만을 위한 춤과 노래였기 때문이다.

지방에서도 마찬가지였다. 지방 수령의 주도하에 치러지는 삭망제朔望祭, 봄가을에 치러지는 유교식 성황제 등은 백성들과 괴리된 제사였다. 농민들이 자발적으로 모셨던 신에 대한 제사를 유교식으로 바꾸어 신상神像을 폐지하고 목제 위패位牌를 놓고 제사를 지냈고, 마을의 수호신인 성황신城隍神만 놔두고 다른 잡다한 신들은 전혀 인정하지 않았다. 관이 주도하는 유교식 제의는 민중들의 축제를 없애기 위함이었다. 명절에 사대부들은 자신들의 조상에 대한 제사를 지내고 백성들과 함께 즐기는 문화를 거부했다. 축제의 본질인 위아래가 하나 되는 문화가 사라져버린 것이다. 그런 가운데에서도 백성들은 자신들만의 문화를 향유했지만, 사대부들은 이런 마을 축제를 싸늘한 시선으로 바라보았다.

정약용1762~1836은 《목민심서》에서 안동 지역의 마을 축제 사례를 소개하고 있는데, "해마다 5월 5일이면 무당과 재인들이 신라공주 오금잠신을 받들고는 수십 명이 한 떼가 되고 관리가 따라가며 안동 지역을 두루 돌아다니는데, 관리들이 아무도 금하지 못했다."고 하였다. 정약용 같은 사람의 눈에도 이러한 축제는 금지되어야 할 것으로 비쳐졌던 것이다. 신상神像을 앞세우고, 깃발을 든 사람들의 퍼레이드가 펼쳐지고, 광대들이 모여 여러 놀이를 하는 거리굿이 백성들의 호응 속에서 펼쳐지고, 줄다리기, 돌싸움 등 마을 사람 대다수가 참여하는 놀이가 성행했지만, 사대부들은 이런 축제에서 스스로를 제외시켰다.

상하가 분리된 축제, 원형 복원이 시급하다.

종합적으로 평가하자면 다함께 즐기는 축제문화가 사라진 가장 큰 이유는 유교 때문이다. 이런 축제가 상하 질서를 강조한 유교에는 없었기 때문이다. 조선의 왕권은 명-청 천자의 책봉을 통해 그 권위의 정당성을 부여받았다. 따라서 왕과 지배층은 백성들을 다스리고 교화해야 할 대상으로 여겼을 뿐, 외부의 위협이 닥칠 때 목숨을 함께 할 운명공동체라는 인식이 거의 없었다. 전쟁이 잦았던 시대에 전우애를 북돋기 위한 축제가 조선에서는 필요하지 않았던 탓이다. 축제를 통한 사회통합 기능이 사라진 조선에서, 지배층인 사대부들은 피지배층인 백성들을 태어날 때부터 서로 다른 사람들로 보았다. 계급 질서를 옹호한 유교의 이념으로 무장한 사대부들은 백성들을 노비로 만드는 것에 하등 거리낌이 없었다.

근대 이전의 사회는 신분사회였다. 하지만 신분 차별이 있다고 하더라도 운명 공동체라는 의식을 갖춘 사회와, 그렇지 않은 사회가 있다. 유교가 만든 조선사회는 사대부들과 하층민들 사이에 운명공동체라는 의식이 사라지고 철저한 복종과 지배 문화만이 남은 사회였다. 상하가 서로 하나라는 의식을 갖게 해주는 축제가 사라진 사회. 그것이 조선이었다. 10년 전 국사해체론자로 유명한 임지현 교수가 필자에게 "조선의 사대부와 백성이 하나의 민족이란 의식이 있었을까요? 나는 아니라고 봅니다."라고 말했던 기억이 난다.

근대의 민족 개념을 고대까지 소급시키기는 어려울지 모르겠으나, 삼국시대 각국의 구성원 사이에 공동체라는 의식만큼은 분명하게 존재하고 있었다. 공동체 의식을 지닌 집단은 외적의 침략에 공동으로 대처하며 내부적 차별을 함부로 도모하지 않는다. 하지만 조선의 경우는 차별을 정당하게 여기고, 공동체 의식을 깨버리고, 신분에 따라 사람들을 위아래로 갈라놓고 말았다. 축제가 사라지고, 차별적인 제사문화가 등장한 조선사회의 여파로 지금도 하나 되는 축제는 찾아보기 어렵게 되었다. 사람 위에 사람 있고, 사람 밑에 사람 있다는 차별적인 의식을 가진 이들이 다시 늘어나고 있다. 국민에게 평등한 학습기회를 제공하고 사회의 불평등을 해소시켜야 할 교육부 고위 공무원이 "다시 계급사회가 되었으면 좋겠다."는 발언을 기자들에게 할 정도로 오늘날 우리 사회가 거꾸로 가고 있다.

공동체 의식이 깨져버린 조선이 맞이한 최후는 우리가 익히 아는 바와 같다. 금수저·흙수저로 크게 갈라진 우리 사회에서 공동체 의식을 회복하려면 얼마나 많은 시간이 필요할까? 공동체 의식이 더욱 약화된다면 대한민국의 운명은 다시금 조선의 전철을 밟지 않을까?

모피사치

조선의 침체와 후금의 흥기 불러와

고관대작 최고의 사치품 모피

조선은 모피毛皮, 특히 초피貂裘-담비 가죽 사치 때문에 삼전도의 굴욕을 당했다!

이렇게 말한다면 독자들 대부분은 아마도 의아해할 것이다. 그렇지만 담비 가죽옷의 사치와 1637년 인조재위:1623~1649가 청나라 홍타이지태종, 재위:1626~1643에게 항복한 사건은 절대 무관하다고만은 볼 수 없다.

모피는 짐승의 털이 달린 가죽으로 인류가 신체를 보호하기 위해 일찍부터 사용한 의복재료였다. 하지만 인구가 늘어나고 공급이 제한되면서 모피는 대표적인 사치품으로 변했다. 모피는 예나 지금이나 한대寒帶 지역과 온대 지역 사이의 교역에서 중요한 위치를 차지해왔다. 모피는 보온성이 뛰어나며 부드럽고 광택이 나서 미적인 가치까지 대단하다. 그래서 방풍이나 방한용은 물론 신분 과시용으로도 선호되어 왔다. 지금도 모피 옷은 고가에 팔리는 사치품이다. 여우털로 만든 폭스코트 등 귀부인이나 부호들의 대표적인 상징물로 여겨지던 모피가 오늘날 '기피해야 할 문화적 유산'으로 낙인찍히기 시작했다. 그 까닭은 동물보호 단체들을 중심으로 모피를 얻는 과정이 대단히 잔인하다는 사실이 알려지면서부터라고 할 수 있다. 그렇다고 해서 모피 옷에 대한 호감이 그 전에 비해 얼마나 달라졌는지는 모르겠다.

모피 가운데 가장 비싸고 인기 있는 것은 담비 가죽인 초피貂皮다. 담비는 족제비과 동물 가운데 하나로 몸길이는 35~60cm, 꼬리길이는 12~37cm 정도로 침엽수림에 주로 산다. 현재 우리나라에서는 멸종 위기 야생동물 2급으로 지정되어 함부로 잡으면 안 되는 보호동물이다. 담비는 무리지어 다니면서 자신보다 강한 오소리나 멧돼지를 습격하기도 하고 초식동물과 파충류, 나무열매 등도 잘 먹는다.

| 초구貂裘 | 초구란 담비가죽으로 지은 옷을 말한다. 이 초구는 효종이 북벌계획의 핵심 인물인 송시열에게 북벌 때 청나라의 혹독한 추위를 이겨내라는 의미로 자신이 입던 방한의를 하사한 것이다.

나무도 잘 타고 싸움도 잘해 호랑이, 표범, 곰 등이 사라진 지금 우리나라 숲에서 최상위 포식자로 군림하고 있는 것이 담비다. 담비가 멸종위기에 몰리게 된 이유는 물론 가죽 때문이다. 예로부터 고급 모피재료로 애용된 담비가죽이 한국사를 바꾼 중요한 물품으로 떠오른 것은 15~16세기였다.

모피 생산으로 이름높은 우리의 고대국가

담비 가죽은 고조선과 부여, 고구려, 발해의 오랜 특산품이었다. 만주와 한반도 북부에는 낮은 기온과 울창한 숲으로 담비 외에도 호랑이, 곰, 표범, 족제비, 여우 등 모피를 얻을 수 있는 짐승들이 많이 살았다. 방한복과 사치품으로 귀하게 쓰이는 모피는 늘 수요에 비해 공급이 적었다. 그런 까닭에 이런 동물들의 귀한 가죽은 부르는 게 값일 정도였다.

《관자管子》에는 고조선 사람들이 기원전 7세기 제나라에 문피文皮 -무늬 있는 동물가죽를 수출했다는 기록이 나온다. 부여 사람들은 외국에 나갈 때면 여우, 삵, 원숭이, 흰담비나 검은담비 가죽으로 만든 갖옷을 외투로 입었다고《삼국지三國志》는 전하고 있다. 한겨울 추위가 매서운 곳에서 살았던 고구려 사람들도 마찬가지여서 포布-베·백帛 -실크과 더불어 피皮-가죽로 옷을 만들어 입었다고《위서魏書》,《북사北史》등에 전하고 있다. 이처럼 중국 기록에 고조선, 부여, 고구려인이 모피 옷을 입은 것을 특별히 기록해둔 것은 중원에 사는 한족들에게 모피 옷은 구하기 어려운 옷이었기 때문이다. 모피는 고조선뿐만 아니라 부여, 고구려, 발해의 주요 수출품 가운데 하나였다.

| 무용총 수렵도 | 길림성 집안시 소재. 수렵생활에 익숙했던 고구려인의 모습이 잘 드러나 있다. 고급 모피를 얻을 수 있는 짐승들이 사냥의 주된 대상이었을 것이다.

고구려의 무용총 벽화 수렵도에는 명적鳴鏑이라 불리는 소리 나는 화살을 쏘는 사람의 모습이 보인다. 뾰족한 화살촉이 아닌 명적은 짐 승을 기절시키는 용도의 화살이다. 왜 이런 화살을 쓰는가 하면 동물 의 가죽을 손상시키지 않고 얻기 위함이었다. 모피는 외투와 모자 외 에도 깔개용이나 신분 과시용으로, 털을 제거한 가죽은 신발과 모자, 혁대 등 다양한 용도로 사용되었다.

동부 만주 지역을 완전히 장악한 발해는 727년 일본에 처음 사신 을 보낼 때 담비와 족제비 가죽 300장을 건네주었다. 이를 계기로 일 본인들이 모피를 크게 선호하게 되면서 발해는 담비, 호랑이, 표범, 곰, 족제비 가죽 등을 일본에 널리 수출했다. 뿐만 아니라 당나라에 도 738년 돼지가죽 1,000장을 수출한 것을 비롯해 담비나 족제비 등 의 가죽으로 이불과 요를 만들어 수출하는 등 모피류 생산으로 상당 한 경제적 이익을 거두었다.

신라에는 관에서 운영하는 수공업장 가운데 피전皮典-피혁물 제작,

타전打典-무두질, 피타전皮打典-북 등 악기 제작, 추전鞦典-마구용 가죽 제작, 답전鞜典-신발 제조, 화전靴典-장화 제작 등 가죽제품을 다루는 곳이 있었다. 8, 9세기 아라비아 상인들이 신라를 찾아와 담비 가죽을 수입해 가기도 했다. 834년 신라 흥덕왕재위:826~836은 당시 사치스러운 신라인의 생활을 통제하기 위해 신분에 따라 옷과 수레 및 각종 물품의 사용을 금하는 법을 발표했다. 이 법으로 자줏빛가죽紫皮으로 만든 신발은 진골들도 사용할 수 없게 금지했고, 호랑이 가죽은 오직 진골들만이 사용할 수 있게 했다. 4두품 이하는 소나 말가죽도 사용할 수 없게 했다. 이러한 금지조항이 있다는 것은 당시 사람들이 가죽 제품을 크게 선호했다는 사실을 알려주고 있다.

고려는 북쪽으로 국경을 접한 여진족에게 큰 영향력을 행사했다. 여진족은 우리 역사서에는 '야인野人'이라는 이름으로 등장하는데, 이들이 금나라를 거쳐 나중에 청나라를 세우게 된다. 고려는 여진족의 투항을 권장하기도 하고 국경 안정을 위해 회유 정책을 펼치기도 했다. 고려는 회유 수단으로 그들의 모피를 구입하고 식량을 주는 교역을 해왔다.

고려는 외국과의 예물로 모피와 피혁물을 주고받기도 했다. 고려는 오랜 동안 모피 수급에 큰 어려움이 없었다. 그런데 1221년 몽골이 고려에게 수달피 가죽 2만 개를 내놓으라며 협박해왔다. 이렇게 많은 양을 도저히 마련하지 못한 고려는 겨우 1,000개를 보내주었다. 몽골인들은 수달피 가죽을 선호해 고려에 많은 수달피 가죽을 요구했고, 이는 고스란히 고려의 부담으로 돌아왔다. 이후 고려가 몽골의 부마국 체제에 편입되어서도 고려는 몽골에 많은 모피를 보내야 했다. 몽골을 몰아내고 중원의 패자가 된 명나라 또한 조선에게 각종 모피를 요구했다. 조선은 여전히 각종 모피와 피혁물품을 내놓아야 하는 부담에 시달렸다.

담비 가죽만큼 중국인들이 좋아한 것은 호랑이 가죽이었다. 호랑이 가죽은 의복용으로는 그다지 적합하지 않지만, 소유자의 과시용이나 벽사용辟邪用으로 선호했다. 무서운 맹수인 호랑이는 일반 서민들에게 많은 피해를 끼쳤기 때문에 조선 정부에서는 호랑이를 제거하려고 착호갑사捉虎甲士라고 하는 전문 사냥꾼을 두었다. 착호갑사는 초기에 정원이 40명이었으나 1485년에 반포된 《경국대전經國大典》에는 440명으로 늘어났다. 이들은 뛰어난 무예 실력을 갖춘 자들이었는데 창, 그물, 함정 등을 이용해 가급적 가죽이 상하지 않게 호랑이를 잡았다. 호랑이의 피해로부터 백성을 보호하는 목적도 있지만 호랑이 가죽이 각종 공물에 쓰이는 값비싼 물건이기 때문이었다. 조선은 매년 32장의 호랑이 가죽을 명에 보내야 했다. 호랑이를 마구 잡다보니 개체수가 점점 줄어들어 가죽 값은 치솟기만 했다. 15세기 말만 해도 면포 30필이었던 호랑이 가죽이 16세기 중엽에는 면포 400필로 값이 올라 여진으로부터 호랑이 가죽을 밀수하는 자들도 생겼다. 1627년 조선은 후

| 강화도성의 호랑이 그림 | 호랑이는 가장 무서우면서도 숭앙받기도 하는 백수의 왕이었다. 착호갑사 등을 동원한 호랑이 사냥이 성행해 조선 후기 들어 개체수가 현저히 줄었다.

금청에 호랑이 가죽 100장을 보낸 이후로 더 보내지 못했다. 조선 후기 숲이 줄어들면서 호랑이가 더 이상 서식하기 어려워졌기 때문이다. 다행히도 청나라는 조선에 호피를 더 이상 요구하지 않았다. 민가에서 호랑이 가죽은 혼례식 때 신부가 타는 가마에 올려놓는 정도 외에는 큰 수요가 없었기 때문에, 외국에 호랑이 가죽을 보내는 일이 사라지자 호랑이 가죽을 따로 수입할 필요성까지는 없었다.

조선의 모피 사치, 심각한 사회문제화

문제는 초피였다. 초피로 갖옷 한 벌을 만들려면 약 60 마리의 담비가 필요하다. 숲이 줄어들면서 호랑이만이 아니라 담비의 개체수도 줄었다. 그럼에도 초피 수요는 줄지 않았기 때문에 조선에서 점점 귀해질 수밖에 없었다.

조선에서는 신분에 따라 입을 수 있는 모피의 종류가 달랐다. 최고급 초피는 정3품 이상 당상관, 당하관과 사족들은 서피족제비 가죽나 일본산 산달피, 관원이나 서얼은 붉은여우 가죽과 국산 산달피, 공상천인工商賤人은 개가죽과 토끼가죽 등으로 차이를 두었다. 하지만 권력과 부를 손에 쥐게 되면 신분을 초월해 사치하고 싶어지기 마련이다. 사실 조선 사대부들이 말로는 늘 사치를 멀리해야 한다고 주장해왔지만 이상과 현실 사이에는 괴리가 컸다. 조선 사대부들의 사치라면 어떤 것들이 있었을까? 조선에서 가장 두드러진 사치의 사례를 꼽는다면 15~16세기의 초피와 혼수품, 18세기의 가체와 머리장신구를 꼽을 수 있다.

초피 사치가 문제가 된 15세기 말은 사회기강이 많이 해이해진

시기였다. 공신들은 자신의 권력과 특권을 이용해 재물을 챙겼고, 자연히 그들 밑으로 줄을 서려는 자들이 많았다. 고관들에게 뇌물을 뿌리는 졸부들과 그 가족들은 마음껏 사치를 부릴 수 있던 시기였다.

1475년 5월 12일에 예문관 봉교 안팽명1447~1492 등이 올린 상소를 보자.

"최근 사대부의 집을 보면 날마다 사치를 일삼고 서로 다투어 아름다움을 뽐내는데, 그중에서 심한 것을 말하자면 크고 작은 연회宴會에 그림을 그린 그릇이 아니면 쓰지 않고 부녀자의 복식에 초구貂裘가 없으면 모임에 참여하는 것을 부끄럽게 여기니, 이것으로 보면 풍속의 퇴폐를 더욱 알 만합니다. …… 초피가 우리나라에서 나는 것이라고는 하나 야인野人에게서 얻는 것이 대부분인데 소와 말, 철물 등으로 무슨 짓이고 다해서 저들에게 사므로, 국가에서 이미 그 폐단을 알고 공물을 줄여 주었는데도 폐단이 다시 전과 같으니, 무슨 까닭이겠습니까?
초피의 장식은 3품까지로 한정되어있으나 모든 은대銀帶-정3품부터 종6품까지 문무관를 하는 자가 거의 다 혼란하게 장식하여 금지하기 어려우므로 초피의 값이 올라가게 되어 적에게 이익을 주게 되니, 역시 작은 일이 아닙니다. 바라건대 그림 그린 그릇을 쓰는 일을 일체 금지하고, 당상관堂上官이라야 초피를 쓰고 4품이라야 서피鼠皮-족제비털를 쓸 수 있게 하고, 그 나머지도 이와 같이 한정하며, 부인의 복식도 지아비를 따르게 하소서. 그러면 모피의 값이 싸져서 폐단이 없어질 수 있을 것입니다."

안팽명은 당시 모피 사치가 지나친 바람에 초피 값이 올라 초피를 공급하는 야인들에게만 이익이 되고 있으니 초피옷 착용을 엄격하게 제한하자는 것이었다. 하지만 초피의 가격 상승은 이때가 시작에 불과했다. 1478년 이후 명나라에서 초피를 조공품으로 요구하는 양이 점차 많아지고 이를 조달하다 보니 수요를 충당하기가 어려워졌다. 초피는 함경도와 평안도 등에서 공납으로 거뒀지만 수요만큼 공급이 이루어지지 않았다. 이에 따라 조선은 야인들에게서 초피를 구했는데, 그들은 조선과의 초피 무역을 통해 농사에 필요한 소와 말, 철제 농기구 등을 받아갔다.

초피 무역으로 흥성의 기회를 잡은 만주족

조선은 비록 명나라에게는 조공을 바쳤지만, 15세기만 하더라도 주변의 작은 세력들에게는 조공을 받는 나라였다. 조선의 신년 하례식에는 매년 야인과 왜인, 유구인 들이 입시入侍하였다. 조선은 이들에게 작위를 주고 선물을 하사했다. 조선이 제후를 거느리며 이들을 통합해 성장하는 상황을 명나라는 좌시하지 않았다. 그래서 1459년 3월 명나라는 사신을 보내 조선이 야인들에게 선물을 주고 이들을 거느리는 행위를 금지하라고 경고했다. 명나라는 조선이 야인들을 귀순시키고 세력을 규합한 후, 힘을 키워 자신들의 국경에 위협을 가하지 않을까 늘 우려했다. 그러자 세조는 3월 25일 평안도 관찰사 원효연, 도절제사 구치관에게 이렇게 명했다.

"야인이 와서 복종하는 것이 우리나라의 상책이니, 경들만은 홀로 알라. 그러나 명나라가 싫어하기 때문에 명 사신이 되돌아갈 동안 건주위야인 등이 내조來朝하는 경우에는 올려 보내는 것을 허락하지 말고 그들을 잘 타이르기를 '너희의 정성은 나라에서 알고 있는 바이지만, 명나라가 비난하기 때문에 성상께서 보내지 말도록 명하였으니 너희는 이 뜻을 알라.' 하고 식량과 소금, 장 등을 주어서 돌려보내라."

조선은 명 사신이 내방할 때는 야인 부족장들이 이들과 마주치지 않도록 조심시켰다. 반면 야인들이 조선의 수도 한성부까지 찾아와 머리를 조아린 것은 그들이 조공품으로 바치는 모피보다 조선이 주는 하사품의 가치가 크고, 그들에게 부족한 식량 등을 얻을 수 있기 때문이었다. 조선이 경제적으로 다소 손해를 보더라도 하사품을 넉넉히 준 것은 야인들을 포섭해 이들의 세력 규합을 경계하고 북방의 안정을 도모하기 위함이었다. 야인들은 명나라의 눈치를 보면서도 15세기 내내 조선을 방문해 머리를 조아렸다.

그런데 조선과 야인부족 관계가 서서히 변해가기 시작했다. 명나라의 눈치 탓도 있었지만, 무엇보다 야인 추장들이 조선의 수도까지 직접 찾아와 머리를 굽힐 경제적인 이유가 줄어들었기 때문이다. 1505년 10월 3일 연산군재위:1494~1506은 시중에 있는 초피의 품질이 조잡하니 이를 함경도와 평안도에서 사오도록 하자는 승지 한순의 말을 듣고 상의원 관원을 보내 초피 2만 영領, 옷 한 벌을 구입하게 했다. 초피의 사치를 자제시켜야 할 정부에서 도리어 초피 사치를 부추겼던 것이다.

조선에서 갑자기 많은 양의 초피를 구입하다 보니 초피를 공급하는 야인의 입장에서는 가격을 대폭 올릴 수 있었다. 1502년 초피 한

장 값은 면포 10필이었는데 1509년에는 소 1마리 값으로, 1516년에는 말 1필 값으로 급등했다. 야인들은 국경 무역을 통해 큰 소득을 올리게 되자, 굳이 조선의 수도까지 가서 초피를 팔 이유가 없어졌다. 그래서 야인들의 신년 하례식 참여는 1508년을 끝으로 완전히 단절되고 만다. 초피 가격 상승과 야인의 신년 하례식 참여 단절은 무관하지 않다. 물론 그 뒤로도 야인들이 조선에 내조來朝 하는 일이 완전히 끊긴 것은 아니지만, 이때를 기점으로 크게 감소해버렸다. 권력을 장악한 사림파가 성리학적 명분론을 대외관계에 투영해, 조선이 명의 질서로부터 이탈하여 야인과 왜로부터 조공을 받는 것에 소극적으로 대응한 탓도 있다. 하지만 초피를 바쳐가며 굳이 상경하여 조선으로부터 관작과 하사품을 받으려 했던 야인들이 내조를 덜하게 된 것은 경제적 이유가 가장 중요하다고 할 수 있다. 이후 조선은 야인들 내부에 어떤 변화가 생겼는지를 알지 못하게 된다.

초피 값의 상승은 초피를 구하기도 어려운 가운데 공납으로 바쳐야 하는 함경도와 평안도 사람들에게 커다란 부담이었다. 그들은 공납을 내기 위해 소를 팔아 야인들에게 초피를 구해야 했다. 초피 공납부담을 이기지 못한 농민들은 아예 야인 땅으로 도망가기도 했다. 그뿐만 아니라 초피 구입으로 인해 구체적으로 조선의 피해가 나타나기 시작했다. 1508년 2월 23일 홍경주 ?~1521는 중종에게 이렇게 아뢰었다.

"폐조연산군 때 무역한 초피 교역 때문에 북쪽 변방 지역은 크게 피폐해졌습니다. 백성이 소 한 마리를 가지고 초피 한 장을 바꾸게 되어 소와 말이 거의

다 없어졌기 때문입니다. 과거에는 말 탄 군사가 1,000여 명이나 되었는데, 지금은 겨우 40~50명만 있을 뿐이니, 변방의 위급한 상황이 생기면 무엇으로 적을 방어하겠습니까?"

1516년 6월 1일에는 김희수1475~1527가 중종재위:1506~1544에게 이렇게 아뢰었다.

"요즈음 듣건대, 북도北道에서 초피 등을 무역하느라 우리나라의 철물이 모두 저들 땅으로 넘어간다 합니다. 예전에는 야인의 화살은 다 사슴뿔로 촉을 만들었는데 지금은 다 쇠 촉을 쓰니, 철물이 저들 땅으로 많이 들어갔다는 것을 이로써 알 수 있습니다. 이것은 철물로 초피를 사서 재상이나 벗들이 청하는 것을 채우거나 사리사욕을 꾀하려고 하기 때문이니, 관리들이 착용하는 초피, 서피를 일체 금지하소서. 또 근자에 조관이 황광피 오자黃狂皮襖子, 누런 족제비 가죽으로 만든 두루마기를 즐겨 입으니 이것도 일체 금지해야 합니다."

그러자 중종은 이렇게 답했다.

"철물이 저들 땅에 많이 들어가면 우리나라에 크게 이롭지 못한데, 이는 오로지 초피 등을 무역하기 때문이다. 황광피의 일은 내가 모르는 일이다."

이때 조강에서 참여했던 김광필은 김희수의 말이 지당하다면서 소로 초피 등을 사는 것은 더욱 잘못된 일이며, 황광피로 겉옷을 만드는 것은 예전에 없던 일인데 연산군 시기부터 시작된 일이라고 지적했다. 이처럼 초피 사치로 인해 조선은 변방지역의 경제적 · 군사적 쇠퇴와 야인 통제 능력 상실을 가져온 반면, 야인들은 초피 교역으로 농우와 철을 확보해 부를 축적하고 농업과 군사력을 발전시킬 수 있었던 것이다.

모피교역 몰이해로 본 조선 쇠망의 원인

16세기는 전 세계에서 은이 대량으로 유통되기 시작한 시기였다. 아메리카와 일본에서 대량으로 생산되기 시작한 은은 차, 도자기, 실크 등의 구입대금으로 명나라로 빨려 들어갔다. 명은 넘치는 은으로 은본위제 국가가 되었고, 경제가 크게 번영했다. 넘치는 은으로 명나라 사람들은 만리장성도 쌓고, 외국 물건들도 대량으로 구입했다. 그 가운데 하나가 초피와 산삼, 진주 등 만주지역의 특산물이었다. 야인들은 명나라와 교역을 통해 대량의 은을 얻을 수 있었다. 조선은 산삼 무역의 주도권을 완전히 야인들에게 빼앗기고 있었다. 조선은 단지 조공을 통한 무역만을 행했지만 야인들은 달랐다. 그들은 조선과의 초피 거래를 통해 경제적 부를 축적하는 법을 배웠다. 그리고 그들은 마침내 명과 교역을 통해 부를 축적해서 국력을 키울 수 있었다. 누르하치의 대국 건설은 부의 축적에 힘입은 것이라 할 만하다. 농업을 중시한 조선과 상업을 권장한 야인들의 차이는 컸다.

만약 조선에서 초피에 대한 사치가 덜했더라면, 야인들은 조선에 모피를 바치며 하사품을 받기 위한 조공 무역을 지속했을 것이다. 그랬더라면 야인에 대한 통제를 좀 더 수월하게 해서 건주야인의 성장을 견제할 수 있었을 것이고, 어쩌면 병자호란으로 인한 삼전도의 치욕을 겪지 않았을지도 모른다. 그렇기 때문에 사치품 하나가 조선의 운명을 바꿨다는 생각이 지나치다고는 여겨지지 않는다.

모피는 유럽에서도 선풍적인 인기를 끈 상품이었다. 그런데 모피의 수요가 늘자, 러시아 등의 생산량이 이를 따라가지 못했다. 모피의 값이 오르자 러시아는 모피를 더 수출하기 위해 시베리아로 진출했고, 마침내 베링해를 건너 알래스카에 다다랐다. 즉 모피에 대한 욕망이 러시아의 운명을 바꾼 것이다. 포르투갈과 스페인은 후추에 대한 열망 탓에 인도 항로 개척에 나서 대항해 시대를 열게 된다. 한편 영국은 면직물에 대한 열망 때문에 인도 내륙으로 진출하고, 북아메리카에 면화 농장을 만들고, 마침내 산업혁명을 일으켰다. 일본 또한 오래도록 도자기 생산의 발전을 염원해왔는데 임진왜란 이후 조선 도공들을 데려옴으로써 이를 달성하는 계기를 만들고, 17세기 중엽부터는 유럽에 자기를 대량 수출하여 막대한 경제적 이익을 얻게된다.

하지만 조선은 모피에 대한 열망을 내부 수탈을 통해서만 해결하려고 했다. 모피가 어떤 통로로 구해지는지에 대한 심각한 고민 없이, 백성들에게 공납으로 착취만 하려고 했다. 그 결과 백성들은 세금으로 납부할 모피를 구하기 위해 소, 말, 철과 같은 소중한 자원들을 어쩔 수 없이 야인들에게 팔아넘기며 비싼 값으로 모피를 구해야 했다. 모피를 사용하는 자들이 모피의 구입 과정에서 조선의 국가 안보가 위태로워지고 있다는 사실을 좀 더 심각하게 고민했다면 조선과 만주족의 역사는 달라지지 않았을까?

조선은 개인의 욕망을 제대로 통제하지 못했다. 겉으로는 백성들에게 사치를 멀리하라고 하면서도, 사대부 출신의 위정자들은 재물을 끌어 모으고 마음껏 사치를 부렸다. 겉과 속이 다른 사대부들의 이러한 태도가 조선의 경제를 망쳤다. 그들은 당장 필요한 물건만 구하면 된다고 생각했을 뿐, 장기적인 경제정책이나 국가의 미래에 대해 고민하지 않았다. 그것이 조선을 위기에 빠뜨린 요인이었다.

오늘 우리의 경제정책 역시 각 분야에서 국가의 미래와 걸맞게 실시되고 있는지 찬찬히 살펴봐야 한다. 과거에는 삼사三司에서 정부의 잘못된 정책을 비판했지만, 지금은 언론·시민단체 등 더욱 많은 사람이 두 눈 부릅뜨며 지켜보고 있다. 연산군의 잘못된 판단이 초피 값을 올려 백성들에게 고통으로 돌아오게 했던 일들이 오늘날에도 반복되지 않아야 할 것이다.

눈물을 머금고 도끼로 찍어낸 사연

아찔하게 아름다운 우리 특산물, 황칠

중국의 차, 오만의 유황, 몰루카 제도의 향신료는 세계인을 매혹시키는 특산물로 유명하다. 그렇다면 우리나라의 특산물로는 무엇을 꼽을 수 있을까? 많은 분들이 단연코 인삼을 떠올릴 것이다. 필자는 여기에 황칠을 추가하고 싶다. 그런데 황칠에는 역사적으로 너무나도 안타까운 사연이 숨어있다. 황칠을 통해 우리 역사의 낯선 이면을 들여다보는 여행을 나서보자.

황칠은 옻칠의 한 종류로 황금빛이 나는 천연도료다. 황칠을 나무와 쇠에 칠하면 좀과 녹이 슬지 않고 열에도 강해 "옻칠 천년 황칠 만년"이란 말이 있을 정도다. 또한 안식향安息香이라는 향기가 있어 사람의 신경을 안정시켜준다. 황칠은 최고급 가구, 전자기파 차단 전자제품, 염색의류, 신경 안정제 등에 광범위하게 사용된다. 이런 황칠은 상록교목인 황칠나무의 수액에서 채취한다. 이 나무는 완도, 강진, 해남, 장흥, 제주도 등지에서 자라며 15m까지 성장한다. 6월에 즙을 채취해서 기물에다 칠을 하면, 색이 마치 황금과 같아서 사람들의 눈을 부시게 한다.

《삼국사기》에는 626년 백제 무왕재위:600~641이 당나라 태종재위:626~649에게 명광개明光鎧를 보내주면서, 고구려를 견제해달라고 요구한 기록이 나온다. 태종은 백제가 준 명광개를 입고 645년 고구려와 전쟁을 벌인다.《구당서》는 "백제가 금칠을 한 갑옷인 명광개를 당나라에 주었는데, 갑옷의 광채가 하늘에 빛났다."고 전하고 있다. 또한 "백제에는 섬이 세 개가 있으니 그곳에서 황칠이 난다. 6월에 칼로 그어 수액을 채취하니, 색깔은 황금색이다."라고 기록했다. 아마도 황칠에 대한 당나라의 관심이 컸기 때문에 원산지까지 기록된 것이라 볼 수 있겠다.

2006년 발굴된 경주 황남동 123-2번지 유적은 7~8세기 무렵 신라 왕실의 제의시설로 추정된다. 그런데 이곳에서 출토된 회청색 사

| 황칠 대나무 상자(왼쪽) | 대나무로 만든 평범한 상자에 황칠을 하게 되면, 대단히 품격 있는 물건으로 거듭난다.

| 황칠한 은그릇 | 은은 독을 가리고 살균을 하는 귀금속이니, 은그릇은 당연히 흙이나 나무로 만든 그릇보다 귀히 쓰였다. 여기에 황칠까지 더하면 황금빛이 나 더욱 귀티가 났을 것이다.

발모양 토기 안에서 고체화된 상태로 황칠이 발견되었다. 황칠이 담긴 토기는 땅의 악한 기운을 누르고 선한 기운을 북돋우기 위해 건물 기둥 자리에 대형 항아리 5개를 나란히 묻은 지진구地鎭具다. 출토된 황칠의 분석 결과 해남지역 황칠임이 밝혀졌다. 신라가 백제를 통합한 후에 황칠을 귀하게 사용했음을 일러준다. 신라는 칠전漆典이라는 관청을 두고 칠의 수요와 공급을 국가에서 관장할 만큼 칠을 중요시했다. 따라서 최고의 칠인 황칠은 그 가치가 더욱 높았을 것이다.

《고려도경》에는 "황칠은 본래 백제에서 났으나, 지금은 중국 절강 사람들이 이를 일러 신라칠이라 한다."고 기록했다. 백제의 산물이었던 황칠은 신라·고려에서도 변함없이 특산물로 수출되었다. 황제·부귀·중앙 등을 상징하는 황금색을 유난히 좋아하는 중국인들이 한때 우리나라의 물산 가운데 가장 탐내는 것이 황칠이었다. 고려는 1276년과 1282년, 몽골제국에 사신을 보내 황칠을 바치기도 했다.

그런데 한반도에서 생산되는 특산품인 황칠은 안타깝게도 조선시대 들어 생산량이 줄고 백성들에게 고통만 안겨주는 산물로 여겨지며 우리의 자랑거리로부터 멀어지고 말았다. 조선의 대표적 수출품이 되어도 모자랄 판에, 왜 황칠의 생산량이 줄어들고 고통이라는 단어와 결부되고 만 걸까?

천하의 악목이니 차라리 황칠나무를 뽑아라!

1794년 12월 25일자《정조실록》에는 호남위유사湖南慰諭使 서영보 1759~1816가 임금께 올린 황칠과 관련된 글을 보자.

"완도는 황칠이 생산되는 곳이라서 전라도의 감영·병영·수영 및 강진·해안·영암 등 3읍에도 모두 연례적으로 바치는데, 왕왕 이를 더 징수하는 폐단이 있습니다. 근년 이래 나무의 산출은 점점 전보다 못한데 추가로 징수하는 것이 해마다 더 늘어나고, 관에 바칠 즈음에는 아전들이 농간을 부리고 뇌물을 요구하는 일이 많아져 서로 지탱하기 어려운 폐단이 되고 있습니다."

특정 지역에서만 생산되는 황칠은 농민들이 국가에 바치는 공납 물품이었다. 명나라는 조선에게 지속적으로 황칠을 달라고 요구해 왔고, 조선은 황칠을 어떻게 해서든지 이를 조공품으로 보내야 했다. 조선의 조세 제도는 조용조租庸調로 이루어진다. 즉 토지세인 조租, 의무 노동인 용庸, 그리고 호戶별로 특산물을 바치는 공납貢納인 조調로 구성되어있었다. 그런데 이 가운데 백성들을 가장 힘들게 한 것이 공납인 조였다.

공납은 본래 신神이나 임금에게 아랫사람들이 자신의 특별한 산물을 충성이란 이름 아래 자발적으로 바친 데서 비롯되었다. 따라서 본래부터 규정된 수량이 없었다. 문제는 공납이 일종의 세금으로 자리잡게 되면서, 자발이 아니라 위로부터의 강제로 전환되었다는 점이다. 국가나 관청에서 필요한 물건을 지방민들에게 할당해서 바치도록 요구하다 보니 어떤 지역에서는 공납의 부담이 적은 반면, 어떤 지역에서는 부담이 너무 커서 생존의 위협을 느낄 만한 곳도 있었다. 공납 물품은 각종 수공업 제품, 모피, 과일, 약재, 수산물 등 매우 다양했다. 그렇기 때문에 가격이 천차만별이었고, 납부 기준도 명확하지 않았다. 따라서 지방관, 아전, 대신 납부해주는 방납업자 등이 중간에서 착복할 소지가 컸다. 그뿐만 아니라 권세가들도 이를 편법적으로 이용해 이득을 챙겨갔기 때문에, 공납 제도의 폐해는 이루 말할 수 없을 정도로 커졌다.

17세기 들어 백성들의 삶은 극도로 피폐해졌다. 이런 국가적 위기에 빠지게 되자, 이를 타개할 목적으로 조정에서는 조선 역사상 최고의 개혁이라 불리는 대동법大同法을 앞세워 공납 문제의 해결에 나섰다. 대동법은 각종 공물과 진상품 모두를 토지 1결당 쌀 12말을 징수하는 대동미大同米로 대치시키고, 지방 관아의 온갖 경비까지도 대동미에 포함시키는 등 한마디로 말해 농민의 편익을 도모하는 제도라고 할 수 있다. 중앙과 지방의 각 관서에서는 대동미로 소요물품을 민간으로부터 구입해 사용하거나, 일을 시킬 경우 고용비용으로 지출하도록 제도가 바뀐 것이다.

그러나 대동법 시행은 결코 순조롭게 이뤄지지 않았다. 1608년 경기도에 처음 대동법이 실시되지만, 전국적으로 확대 실시되기까지는 무려 100년이 걸렸다. 게다가 모든 지역에서 철저하게 대동법이 시행된 것도 아니다. 지방 수령들은 관청의 부족한 경비를 갖가지 이유를 붙여 농민에게 부담시켰고, 이를 기화삼아 또 다른 세금까지 덧붙였다. 이러니 농민 입장에서는 공납제 시절의 부담에다 대동세가 더해지는 결과를 초래해, 도리어 대동법 시행의 의미가 퇴색해버리는 경우가 적지 않았다.

특히 값비싼 특산물인 황칠의 경우 관리들이 농간을 부려 더 가혹하게 징수하는 일이 빈번했다. 그러다보니 농민들의 입장에서는 황칠나무를 더 심으면 그 만큼 공납의 양이 늘어나므로, 나무심기를 극력 기피하게 되었다. 그럼에도 황칠의 징수 물량이 계속 늘어났으므로 농민들은 황칠을 채취하느라 생고생을 해야 했다. 백성들은 아전들에게 뇌물을 쥐어주면서까지 공납량을 줄여달라고 호소했지만 별달리 효과를 보지 못했다. 급기야 백성들은 공물 수탈을 피하고자 황칠나무를 베어내거나 있는 곳을 감추기 시작했다. 결국 제주도·완도·보길도 등에서 자라던 황칠나무는 계속 줄어만 갔다. 1801년 황칠나무가 자라는 강진에서 유배생활을 지낸 다산 정약용은 '황칠黃漆'이란 시에서 이 상황을 이렇게 읊었다.

궁복산에 가득한 황칠나무를 그대 보지 않았던가 君不見弓福山中滿山黃

깨끗한 금빛 액체 반짝반짝 윤이 나지 金泥澄潔生蓊光

껍질 벗기고 즙 받기를 옻칠 받듯 하는데 割皮取汁如取漆

아름드리 나무래야 겨우 한잔 넘친다 拱把榴殘纔濫觴

상자에다 칠을 하면 옻칠 정도가 아니니 髹箱潤色奪髹碧

잘 익은 치자로는 어림도 없다 하네 巵子腐腸那得方

글씨 쓰는 경황으로는 더더욱 좋아서 書家硬黃尤絶妙

납지고 양각이고 그 앞에선 쪽 못 쓴다네 蠟紙羊角皆退藏

그 나무 명성이 온 천하에 알려지고 此樹名聲達天下

박물군자도 더러더러 그 이름을 기억하지 博物往往收遺芳

공물로 지정되어 해마다 실려 가고 貢苞年年輪匠作

징구하는 아전들 농간도 막을 길 없어 胥吏徵求奸莫防

지방민들 그 나무를 악목이라 이름하고 土人指樹爲惡木

밤마다 도끼 들고 몰래 와서 찍었다네 每夜村斧潛來戕

지난 봄에 성상이 공납 면제하였더니 聖旨前春許蠲免

없어졌던 것이 다시 생겨나니 이 얼마나 상서인가 零陵復乳眞奇祥

바람 불고 비 맞으면 등걸에서 싹이 돋고 風吹雨潤長髡柿

가지가지 죽죽 뻗어 푸르름 어울어지리 杈椏擢秀交靑蒼

궁복산은 완도 주변의 산으로, 신라시대 청해진을 두고 해상왕으로 활약했던 장보고?~846의 본명인 궁복弓福의 이름을 따서 지은 산이다. 정약용은 '탐진어가耽津漁歌', '탐진촌요耽津村謠' 등의 시에서 천하가 다 아는 황칠나무를 거듭 언급했다. 탐진은 현재의 강진군인데, 이곳으로 유배온 정약용은 아전들 농간과 공납 때문에 백성들이 황칠나무를 마구 베어버리는 광경을 목격했던 것이다. 그는 조정에서 공납을 면제하자 다시 황칠나무가 자라는 것을 보고 즐거워하기도 했다. 하지만 그의 시에서 보듯 황칠나무의 이익은 백성들에게 전혀 돌아가지 않고 과중한 공납 부담으로만 작용했다. 이로 말미암아 그 귀중한 황칠나무가 백성들에게서 밤마다 몰래 찍어내는 악목 취급을 당하고 말았으니, 이를 바라보는 정약용의 심정이 얼마나 답답했을지 상상이 간다.

이와 같은 상황이 계속되자 고대 동아시아 최고의 도료로 인정받던 황칠은 조선 후기에 점점 줄어들다가 마침내 생산이 끊기고 말았다. 황칠이 다시 부활한 것은 1990년대 초 완도·보길도·제주도 등지에서 야생의 황칠나무가 발견되고 나서부터다. 황칠나무 양묘단지가 조성되고 연구기관도 설립되어 다시 중요한 임목으로 조성되는 중이다. 최근에는 황칠나무가 건강식품 등으로 활용도가 넓어지고 있다.

어디 황칠나무뿐이랴! 감귤나무 또한 그러했다

황칠나무처럼 백성들에게 악목이 되었던 나무는 또 있다. 제주도에서 자라는 감귤나무다. 감귤은 제주도의 대표적인 특산물로서 약용, 생과일용, 특히 제향천신용祭享薦新用으로 중요하게 사용되었다. 조선시대 감귤은 왕가의 사람들이나 중앙관리들, 조선에 온 외국 사신들이나 맛볼 수 있는 귀한 과일이었다. 특별히 성균관 유생들의 사기를 높이고 학문을 권장한다는 뜻에서 그들에게 감귤을 내려주었는데, 이런 때에 종종 황감제黃柑製라는 과거를 치러 우수한 인재를 선발하기도 했다.

조선은 초기부터 고려시대의 풍습을 답습해, 제주도에 관영 과원을 설치하고 감귤나무를 관리했다. 하지만 관영 과원의 생산량이 적었기 때문에 중앙에서 필요로 하는 막대한 양의 감귤진상은 농가 생산에 의존할 수밖에 없었다. 그런데 일반적인 농정업무를 호조가 담당한 것과 달리, 감귤 재배 행정은 공조工曹 소속 장원서掌苑署에서 담당할 만큼 감귤은 왕실의 특별 관심 대상이었다.

조선 초기에 진상되는 감귤의 수량은 대략 4만 개 정도였으나, 17세기 중반에는 약 8만 개까지 진상되다가 19세기 중엽에는 10만 개를 넘기도 했다. 1개당 평균 100g으로 보면 10만 개는 10톤에 해당된다. 1년 평균 50~60만 톤이나 생산되는 요즘과 비교하기는 어렵지만, 당시에는 대단히 많은 양이었을 것으로 추산된다.

하지만 감귤 생산은 제주도 농민들에게 소득 증대에 기여하기는 커녕 도리어 재앙으로 작용했다. 1601년 8월 안무어사로 제주에 왔던 김상헌1570~1652은 《남사록南槎錄》에서 감귤나무로 야기되는 백성들의 고통을 이렇게 적었다.

"매년 7, 8월에 목사는 촌가에 감귤 있는 곳을 순시하면서, 붉은색 글씨로 낱낱이 표시하고 장부에 적었다가 감귤이 익을 날이면 장부에 따라서 납품할 것을 조사하고 혹 바람과 비에 손상을 입거나 까마귀나 참새가 쪼아 먹는 것이 있으면 그 나머지를 집주인으로부터 징수하고 만약 납품하지 못할 때에는 책임소재에 따라 벌을 내렸다. 이 때문에 민가에서는 감귤 보기를 독약과 같이 하고 잘 재배를 하지 아니하며, 나무 있는 자도 또한 잘라버려서 관가 질책의 근심을 면하였다."

김상헌의 견문처럼, 제주도 민가에 감귤나무가 자라면 관리가 가서 집주인을 그 주인으로 정하고 그 열매를 따서 바치게 했다. 이렇게 감귤나무 주인이 된다는 건 그야말로 마른 하늘에 날벼락이나 마찬가지의 재앙이었다. 일단 그렇게 지정받고 나서 가령 감귤이 조사받은 것보다 적을 경우 심하면 절도죄로 몰릴 수도 있었기 때문이다. 감귤나무에서 나는 과일을 전부 관에서 가져가는 일도 허다하게 발생하니, 자연히 감귤나무 재배를 기피하는 현상이 나타날 수밖에 없었다. 육지로의 감귤 수송은 해로를 통해야 했다. 따라서 기상악화로 배가 전복되거나, 순풍을 기다리다가 감귤이 썩어버리거나, 운반도중 짓눌려서 훼손되는 경우도 생겼다. 감귤 진상은 그 자체가 까다롭고 어려운 일이었다. 이렇게 진상품에 문제가 생기면 관리들은 이런 부담을 농민들에게 다시 지우는 경우도 있었다. 그래서 제주도 민가에서는 감귤나무의 싹이 나면 끓는 물을 부어 죽이기도 했다.

1748년 1월 10일 영조재위:1724~1776는 제주도에서 근무하다가 올라온 동부승지 한억증1698~?에게 감귤 진공의 폐단을 물어보면서 이러한 풍습이 사실이냐고 물어보자, 한억증은 사실이라고 대답했다. 이러한 상황이다 보니 제주도 특산물인 감귤나무를 생산하는 과수원의 발달이 제대로 이루어질 수가 없었던 것이다.

조선에서는 이러한 폐단을 줄이기 위해 감귤의 진상량을 다소 줄여주기도 하고 제주 곳곳에 과원을 설치하고 군사들로 지키게 했다. 1526년 5개였던 과원은 19세기에는 54개로 늘어 민가의 감귤을 징수하는 폐단이 다소 줄어들기는 했다. 그러나 공물납부의 폐해가 완전히 사라진 것이 아니어서 제주도민들의 감귤 재배 기피현상은 점점 심해져만 갔다.

조선에서는 감귤을 남해안 일대, 심지어 강화도 부근까지 이식·재배 시도를 해보고 감귤 재배에 선진적인 농가에 대해서는 시상도 하는 등 감귤 증산을 위해 갖은 노력을 다했다. 이와 관련해 1489년 2월 24일자《성종실록》에는 감귤 재배를 권장하는 임금의 전교傳敎가 기록되어있다.

"내가 듣건대, 제주 백성이 감귤나무를 가진 자가 있으면 수령이 열매가 맺고 아니 맺는 것을 따지지 않고 괴롭게 징수하므로 이로 인해 백성들이 살수 없어서 나무를 베고 뿌리를 없애는 자까지 있다고 하니, 이는 다름이 아니라 해로움만 있고 이익이 없기 때문이다. 만약 이런 나무를 심는 자가 있으면 그 집에 조세를 면제해주거나, 혹은 후하게 상을 주면 백성들이 반드시 나무 심기를 기뻐할 것이다. 해당관청으로 하여금 의논해 아뢰게 하라."

| 감귤나무 | 제주도의 대표적인 특산물. 조선시대에는 지배층의 잘못된 수탈 정책 때문에 제주도민의 소득을 향상시키지도, 행복을 증진시키지도 못했다.

하지만 실제로 조세 면제가 이루어졌는지는 확실하지 않다. 설령 한때는 면제가 되었다고 하더라도, 앞서 언급한 것처럼 관리들의 수탈이 더 극심해져 제주도민들은 감귤나무를 미워해 없애려고 했으니, 조선의 특산물 정책은 성공하지 못했다. 다시 말해 황칠과 감귤은 조선 백성들을 위한 생산물이 되지 못했다. 그런데 과연 조선에서 특산물이 백성들의 삶을 윤택하게 하는 방법은 전혀 없었던 것일까?

이덕리의 '차'에 대한 특별한 시선

정책 당국자들이 발상의 전환을 했다면, 백성들의 삶은 충분히 달라질 수 있었을 것이다. 특히 차에 대한 새로운 생각을 한 이덕리, 인삼을 조선의 대표적인 수출품으로 만든 개경 상인들의 사례가 이런 가능성을 잘 보여준다.

1763년 조선통신사로 일본을 다녀왔고 1774년에는 종2품 오위장

五衛將으로 창경궁 수비 책임까지 맡은 바 있던 이덕리1728~?는 1776년 진도로 귀양 와서 18년 넘는 유배생활을 했다. 그는 1785년 무렵 《강심江心》이란 책에 실린 〈기다記茶〉라는 글을 썼는데, 이 글은 흔히 〈동다기東茶記〉로 알려져 있다. 5단락으로 된 서설과 15항목으로 이루어진 본문에서 이덕리는 차에 대한 자신의 소견을 밝혔다.

이덕리는 차가 국가에 보탬이 되고 민생을 넉넉하게 할 금은주옥보다 소중한 자원이라고 보았다. 그리하여 우리나라도 차를 만들어 중국의 은이나 말, 비단과 교역을 하면 국가에 보탬이 되고 민생을 넉넉히 할 수 있다고 역설했다. 조선의 차는 색과 향, 기운과 맛에서 중국 것에 조금도 뒤지지 않는다고 강조했다. 그는 중국이 차를 통해 부국강병을 유지하는 비결을 열거했는데, 중국에서는 백성들이 차에 대해 일정한 세금을 낸 이후 남은 차를 사사로이 판매할 수 있도록 허용하고 있다는 점을 지적했다.

조선에서 차 100만 근을 생산하면, 수익이 50만 냥이 될 것이라고 예상했다. 그는 만약 조선이 차를 생산하는 것을 청나라가 알면 반드시 공물로 바치라고 할 것이니 새로운 폐단을 만드는 격이 된다고 우려하는 이들에게도 일침을 놓았다. 만약 수백 근의 차를 청에 보내 천하로 하여금 조선의 차 생산을 알게 하면, 청의 상인들이 수레를 몰고 책문을 넘어 우리나라로 몰려올 것이라고 했다. 그렇다면 100만 근이라도 판매에 문제가 없을 것이니, 무역 규모에 제한을 두지 말자고 했다. 차 재배로 수백만 냥의 세수가 생기면, 국방을 튼튼하게 하는 비용으로 쓰고, 백성들의 세금도 감해주는 등 다양하게 이용할 수 있다고 주장하였다.

그는 차가 잠을 적게 잘 수 있도록 도와주므로 숙직하는 사람들이나 베틀을 짜는 여성, 공부하는 선비 모두에게 유용한 물건이라고 강조했다. 그럼에도 조선 사람들이 작설차 정도를 약용에 쓸 뿐 일반적으로 차를 일상에 잘 이용할 줄 모르고 있다고 지적했다. 그러면서 그는 차가 울타리, 섬돌 옆에서도 자라고 있는데 사람들이 거들떠보지 않고 있음을 안타까워했다. 하여튼 조선이 자신의 숨은 보물을 알아보지 못하고 있음을 지적하는 한편 이제 차 문화를 널리 보급하고 차를 적극 재배해 무역에 나서면 조선도 부국강병의 길로 나아갈 것이라고 역설했다.

이덕리의 말처럼 차를 적극적으로 재배해 무역으로 이익을 얻었다면 그 후의 조선의 모습은 과연 어땠을까? 아쉽게도 차 무역을 통해 국가 경쟁력을 강화시키려는 그의 주장은 조선 조정의 어떤 사람도 사려깊게 주목하지 않았고 그리하여 끝내 사장되고 말았다. 만약 조선에서 차, 황칠의 이익이 백성들에게까지 미치도록 시스템을 갖추고 적극적으로 차나무와 황칠나무를 심어 주요 수출품으로 육성하고 교역했다면 어땠을까?

홍삼은 어떻게 조선 최고의 특산품으로 자리잡았나?

이런 중에 조선에서도 성공적으로 변신한, 정말 특별한 특산품이 있다. 바로 인삼을 가공한 홍삼이다. 조선의 대표적인 특산물인 인삼은 담배, 해삼 등과 더불어 조선 후기의 주요 수출품이었다. 조선 초기에는 인삼이 산에서 채취하는 자연삼인 탓에 생산량에 한계가 있었다. 그런데 17세기 말~18세기 초에 인삼 채취산삼에서 인삼 재배인삼로 변화가 생겼다. 특히 1724년 개경사람 박유철 등이 햇빛을 가리는 농사법을 개발해 대량으로 재배하는 데 성공했다. 서유구1764~1845의《임원경제지林園經濟志》에는 제주도를 제외한 전 국토에 인삼이 분포한다고 해놓았을 정도로 인삼 재배는 전국으로 확대되었다.

인삼 재배가 성행하자 덩달아 가공 기술도 발전했다. 4~5년 된 인삼을 밭에서 뽑은 것을 수삼생삼이라고 했는데, 수삼은 수분을 포함하고 있어 오래 보존할 수 없다. 그래서 수삼의 부패를 방지하기 위해 자연 건조시켜 백삼건삼을 만들었다. 하지만 백삼 또한 수삼보다 보존기간이 길어지긴 했지만, 역시 오래 되면 부서지고 마는 문제가 있었다. 그래서 일찍부터 작은 인삼을 혼합해 끓여 말려 파삼破蔘, 등외삼을 만들기도 했다. 인삼을 가공하는 방법 가운데 가장 효과적인 것은 시렁 위에 생삼을 얹고 시렁 아래에 피우는 숯불로 그걸 쪄 홍삼으로 만드는 것이었다. 이 방법이 인삼을 오래 보관할 수 있는 방법으로 자리 잡히자, 홍삼을 제조하는 증포소가 전국 각지로 늘어났다. 조선 홍삼은 요동지역 인삼이 사실상 멸종된 것과 맞물려 급속히 확대되었다.

1797년 조선 정부는 홍삼 무역을 공인하면서 매우 중요한 재정재원 가운데 하나로 인식했다. 그러자 홍삼 무역량은 40년 만에 120근에서 4만 근으로 급격히 늘어났다. 홍삼이 아편에 찌든 중국인들에게 특효라는 소문이 퍼지는 바람에 수요가 빠르게 늘어났기 때문이다. 의주상인 임상옥1779~1855은 1821년 사신단을 따라 청나라에 갔을 때 베이징 상인들의 불매 동맹을 교묘한 방법으로 깨뜨리고 원가의 수십 배로 홍삼을 매각하는 등 막대한 이익을 거두었다. 19세기 초 홍삼 무역은 대략 3.5배에서 7배 정도의 이윤이 남는 장사였다. 한때 홍삼 무역으로 정부가 거두는 세금이 20만 냥을 넘기도 했다. 대원군은 군비확충을 위해 홍삼 무역세를 활용하기도 했다. 당시 홍삼은 2000년대 한국의 반도체, 자동차, 휴대폰에 비교될 만한 대단한 수출품이었다.

그럼 황칠이나 감귤과 달리 홍삼의 수출이 크게 늘어났던 이유는 과연 무엇일까? 그것은 조선 농민들이 인삼을 재배하고 홍삼 만들기에 힘쓰면 큰 이익을 얻을 수 있었기 때문이다. 생산에 직접적으로 관여된 사람들이 현실적으로 이익을 누리도록 보장해주는 제도가 마련돼 있었다는 것이 큰 차이였다. 인삼 재배로 이익을 얻는 농민들로선 인삼을 뽑아버릴 일도, 홍삼 만들기를 외면할 일도 없었다.

그릇된 정책은 보물을 쓰레기로 만들어

황칠은 밭작물이 아니라, 산림자원이다. 앞서 온돌과 관련해서 이야기했듯이, 조선에서 산림은 국유지였다. 조선에서 산림은 소유권이 불분명했다. 유럽의 경우는 근세 초기에 개인주의 사상이 확립되고 계약자유의 원칙과 더불어 사유재산제도가 확립된 것이 자본주의를 발전시킨 원동력이 되었다. 개인의 사유재산은 왕이라도 함부로 침해할 수 없도록 법으로 규정되기도 했다. 하지만 조선에서 산림은 그렇지 않았다.

조선은 모든 백성이 산림을 공유한다는 자연자원 이용원칙에 기초를 두고 산림 공유 제도를 시행했다. 하지만 건국 후 100년이 채

안 돼 세도가들이 산림을 사사로이 점유하기 시작했고 일반 백성들은 땔감 수요 때문에 산림을 파괴했다. 그렇지만 세도가의 산림 소유는 법적으로 공인된 것이 아니라 권력의 향방에 따라 언제든지 바뀔 수 있었다. 조선의 토지는 토지대장에 근거해 매매가 가능했지만 산림은 토지대장에 등록되어있지 않아 소유권과 이용권 확정이 불가능했다. 조선 후기 산림에 대한 법적 권리분쟁인 산송山訟-묘지에 관한 소송이 크게 늘어나지만 사적 소유권이 사법적·행정적으로 완전히 확립되지 않았다. 그 결과 산림자원을 이용만 할 뿐 관리하는 주체가 없었고 이에 따라 자연히 산림을 적극적으로 보호할 필요성을 느끼는 사람들 또한 존재할 수 없었던 것이다.

조선의 보물 황칠나무는 누구의 소유도 아닌 국가 소유였지만, 왕은 황칠나무를 채취하는 비용을 백성들에게 지불하지 않았다. 그런 까닭에 백성들은 황칠나무를 통해 아무런 이익을 얻을 수 없었다. 만일 황칠나무를 백성들이 개인적으로 소유하고 값비싼 황칠수액을 팔아 이익을 얻을 수 있게 해주었다면 아마도 조선 천지에 황칠나무를 몰래 베어내는 사태는 벌어지지 않았을 것이다. 황칠나무가 개인 소유가 아니었기 때문에 상인들도 황칠수액 생산에 투자할 수 없었다. 관리들도 황칠나무를 개인적으로 소유하지 못했기에 단지 백성들로 하여금 공납으로 납부하는 황칠수액을 일부 빼돌리는 정도로만 이익을 갈취했을 뿐이다. 감귤나무도 마찬가지였다. 그나마 감귤은 정부에서 과원을 만들고 감귤나무 주인을 정하기도 했지만 황칠나무는 이러한 관리조차 없이 그저 수탈만 횡행할 뿐이었다.

조선에서 수령의 임기는 최대 60개월까지 가능했지만 실제로는 이 기한이 거의 지켜지지 않았다. 특히 조선후기에는 임기가 더욱 짧아졌다. 또한 특정 지역을 잘 다스리는 능력과 공적보다 상납이나 연줄로 출세가 좌우되는 상황에 놓인 지방관이 그 지역의 공유지인 숲을 제대로 관리할 것이라고 기대하기는 어려웠다. 짧은 임기로 인해 지방의 행정실무를 제대로 모르는 수령이 자리하고 있으므로 정약용이 지적했듯이 행정실무를 맡은 아전들은 수령을 제쳐놓고 심한 농간을 부릴 수 있었던 것이다.

조선의 특산물 황칠이 세계적인 상품이 되지 못하고 황칠나무가 농민들에 의해 사람을 죽이는 나쁜 나무로 여겨져 마구 베이어 멸종 위기까지 몰린 것은 조선의 잘못된 정책 및 관리 소홀 탓이었다. 이덕리가 지적한 바를 원용援用해 정책을 바꾸어 집행했다면 황칠이나 차가 훌륭한 상품이 되어 조선시대 백성들의 삶을 조금은 풍요롭게 했을지도 모른다. 황칠나무에서 얻는 이익을 백성들에게 돌아갈 수 있도록 해주었더라면 백성들이 황칠나무를 마구 베어내기는커녕 남에게 뒤질세라 열심히 식목에 나섰을 것이다. 어쩌면 사방천지에 쭉쭉 황칠나무가 자라고 황칠을 구하기 위해 외국인들도 널리 찾아와, 조선의 사회 경제적 변화를 좀 더 빨리 가져오게 했을지도 모를 일이다.

노비제도

너무나 부끄러운 파렴치의 극치

드라마 추노推奴가 안긴 충격

TV드라마 가운데 지금도 필자의 기억에서 지워지지 않는 드라마 가 하나 있다. 2010년 KBS에서 방영된 《추노》다. 남녀 주인공의 3각 관계도 재미있게 묘사했지만 무엇보다 1회와 2회 방송분에서 집중 적으로 소개된 17세기 추노꾼들의 활동과 양반들이 노비를 대하는 태도를 정면으로 부각시킨 장면들이 잊히지 않는다. 드라마 시청자 들은 대개 주인공에 감정이입을 하면서 시청한다. 하지만 필자는 이 드라마에서만큼은 핍박받는 노비들에게 저절로 감정이입이 되었다. 그러다보니 주인공 추노꾼으로 등장하는 배우 장혁이 엄청 나쁜 놈 으로 보였고 노비 주인인 양반들을 때려주고 싶다는 증오심이 저절 로 생겨났다.

필자는 2010년까지 추노꾼에 대해 알고 있었거나 배웠던 기억조 차 없었다. 하지만 드라마 때문에 조선시대 노비문제, 그들의 해방

문제에 관심을 갖게 되어 이모저모로 살펴보게 되었다. 그런데 막상 공부를 해보니 너무나 놀라운 사실에 직면했다. 17세기 조선의 인구 구성상 노비의 비율이 전체인구의 30%를 넘어 50%에 육박했다는 사실이다. 조선 건국 초만 해도 노비의 비율은 대략 10% 정도였다. 그런데 불과 몇 십년만에 노비의 비율이 현격히 높아지기 시작했다. 《성종실록》 9년1478 4월 8일자를 보면 "지금 백성 가운데 천민이 10 의 8, 9 이고, 양민은 겨우 1, 2에 불과하며, 편하고 넉넉한 자는 모두 사노비이고 빈곤한 자는 공노비와 양민이다."라고 기록할 정도였다. 이 기록이 당시의 상황을 어느 정도 반영하고 있는지에 관해서는 정 밀하게 따져봐야 하겠지만 노비의 숫자가 심각하게 우려할 정도로 늘어난 것만큼은 분명하다. 도대체 왜 이렇게 노비의 숫자가 늘어난 것일까?

몽골제국도 못 바꾼 고려의 노비제도

1300년 몽골의 정동행성 책임자로 활리길사闊里吉思라는 인물이 고려에 왔다. 정동행성은 시기에 따라 위상이 많이 바뀌는데, 이때 는 고려의 내정을 실제로 통치하던 수준이라 보아도 무방하다. 활리 길사는 '양인과 천민이 결혼하여 아이를 낳았을 때, 부모 중 한 사람 이라도 노비이면 노비로 삼는' 일천즉천一賤則賤, 곧 종천법從賤法 제 도에 문제가 있다고 보고 이를 개혁하려 했다. 종천법이 언제 비롯되 었는지는 알 수 없지만 전쟁 포로 확보가 어려워진 상황에서 노비를 안정적으로 확보하기 위해 도입된 것으로 추정된다. 그런데 종천법 이 시행되면 노비는 늘어나지만 양인은 줄어든다. 이렇게 되면 양인

| ⟨윤단학 노비허여문기 및 입안尹丹鶴 奴婢許與文記 및 立案⟩ | 보물 제
483호. 고려 공민왕 3년1354에 윤광전이 그의 아들 윤단학에게 노비를 상속
한다는 내용을 담고 있다.

의 세금으로 충당하는 국가 재정에 심각한 문제가 생기고 국방에 필
요한 병사 동원이 어려워진다. 종천법은 오직 노비 소유주들에게만
이익이 돌아가는 제도였다.

그래서 활리길사는 그 타개책으로 부모 가운데 한 사람이라도 양
인이면 양인으로 삼아야 한다고 강력히 주장했다. 하지만 고려의 귀
족들이 이를 강력히 반대했다. 그렇게 되면 자신들의 재산을 몰수당
하는 것이나 다름없다고 보았다. 이는 당파를 떠나 당시의 지배층 모
두의 생각이었다. 그들은 몽골 조정에 로비활동을 펼쳤다. 결국 활리
길사는 노비제도를 고려의 관습이라며 수용하고 만다. 그런 소동 끝
에 그는 1년만에 파직되고 말았다. 고려 정부는 활리길사에 의해 노
비에서 양민으로 해방된 자들을 다시 노비로 돌려놓는 작업에 돌입
했다. 고려 지배층은 조정을 틀어쥔 몽골 관리의 개혁 정책마저 무위
로 돌릴 만큼 노비문제에 대해 민감하게 대처했던 것이다.

고려 말의 지배세력은 광대한 농장을 소유했다. 농장 확대는 양인
농민의 사민私民(귀족에게 매여 그 통제를 받고 국가의 공공사업에 관여하지 않

던 백성)화, 노비화를 촉진해 국역 부담자를 감소시켰다. 이렇게 되면 자연스럽게 남아있는 양인들에게 부담이 추가로 가중되고, 이 때문에 고려 말에는 노비가 전인구의 3분의 1을 차지할 만큼 늘어나 정상적인 국가 운영이 어려웠다.

종부위량법을 혁파시킨 사대부의 본심

이런 고려를 뒤집어엎고 권력을 잡은 이성계와 신흥 사대부들이 조선을 건국했다. 그들은 권문세족과 거대사찰이 보유한 거대 농장에 속한 노비들을 해방시키는 한편, 1392년에 양인과 천민 사이의 결혼을 금지하되 다만 그 자식은 양인으로 삼는다는 법을 통과시켰다. 조선은 양인을 근본으로 삼아 신분제를 정착시키는 한편 양인 농민들이 잘 사는 나라를 만들고자 했다. 양인이 늘어나려면 공사노비제의 정비가 필수적이었다. 그래서 태종은 1414년 6월 27일 "어머니를 따라 노비가 되는 천자수모법賤者隨母法 때문에 노비가 늘고 양인이 날로 준다고 비판하며, 공노비와 사노비가 양인 남편에게 시집가서 낳은 자식은 아비를 따라 양인으로 삼으라는 종부위량법從夫爲良法을 당장 시행하라."고 명하였다. 이는 아버지가 양인이기만 하면, 자식들이 모두 양인이라는 뜻이다. 이 법의 시행으로 양인 남자들은 여자 노비와 결혼해도 문제가 없었다. 반면 노비가 절대적인 생산수단이자 부를 축적하는 근원이었던 양반 관료들은, 여자 노비가 양인 자식을 낳아 양인에게 주어버리게 만든 종부위량법에 불만이 많았다. 여자 노비가 노비를 낳지 않으면, 노비는 줄고 양인은 늘기 때문이었다.

이 법이 즉각 시행됨에 따라 당연히 노비가 크게 줄어들었다. 하지만 노비가 절대적인 생산수단이자 치부의 근원이라 보는 양반 관료들은 종부위량법에 불만을 품고 이 법의 문제점을 파고들었다. 그들은 "여자 노비가 자신이 낳은 자식을 양민으로 만들고자 양인을 끌어들여 아이의 친아비라 일컫는 문제가 생기는 것만큼은 바로잡아야 한다."고 법을 고치라며 아우성을 쳤다. 세종은 이 문제에 대해 1425년 공사노비가 양인 남편에게 출가할 때에는 소속 관청이나 노비 주인에게 신고한 후 출가하도록 한다는 조치를 내린 바 있었다. 노비 주인이 신고만 해도 노비가 자식을 양인으로 만들기 위한 억지 결혼은 충분히 예방할 수 있었다. 세종의 조치는 법의 사각지대에서 생겨나는 문제는 얼마든지 실무적으로 통제할 수 있다는 생각이었을 것이다. 하지만 종부위량법에 반대하는 세력은 누차에 걸쳐 세종에게 상소를 올렸다. 법률 폐지의 목적은 단순히 여자 노비가 자식을 양인으로 만들기 위해 동원하는 편법을 바로잡기 위함이 결코 아니었다. 진짜 목적은 노비의 수를 늘려 자신들의 재산증식을 도모하자는 것이었다.

그런데 이런 종부위량법 폐지에 앞장선 인물은 뜻밖에도 우리에게 명재상의 모범처럼 알려진 맹사성1360~1438이란 인물이다. 조선 초기 법제와 제도를 마련하기 위해 설치한 임시기구인 상정소詳定所가 있다. 상정소의 우두머리인 제조提調였던 맹사성은 1432년 3월 15일 종부위량법을 폐지하고 천자종모법의 재시행을 주장했다. 세종은 3월 25일에 이를 논박하며 다음과 같이 말하며 종부위량법 시행을 재확인했다.

"하늘이 백성을 낳으매 본래 귀천의 차별이 없는 것인데 고려에서 천한 자는 어미를 따른다는 법賤者隨母法을 세웠으나, 양인의 자손을 도리어 천인으로 삼는 것은 진실로 하늘의 이치에 맞지 않는 일로서 영구히 통용할 만한 법이 아니므로, 태종께서 대신들과 함께 심사숙고하여 드디어 아비를 좇아 양민으로 한다는 법從父爲良法을 세운 것이니, 이것은 만세의 아름다운 법이다."

양인을 잘 먹여 살리는 것을 무엇보다 중요하게 여긴 유교의 민본사상民本思想을 수용한 조선에서 양인을 노비로 만드는 것은 천리에 어긋나며, 부계父系 계승 원칙을 강조한 조선에서 아버지의 신분을 아들이 잇는 것은 당연하다는 논리였다. 이 논리는 아무도 반박할 수 없었다. 이것을 잘못 건드리면 사회체제의 근간이 흔들릴 것이기 때문이었다.

하지만 3월 26일 새로운 반격이 나왔다. 맹사성은 "남자 노비가 양인 여자와 결혼할 경우, 아비를 따라 천민이 되어야 한다."는 주장을 편 것이다. 세종은 양천교혼良賤交婚 즉 양민과 천민의 결혼을 불법으로 간주하는 상황인 만큼 이 법은 불필요하다며 반대했다. 다만 천민이 양인과 혼인할 경우 이를 법으로 처벌하면 된다는 입장이었다. 하지만 맹사성 등은 계속해서 노비 주인의 입장을 대변하면서 종부위량법의 약점을 공격했다. 사노비가 자기 자녀를 양인으로 만들기 위해 양인 남편을 얻게 되면 백년도 가기 전에 천민이 다 사라질 것이고 법을 어기는 자가 너무 많아서 그 죄를 처벌할 수도 없게 될 것이니, 양인과 천민의 간통은 엄금하는 한편 그 범법 행위로 낳은 자식은 노비 주인에게 돌려주자는 주장을 펼쳤다. 그 주장은 겉으로는 노비가 사라지는 것을 막아야 한다는 것이었지만 내용상으로는 노비를 늘리자는 요구였다. 조선 정부 역시 관청에서 공노비를 부리고 있었던 만큼 노비제도를 폐지시킬 수는 없었다.

결국 세종은 공사 여자 노비의 양인과의 혼인을 금지시키는 한편 법을 어겨 양인에게 시집간 여자 노비가 낳은 자식은 주인에게 돌려주어 노비로 삼자는 상정소의 주장을 받아들였다. 이것은 양인 아비의 자식을 양인으로 삼자는 종부위량법의 폐지를 의미한다. 아울러 세종은 1436년 6월 23일 의정부에서 주장한 아내가 양인이라도 노비 남편과의 사이에서 낳은 자식 또한 본 주인에게 노비로 주게 하라는 정책마저 받아들였다. 결국 세종은 권세가들의 공세에 휘말려, '남편과 아내 가운데 어느 한쪽이라도 노비이면 그 자식은 모두 노비로 삼는' 일천즉천一賤則賤에 따른 종천법從賤法을 받아들인 것이다. 역사상 명군으로 꼽히는 세종이지만 노비정책에서만큼은 너무도 중대한 실책을 저지르고 말았다. 이제 조선에서는 한 번 노비가 되면 그 자손들은 영원히 굴레를 벗어날 수가 없게 되었다. 이로써 노비의 숫자가 확대일로를 걷게 되었다.

사대부들은 노비지배의 합리화·정당화를 위해 주자학의 명분론을 들먹이기도 했다. 사대부들은 상하, 존비, 귀천의 사회적 구분이 우주 질서와 같이 절대적이라고 보았다. 따라서 비천한 노비가 주인을 섬기며 봉사하는 것은 당연하다는 것이다. 사대부들은 노비제도가 성인인 기자箕子가 창시한 제도이며, 노비로 인해 예의와 염치를 알게 되므로 사회체제 유지에 도움이 되는 아름다운 풍속이라고 강조했고, 노비는 양인과 구별되는 존재로서 다스림의 대상이 아니라 형벌의 대상이라고 보았다.

유럽과 중국의 노예(노비)제도 개괄

자신들의 믿는 종교를 통해 노비제도를 합리화시킨 것은 가톨릭에서도 마찬가지였다. 16세기 중반 남아메리카에서는 인디오들의 지위와 권리를 놓고 이른바 바야돌리드 논쟁1550~1551이 벌어졌다. 이 논쟁의 한쪽 주역인 라스카사스 신부는 "아메리카 인디오들도 영혼과 이성이 있으므로 노예로 간주하여 잔인하게 다루는 에스파냐 정복자들의 행위를 금지시켜야 한다."고 주장했다. 반면 에스파냐의 철학자 세풀베다는 "인간계에는 자연본성에 따라 주인이 될 사람과 노예가 될 사람이 있다."고 주장하며 정복과 식민 지배를 정당화했다. 중재를 맡은 교황은 "포교를 위해 인디오는 저급한 인간이지만 교화시켜야 하고, 그러므로 노예로 다루는 행위를 금지시켜야 한다."고 정리했다. 하지만 아메리카에 대규모 농장을 세운 에스파냐 귀족들이 부리는 흑인 노예에 대해서는 아무런 비판도 가하지 않았다. 결국 이 논쟁이 끝난 후 아프리카에서는 대규모 흑인 노예사냥이 벌어졌다. 당시 천연두에 의해 거의 몰살당한 인디오들보다 흑인 노예를 부리는 것이 에스파냐 정복자들에게는 더 이익이었다. 결국 이 논쟁은 유럽인들의 자기합리화로 끝을 보고 말았다.

〈창세기〉를 보면 "하느님이 자기 형상 곧 하느님의 형상대로 사람을 창조했다."고 하였고, 〈요한복음〉에는 "하느님이 세상을 이처럼 사랑하사 독생자를 주셨으니 이는 그를 믿는 자마다 멸망하지 않고 영생을 얻게 하려 하심이라."고 하였다. 이는《성경》이 보여주는 평등사상의 표현이다. 하지만 당시 유럽의 가톨릭 신자들은 물론, 교황까지도《성경》과 달리 현실의 노예제를 옹호했다. 어느 사회나 권력에 의해 왜곡되는 보편주의가 있기 마련이다.

조선 사대부들은 송의 사대부들을 본받는다고 했지만, 송나라가 취한 노비제도만큼은 전혀 따르지 않았다. 당나라는 전체 인구 5,000만 가운데 약 4%인 200만 정도가 노비라고 알려져 있다. 당나라 말기와 5대 10국 시기의 혼란을 거쳐 건국된 송나라는 양민을 불법적으로 노비로 삼는 것을 엄격히 금지했다. 양민이 많아야 국가 운영이 원활하게 이루어진다는 것을 잘 알았기 때문이다. 물론 노비 자체는 존재했지만 영구적이지 않았고 주인과 고용관계에 있었다. 따라서 상속 및 매매를 하는 노비란 법적으로 존재하지 않았다. 당나라에서 노비를 매매할 경우 관에 문서를 제출해야 했지만, 1029년에 편찬된 송나라 법령인《천성령》13조에는 아예 노비 매매를 제외시켰다. 따라서 송나라에서는 노비를 사고팔지 못했다.

조선의 법체계는 명나라의《대명률》을 근간으로 삼았다.《경국대전》에 없는 내용은 명나라의 법에 따라 법집행을 한 나라가 조선이다. 그런데《대명률》에는 남자 노비가 양인 처를 취하는 것을 금지하여 양인의 자식이 노비로 전락되는 길을 막아 양인을 확보하려는 국가의 의지가 반영된 반면, 1476년에 완성된《경국대전》에는 남자 노비가 여자 노비를 취하여 낳은 자식의 소속만 규정되어있을 뿐 양인과 천민의 결혼을 금지하는 규정이 없다. 즉 양인의 자식이 노비로 전락할 수 있도록 길을 열어놓은 것이다. 이처럼 조선 사대부들은 노비 문제에서만큼은 성리학을 탄생시킨 송나라 사대부들과 전혀 다르게 행동했고 명나라의 법도 따르지 않았다.

사리사욕을 버리지 못한 것은 유럽의 제국주의자들이나 조선의 사대부들이나 별반 다르지 않았다. 기독교를 믿건 유학을 믿건 간에 현실의 이익을 우선시할 뿐이었다. 정의를 외치던 종교가 왜곡된 현실을 도리어 정당화시켜주는 도구로 전락되는 사례는 역사상 너무나 흔하다.

늘어나는 노비, 줄어드는 양인, 위기의 조선

세조, 예종, 성종 연간에는 여러 차례의 정치적 격변이 일어나면서 왕권이 약화되었다. 반면 공신들의 권력이 강해지면서 무분별하게 토지를 겸병하는 일이 잦았다. 제도가 문란해지면서 그 피해는 고스란히 백성들의 몫이었다. 권세가의 노비가 늘어날수록 양인은 줄어들었다. 양인이 줄자 남은 양인들이 짊어져야 할 국역國役 부담은 커져만 갔다. 국가가 필요로 하는 국역의 양이 100이라 할 때, 양인 100명이 있다면 각자 1을 부담하면 된다. 하지만 양인이 50명으로 줄면, 각자 1이 아니라 2를 부담해야 한다. 양인으로선 사역私役 즉 노비가 되어 주인에게 부담하는 것보다 국역 부담이 클 경우, 차라리 자발적으로 노비가 되는 투탁投託을 고민하게 된다. 결국 양인들은 생존을 위해 차라리 노비가 되는 길을 선택하고 마는 것이다. 국가 및 지배층의 수탈이 본격화되는 15세기 말부터 노비 투탁 사례가 늘어난 까닭은 과중한 국역 탓이었다.

권세가들은 양인들에게 재물을 빌려준 후 이를 갚지 않으면 채무 노비로 삼기도 했다. 하지만 '양인을 억압해 노비로 만드는' 압량위천壓良爲賤보다 권세가들은 더 손쉬운 방식을 강구해냈다. 즉 투탁 의사가 있는 양인들을 골라 자기 소유의 노비와 혼인시킨 뒤 그들의 소생을 노비로 만드는 것이었다. 이런 확대 재생산 방식을 선호한 까닭은 강제로 양인을 노비로 만드는 불법성이 희석되었기 때문이다. 노비제도가 바뀐 세종 말엽부터 노비의 숫자는 급격하게 늘어나, 조선 초만 해도 불과 10%에 불과하던 노비의 숫자가 15세기 후반에 벌써 인구의 3분의 1이 넘었다. 특히 노비 남편과 양인 처가 낳은 노비의 비율이 전체 노비의 4분의 1~3분의 1이나 되었다.

15, 16세기 상속문서인 분재기分財記를 보면 양반사족의 노비 보유 규모가 급속히 팽창하고 있음을 확인할 수 있다. 태종과 세종은 사대부들의 노비 소유를 제한하려는 법奴婢限定法을 만들려고 노력했지만 조직적인 반대에 부딪혀 이마저도 시행하지 못했다. 그 결과 하급직이라도 중앙관리를 지낸 양반은 200~300구, 고관이면 400~600구의 노비를 거느리고 있었다. 1494년 홍문관 부제학정3품 이맹현의 분재기에는 그가 거느린 노비의 숫자가 758구로 기록되어있다. 심지어 세종의 8째 아들인 영응대군1434~1467과 세종의 5째 아들인 광평대군의 손자 남천군1458~1519이 거느진 노비는 각기 1만 명에 달했다.

재산을 빠르게 축적하게 된 사대부들은 이를 바탕으로 왕권을 넘보았다. 명나라에서 "조선은 신하들의 힘이 강한 나라"라고 부른 것은 이런 연유도 있다. 반면 노비가 늘어 양인이 줄어들자, 국가에서는 군역을 비롯한 국역 담당자를 확보하기조차 어려워졌다. 자연히

| 김홍도의 타도낙취도打稻樂趣圖 | 1778년 초여름에 그린 풍속도 연작 가운데 하나. 술을 놓고 한가롭게 감독하는 양반과 쉴새없이 일해야 하는 상민의 모습을 잘 대비시켜 신분제 아래 놓인 시대상을 풍자하고 있다.

세금을 낼 사람이 부족해져 국가재정이 곤경에 처했다. 자연히 나라 살림은 팍팍하고 군사력은 바닥으로 떨어졌다. 노비 제도의 변화로 인해 조선은 마침내 국가 운영구조가 마비될 지경에 이르렀다. 임진왜란과 병자호란 등의 참화는 이미 노비 문제에서부터 예견이 가능했던 것이다.

그럼에도 전쟁이 끝난 이후에도 조선 사대부는 노비 확보에 열을 올렸다. 임진왜란이 끝난 후인 1606년 단성현 호적을 보면 전체 인구의 64%가 노비였고, 1663년 한성부 북부 호적에는 약 76.7%가 노비였다. 조선을 위기로 내몬 노비 제도는 전혀 변화하지 않았다. 17세기 노비 가운데 절반은 주인의 수탈과 학대를 피해 도망 다니는 도망 노비들이었다. 그러니 이들을 잡기 위해 추노꾼이 활동하게 된 것이다.

그럼에도 양반의 후예라고 자랑할 것인가?

조선이 그토록 본받고자 했던 송나라에도 없던 노비 세습과 매매를 강행하고, 모든 법령을 명나라 법을 참고로 하면서도 유독 양인과 천민의 결혼을 터놓아 노비를 늘리고자 했던 자들이 조선의 사대부들이었다. 16세기 경상도 지역에서는 양천교혼으로 확보된 노비의 비율이 최대 70%까지 치솟기도 했다. 차라리 양천교혼을 금지했다면 노비가 이렇게 많아질 리가 없다. 양천교혼은 인권에 기초한 자유결혼이 아니라, 노비를 증대하기 위해 노비소유주가 가난한 양인과 노비에게 강요한 강제결혼이 더 많았다.

남북전쟁1861~1865 직전 미국 남부의 노예 소유주들이 거느린 흑인 노예가 대개 20~50여 명 정도였고, 100명이 넘으면 대단한 부자였다. 엄격한 노예제도를 실시한 미국 남부와 비교해보면 조선시대 노비 소유주들이 얼마나 많은 노비를 거느리고 있었던가를 알 수 있다. 조선의 노비가 미국의 흑인 노예와 다르다고 강변하는 사람들도 있다. 하지만 노비는 인간으로서 누릴 수 있는 권리와 자유를 빼앗긴 채 상품이나 가축처럼 취급되어 강제 노동에 사용되거나 사고 팔리는 존재다. 서양의 노예와 다를 바가 거의 없다. 신공身貢을 바치는 납공納貢 노비나 외거 노비가 다소 자유스러운 생활을 했다고 해도 그들 역시 양인이 아니다. 그들은 여전히 자유를 박탈당한 존재이고 양반 앞에서 인권의 존엄성이란 존재하지 않았다. 게다가 그들은 같은 동포였다. 미국은 백인과 다른 인종인 흑인을 노예로 삼은 반면 조선은 같은 동포를 노예나 다름없는 노비로 삼았다는 점에서 더 잔혹했다.

노비 정책과 관련된 세종의 뼈아픈 실책을 교과서에서 다룬 바 없고 사극 등에서도 전혀 이야기하지 않는다. 관련 분야 연구자들은 이런 사실을 잘 알고 있지만 널리 소개하지 않고 있다. 이런 역사적 중대 실책이 혹시 희대의 명군으로 꼽히는 세종의 명성에 금이 갈까 싶어서일까? 하지만 이를 결코 숨겨서는 안 된다는 것이 필자의 생각이다.

노비는 발생 원인에 따라 전쟁 노비, 형벌 노비, 채무 노비로 크게 구분할 수 있다. 삼국시대에는 정복 전쟁이 가장 중요한 노비 공급원이었다. 전쟁 포로는 국가 기관이나, 공을 세운 장수들에게 분배되었다. 형벌 노비나 채무 노비는 전쟁 노비처럼 많지 않다. 따라서 전쟁이 적었던 고려와 조선시대에는 노비 확보가 쉽지 않았다. 그래서 노비를 세습하는 세전법世傳法이 생겨난 것이다. 가혹한 노비 세전법은 부모가 모두 노비인 경우는 말할 것도 없고 부모 가운데 어느 한 편만 노비 신분이면 그 자녀를 모두 노비로 삼도록 만들었다. 죄를 짓거나 채무를 져서 노비가 되면 대를 이어 노비가 되도록 만드는 가장 악독한 노비 제도를 오래도록 시행한 나라는 전 세계적으로 드물다.

1551년 9월 28일자 《명종실록》에는 참찬관 남응운1509~1587이 명종에게 아뢴 글이 있다.

"우리나라의 종천법 때문에 양민이 날로 줄어들어 국가는 병들고, 사가私家만 살찌우고 있습니다. 기한을 정해놓고, 양녀良女의 소생만이라도 어미의 신분에 따라 양인이 된다면, 수십 년이 못가서 양인 남자가 증가되어 군대를 충원할 수 있습니다. 이 계책은 국가에 유리하고, 신하들에게 해로우니, 상께서 결단하여 시행하고, 신하들과 널리 의논할 필요는 없습니다."

그런데 이 말 뒤에 첨부된 사신史臣이 쓴 사론에서, 당시 사대부의 적나라한 속내를 볼 수가 있다.

"기자가 나라를 다스릴 때 도둑질한 자는 그 피해자에게 신역으로 보상하는데, 그 자손까지 신역을 면할 수 없게 했다. 이것이 천민이 생기게 된 시초로, 이후 변함이 없었다. 조선에서 천민의 소생으로서 사대부의 자녀서얼가 아니면 양인이 되지 못하게 한 것은 그 뜻이 있는 것이다. 조선이 유지되고 귀천의 질서가 문란하지 않은 것은 이 때문이다. 만약 이것까지 없앤다면 몇 세대 후에는 종과 상전의 자손이 서로 혼인하는 자가 있을 것이니, 이는 처음 법을 정한 것과 거리가 멀다. 남응운이 천만년 전해오던 법을 폐지하기 위해 임금께 자문하지 말고 독단해서 시행하라고 권한 것은 잘못이다."

역사를 기록한 사신 역시 노비 주인이었다. 중국에도 없는 노비 세전법을 옛 성인인 기자로부터 내려오는 법도이니 고치지 말라고 강변할 뿐 그들은 줄어드는 양인 때문에 국가가 병들고 있는 상황에 대해서는 아무런 대책을 내놓지 않았다.

글공부를 열심히 해 양반 관리가 된 자들과, 도덕적으로 양인들에 비해 우월한 존재들을 우리는 선비라고 부른다. 하지만 겉으로만 선비이고 속은 속물인 자들은 역사 속에 부지기수이다. 측은지심을 배우고 인의도덕을 추구하여야 할 선비들이 노비들을 긍휼히 여기지 않고 짐승처럼 학대한 사례를 명성 높은 대유학자들에게서도 찾아볼 수 있으니 그 아래 인물들이야 말해 무엇하겠는가.

역사가 모든 인간이 주인공으로 올라와 벌이는 활동의 기록이라고 생각은 하면서도, 특정한 몇몇 영웅의 이야기나 지배자의 이야기만을 역사로 배우고, 그들과 자신을 동일시하는 우리를 발견하게 된다. 우리나라 상당수의 드라마가 국민의 0.1%에나 해당될 재벌가 이야기로 범벅인 것만 보아도 금세 알 수 있다. 시청자들은 이것이 자신들의 이야기가 될 수 없음을 너무나 잘 알면서도 극중 스토리에 푹 빠져들게 된다. 마찬가지로 조선시대 극소수에 불과했던 왕실 사람들의 이야기, 사대부들의 이야기가 곧 우리의 이야기인양 착각하며 그들의 이야기만을 역사라고 오해한다. 그래서 양민들을 노비로 만들고, 억압하던 사대부들의 또 다른 모습을 잊어버린다. 양반 사대부들의 파렴치한 역사를 대중들은 알지 못하고, 도리어 자신들의 진짜 조상을 억압했던 양반의 후예라며 어설픈 자랑을 한다.

17세기까지 양반은 전체 인구의 10%에도 못 미쳤다. 모두들 양반의 후손이면, 옛날에 노비였던 사람들은 후손도 남기지 못하고 모두 지구를 떠났단 말인가? 오늘날 순수한 양반의 후손이 몇 %나 될까? 같은 동포를 노비로 만들어 재산을 불리기만 했던 양반의 후손이라는 것이 정말 자랑스러운 것인가? 대다수 한국인의 할아버지들은 양반의 핍박을 받은 노비였다. 그런데 왜 우리는 이 사실을 부정하려고만 하는가? 부끄러워서 그랬다면, 우리는 같은 동포를 노비로 만들어 부렸던 그 사실을 먼저 부끄러워해야 하지 않을까?

과부재가금지법
여성에 대한 최악의 인격살해

서울에 남아있는 유일한 열녀문

양천구 신월동 장수공원에는 서울에서 유일한 열녀문이 보존되어
있는데, 서울 정도定都 600년 기념 명소로 지정되기도 했다.

열녀문을 찾아가보면 "충과 효, 여인의 절개를 큰 미덕으로 여기
던 시절에 절개를 지킨 여성을 칭송하기 위해 임금께서 하사하는 문
으로 정문旌門, 또는 홍문紅門이라고도 한다."고 적힌 안내문을 만나
게 된다. 아울러 "열녀문의 주인인 전의 이씨가 남편인 원정익과 혼
인한 후 남편을 정성껏 섬기고, 시부모를 극진히 모시며 행복하게 살
다가, 남편이 갑작스런 중병이 걸려 눕게 되자, 백방으로 약을 구하
며 밤을 새워 간호하였으나 부인의 지극한 정성에도 불구하고 남편
이 세상을 떠났다. 삼년상을 정성껏 치른 부인 이씨는 남편에 대한
끝없는 그리움에 식음을 전폐하였고, 결국엔 남편의 초상을 지낸 직
후 20대 후반의 젊은 나이에 단식함으로써 남편의 뒤를 따랐다. 이

| 전의 이씨 열녀문 | 원정익의 처 전의 이씨의 절개를 기리는 열녀문. 양천구의 장수공원에 소재하는데, 서울에 유일하게 남은 열녀문이라 한다.

러한 사실을 알게 된 조정에서 1729년에 열녀 원정익의 처 전의 이씨의 문이라 기록된 정문을 세워 부인 이씨의 높은 뜻을 기리었다."고 해놓았다.

조선시대에는 유교적 윤리규범에 따른 선행을 장려하기 위해, 효자·충신과 함께 열녀에게도 마을 입구에 홍살문을 세워주었다. 그런 홍살문 가운데 하나가 열녀문으로, 이를 받으면 자식에게는 신분 상승 기회가 주어지고 잡역 면제의 혜택도 받게 된다. 그러므로 열녀문을 받는 것은 가문의 영예였다.

그래서 원정익의 후손들이 열녀문을 잘 보존해오다가 2004년이를 양천구청에 기증한 것이다.

여성을 인격살인하는 '미망인'이란 용어

남편이 죽고 혼자 남은 여성을 흔히 미망인未亡人이라고 부른다. 이 말이 매우 고상한 용어인양 착각하는 사람도 있지만, 거기에는

'죽어야 하는데 아직 죽지 못하고 살아남은 사람'이란 나쁜 뜻이 담겨있다.

중국 고사에서 과부가 스스로를 겸손히 낮춰 부른 말에서 시작된 이 말이 조선시대 이전 기록에는 893년경에 쓰인《지증대사탑비문》에 한 번 고려 말 신돈과 관련된 기록에 한 번 등장할 뿐이었다.

그런데《조선왕조실록》에는 미망인이 1469년 이후 갑자기 과부를 가리키는 보편적 용어로 자리 잡았다. 이 용어의 빈번한 사용 증가는 조선이 만든 최고의 악법이라 할 '과부재가금지법'과 관련이 있다. 성종 8년인 1477년 7월 17일 의정부와 육조를 비롯한 여러 대신들이 모여 관제 개혁과 여성의 재혼금지 등의 문제를 놓고 지루한 논의를 벌였다.

영의정 정창손과 상당부원군 한명회 등의 정승들은 "여자가 젊어서 수절하면 착한 것이기는 하지만, 불가능하거나 혹은 춥고 굶주려 수절하지 못하는 자들도 있기 마련인데, 만약 법으로 이를 금지하여 죄로 다스리면 도리어 풍속이 어지러워져 잃는 것이 적지 않을 터이니 3번 결혼한 자 외에는 논하지 말자."고 했다.

광산부원군 김국광, 영돈녕 노사신 등도 '여성에게 재가를 허락하지 않는다면, 도리어 실절失節하는 자가 많게 되므로 국가에서 재가를 금하지 않았으니 이전대로 하는 것이 편하다.'고 주장했다.

하지만 좌참찬 임원준, 예조판서 허종, 무령군 유자광, 문성군 유수는 달랐다. 이들은 송나라 대학자 정자程子,1033~1107의 "재가하는 것은 단지 훗날에 추위와 굶주림으로 죽을까 두려워하여 한 것이다.

그러나 실절하는 일은 지극히 크고, 죽는 일은 지극히 적다."는 말과 장횡거1020~1077의 "사람이 실절한 자를 취하여 자기의 짝을 삼으면 이것도 또한 실절한 것이라고 하였으니, 대개 한번 더불어 초례를 치렀으면 종신토록 고치지 않는 것이 부인의 도道다. 만약 두 지아비를 고쳐 산다면, 이것을 금수와 더불어 어찌 가리겠는가?"라고 한 말을 인용하며 "이후로는 재가를 모두 금지하고, 만일 금지령을 무릅쓰고 재가하는 자가 있으면 실절한 것으로 여겨 죄로써 다스리고 그 자손 또한 관리 입사를 허락하지 말아 절의를 가다듬게 함이 좋겠다."고 하였다.

다음날 성종은 예조에 명하길 "여성들의 음란한 행실을 두고 볼 수 없으니, 이제부터는 재가한 여성의 자손은 벼슬아치가 될 수 없게 함으로써 풍속을 바르게 하라."고 했다. 결국 여성은 재혼보다는 차라리 죽는 게 낫고, 재혼하는 여성과 절대로 결혼해선 안 되며, 재가한 자는 죄로 다스리고, 그 자손도 관리로 임용하지 말아야 한다는 것이었다. 이로써 과부재가금지법이 《경국대전》에 실리게 된 것이다.

하지만 조선시대 이전에는 과부의 재혼은 지극히 자연스러운 일이었다. 고려 6대 성종의 부인인 문덕왕후 유씨생몰년 미상, 25대 충렬왕의 부인인 숙창원비 김씨생몰년 미상, 26대 충선왕과 혼인한 순비 허씨1271~1335, 27대 충숙왕과 혼인한 수비 권씨?~1340는 모두 재혼한 여성들이었다. 특히 순비 허씨는 3남 4녀를 낳고 남편이 죽은 후 왕과 재혼했는데, 그녀의 자식들은 왕자와 공주로 대접받았다. 고려 여성들은 남성과 마찬가지로 재혼이 아무런 흠이 되지 않았다.

조선 초기에도 여성의 3번 혼인은 비판받았지만 재혼은 금지되지 않았다. 유교적 가치관을 적극 전파하고자 국가 차원의 노력을 기울였지만 쉽지는 않았다.

세종은 세자빈 봉씨에게 《열녀전烈女傳》을 읽게 했는데, 세자빈은 요즘말로 하자면 "미쳤어, 이렇게 살게." 하면서 그 책을 뜰에 집어던졌다. 그러자 크게 화가 난 세종은 1436년에 세자빈을 폐출시켜버렸다. 이때까지만 해도 유교적 가치관이 완전히 뿌리를 내리지 못한 것이다.

하지만 조선이 건국된 지 80여 년이 지나자 어느덧 유교적 가치관을 확고하게 뿌리내리게 하려는 왕과 사대부 사이의 이해가 맞아떨어졌다. 이리하여 여성의 재혼을 금지하는 법이 만들어진 것이다. 과부재가금지법은 사대부 여성 모두의 재혼을 완전히 막는 법은 아니었지만, 재가를 한 사족 여성이 낳은 자식이 과거를 볼 수 없게 만듦으로써 실질적인 금지 효과를 발휘토록 한 것이다. 어머니가 되어서 자식의 앞길을 막을 수가 없으니 여성은 재혼을 주저했다. 남성의 입장에서도 한번 결혼한 여성을 맞이하여 정처로 삼기가 곤란하니 혼인을 주저하게 되었다. 평민이나 천민의 여성이라면 첩으로 삼으면 되겠지만, 실절한 여성을 맞이하면 남성도 실절한 것이 된다는 논리 때문에 그것 역시 어려웠다.

사대부 남성들은 아내가 죽을 경우 3년이 지나면 재혼할 수 있었다. 만약 부모의 명령이 있거나 나이가 40세 넘도록 아들이 없을 경우에는 1년 뒤에라도 새 장가를 갈 수 있었다. 그런데 이때 재혼 대상의 성은 반드시 초혼이어야 했다.

이수광1563~1628의 《지봉유설》에는 조선 사람이 중국 사람보다 뛰어난 점 4가지를 거론하면서 그중 하나로 부인의 절개를 꼽았다. 이수광은 임진왜란 당시 뱃사공이 부인의 손을 끌어당겨 배에 태우자 손이 더럽혀졌다고 비관해서 죽은 사례를 소개했다. 그는 이 일을 장한 일이라고 칭찬하며 전쟁이 잇따르면서 왜적과 명 군사들에게 치욕을 당하는 바람에 정절을 지키는 풍속이 예전만 못하다고 비판했다.

실학의 선구자라 불리는 이익1681~1763 역시 신분이 미천한 여성도 절개를 지켜 재가하지 않은 일을 조선의 아름다운 풍속이라고 주장했고, 안정복1721~1791 역시 열녀의 길을 강조했다. 개혁적인 사고를 지녔다는 실학자들도 여성문제만큼은 남성 중심적 가치관에 사로잡혀 있었던 것이다.

조선시대 악법 중의 악법인 과부재가금지법

남성 중심적 가치관이 확고한 조선사회 분위기 속에서 여성들의 재혼은 점점 불가능해졌다. 사대부 가문에서 여성의 재혼이 불가능해지고 재혼한 여성에 대한 비난이 강해지자 평민들 사이에서도 여성의 재혼은 기피되었다. 재혼을 하려면 완전히 예전 신분을 감추고 먼 곳으로 몰래 떠나야만 했다. 세종 시대의 유감동생몰년 미상이나 성종 시대의 박어우동?~1480의 경우처럼 조선의 여성이라고 해서 욕정이 어찌 없었겠는가. 하지만 감히 욕정을 드러냈다가는 가문의 명예를 떨어뜨렸다고 하여 죽음보다 더한 치욕을 겪어야 했다. 그러므로 행복추구권을 상실한 여성들은 결국 죽지 못해 사는 미망인이 될 수밖에 없었다.

냉정히 말해 미망인은 순장殉葬 풍습의 변형된 모습이다. 죽음 이후의 저승에 대한 강력한 믿음을 가진 자들이 자발적으로 순장하는 경우가 삼국시대에도 없진 않았지만 대부분은 강요된 순장이다. 순장당할 처지에 놓인 딸을 구해준 은인에게 그녀의 부친이 은혜를 갚는다는 결초보은結草報恩 고사처럼 순장은 산 사람들에겐 공포 그 자체였다.

순장은 산 채로 매장하는 경우도 있지만 둔기로 쳐서 죽인 뒤 함께 묻기도 했다.《일본서기》〈수인천황〉 28년기원전 2년(?)으로 추정 기록에는 산 채로 매장당한 사람이 무덤 안에서 살려달라고 울부짖는 소리 때문에 순장을 금지했다고 적혀 있을 정도로 순장은 잔인한 풍습이다.

순장 풍습은 국가 차원에서는 젊은 노동력을 상실하게 하는 것이므로 우리나라에서는 삼국시대 들어 사라진다. 순장 대신 무덤 안에 부장품의 하나로 토용土俑을 넣거나 벽화에 사람을 그려 넣어 순장자 역할을 대신하기도 했다. 조선에서는 나무 인형을 넣는 것으로 대신했다.

그런데 중국은 명나라 때에도 순장 풍습이 남아있었다. 1424년 3대 황제 영락제가 죽자 30여 명이 순장되었다. 이때 영락제의 후궁인 여비麗妃 한씨?~1424도 포함되었다. 여비는 조선에서 공출된 여인으로 조선의 태종~세조 시기에 좌의정까지 지낸 한확1403~1456의 누이였다. 한확은 누이 덕분에 명나라에서 광록시소경이란 벼슬을 받았고, 조선에서도 출세 가도를 달렸다. 그런데 한학은 놀랍게도 1428년에 또 다른 여동생을 명나라 새 황제인 선덕제의 후궁으로 보내고자 했다. 그리하여 한확이 나중에 공신부인恭愼夫人 한씨1410~1483가 되는 여동생을 데리고 명나라로 떠나는 행차를 보고, 사람들은 "그의 누이 하나가 순장당한 것만도 애석한데, 이제 또 가는구나."하며 이를 생송장生送葬이라 불렀다.

조선의 법령은 명나라 법을 따라 했지만 다행히 순장만큼은 따르지 않았다. 하지만 여비 한씨의 사례로도 알 수 있듯이 명나라에서 순장을 실행하고 있는 만큼 조선에서도 언제든 순장이 되살아날 우려가 있었다. 그래서 1744년 8월 19일 영조는 나무 인형을 무덤에 넣는 일을 빌미로 훗날에는 나무가 아닌 사람을 넣는 일이 없으리라고 어찌 장담하겠느냐며, 이 풍습을 없애버리라고 명했다. 이런 과정을 거쳐 조선에서는 공식적으로 순장이 행해지지 않았다.

하지만 남편을 먼저 떠나보낸 아내들에게는 순장자와 마찬가지로 여생을 죽은 자를 위해 살아가라는 사회적 강요가 더욱 심해졌다. 남편이 죽으면 따라 죽어야 하지만 자식 키우기와 시부모 봉양 때문에 더 살아가는 것뿐이라며 모름지기 아내는 죽은 남편을 위해 정절을 지킴이 마땅하다는 것이었다.

《열녀 함양 박씨전》을 쓴 박지원1737~1805은 남편의 삼년상을 치른 뒤에 약을 먹고 자결한 박씨의 행위를 찬양하면서도 그녀가 죽음을 택할 수밖에 없었던 이유를 젊은 과부가 오래 세상에 남아있으면 오래토록 친척들이 불쌍히 여기는 신세가 되고 마을 사람들이 함부로 추측하는 대상이 될 터이니 속히 이 몸이 없어지는 것만 못하다고 여겼기 때문일 것이라고 추측했다. 이를 통해 당시 사회가 과부들에 대해 어떤 생각을 하고 있었는지 추측해보기 어렵지 않다.

조선에서 과부로 살아가기란 무척 힘겨운 것이었다. 그러니 수절하지 못할 경우에는 차라리 자결하는 게 낫다고까지 여겼던 것이다.

남편이 죽고 삼년상을 마친 후 자결한 여성에게 정부에서 열녀문을 하사하여 기린 것은 과부는 곧 미망인으로서 살아있는 순장자 취급을 한 것이나 다름없다. 열녀문은 남편을 따라 죽었어야 함에도 따라 죽지 못하고 그저 죽을 날을 기다리던 모범수에게 내리는 상장과 같은 것이다.

남편을 위해 자신을 희생하는 열행烈行이 강요된 사회에서 여성은 남성의 순장품과 같은 취급을 받은 것이다. 그렇기 때문에 과부재가 금지법은 노비법과 함께 조선 최악의 악법이라고 할 만하다.

장수공원에서 열녀문을 보면서, 열녀문을 받은 이씨 부인을 칭송하기보다는 안쓰러움이 앞서는 것은 그녀가 잘못된 관념을 가진 조선사회의 희생양이란 생각이 들어서다. 같은 인간에 대한 배려심이 없는 사상과 행동은 시대환경이 아무리 변한다고 해도 비난받아 마땅하다.

조선 사대부들이 성리학을 심오한 경지까지 탐구하고 선비로서 올곧게 살았다고 칭찬하기에 앞서, 그들로부터 차별받은 여성의 입장부터 헤아려보아야 할 것이다. 우리는 여전히 전쟁 미망인 운운하면서 엄청나게 잔인한 이 말을 습관처럼 쓰고 있다. 이제 부당한 성적 차별내용을 담은 미망인이란 용어는 폐기처분할 때가 되었다.

미망인 · 환향녀 · '위안부'에 가한 역사적 폭력성 반성해야

남성 중심 사회 조선에서 우리가 반드시 비판해야 할 것은 환향녀 문제다. 1636년 병자호란 직후 청나라는 조선 사람들을 닥치는 대로 끌고 갔다. 청나라는 조선에서 끌고 간 사람들을 명나라와의 전쟁에서 총알받이나 화살받이로 사용하기도 하고, 조선의 요청을 받아들여 다시 되돌려 보내기도 했다.

나만갑1592~1642이 쓴 《병자록》에는 이때 돌아온 사람들이 60만이라고 적었다. 임진왜란 때 일본에 끌려간 5만~12만에 비한다면 엄청난 규모다. 이 가운데는 남성만이 아니라 여성도 많았다. 그런데 남자들과 달리 여성의 경우 정조를 잃었다는 이유로 조선에서는 이들을 기피대상으로 여겼다.

그렇지만 이 사태의 원인을 짚어보면 결국 여성들을 지키지 못한 것은 조선의 남자들이었다. 남자들은 환향녀에게 백배사죄를 해야 함에도 모자랄 터인데 사죄는커녕 여성들이 정절을 지키지 못했으니 죽느니보다 못하다고 몰아댔다.

그런데 환향녀의 숫자는 워낙 많았다. 당시 적어도 조선 사람들의 절반 가량은 환향녀와 직간접적으로 관련이 있다 해도 과언이 아닐 것이다.

이때 정부에서 내건 유일한 해결책은 여인의 형식적인 정절 회복 세레모니였다. 즉 청의 사신들이 묵어가던 도성 외곽의 홍제원 냇물에서 몸을 씻으면, 정절이 회복된 것으로 인정하자는 것이었다. 그래서 홍제천이 널리 사람들을 구한다는 의미의 홍제弘濟가 붙게 된 것이다. 아무리 생각해도 '사람들을 구했다.'는 말 자체가 터무니없었다.

나라에서 환향녀를 구제하자고 했음에도 불구하고 가족과 친지들은 그들을 따뜻하게 받아들이길 꺼렸다. 정절을 잃은 여성들의 자손은 과거 응시 자격조차 박탈당했다. 때문에 살아 돌아온 부인과 다시 결합하는 사대부는 아무도 없었다. "비록 본심은 아니었다고 할지라도 변을 당하고도 죽지 않았으니 어찌 절의를 잃지 않았다고 할 수 있겠는가?"라면서 여성들을 죄인으로 몰아세웠다. 그리고 이미 절개를 잃었으면 남편과 의리가 끊어진 것이니 억지로 다시 합해 절대로 사대부의 가풍을 더럽힐 수 없다고 주장했다. 환향녀에게는 돌아갈 고향도 돌아올 자리도 없었으니 그들이 선택할 최상의 방도는 그저 자결이었다. 그렇지 않으면 스스로 청나라로 가거나 서대문 밖에 모여 사는 창부의 길밖에 없었다.

　　환향녀가 정절을 지키지 못한 것은 결코 여성들만의 문제가 아니다. 유교는 남녀가 다르다고 구분했다. 남자는 남자답게, 여성은 여성답게. 그렇다면 남자는 가장으로서 가정과 나라를 지킬 의무가 있었다. 하지만 조선 남자들은 나라를 지키지 못했다. 나라를 지키지 못했으면, 여성들에게 정절을 지키지 못했다고 비난할 것이 아니라 지켜주지 못해 미안하다고 해야 옳다. 청나라에게 굴복한 비참한 상황을 만들어놓고는 환향녀를 희생양으로 본 것은 비겁하기 짝이 없다.

　　당시 여론을 조성한 것은 모두 남자들이었던 만큼 누구도 손수 나서 조선 사대부의 이런 수치스런 모습을 비난하지 않았다. 하지만 오늘의 입장에서 본다면 환향녀를 비판한 남자들이야말로 부끄러운 자들이다. 무기력한 평화의식에 젖은 문약한 조선의 선비들이 할 수 있는 짓이라고는 입으로만 명분과 의리, 절개를 찾는 것이었다.

전사들의 나라였던 삼국시대에 만일 자국 여인들이 수모를 당하고 왔다면 남성들이 저마다 칼과 창을 들고 적을 향해 쳐들어가 복수를 했을 것이다.

하지만 조선의 선비들에게는 그런 기개가 없었다. 효종이 내세운 북벌에 사대부들이 일단 찬성을 한 것은 쏟아지는 비난을 면하기 위한 것이지 실제로 북벌에 참여해 싸우겠다는 것이 아니었다. 그 가운데 자원하여 군문에 들어간 사람은 찾아보기가 민망할 정도로 희박하다.

생각해보면 환향녀 사건은 과거의 일이 아니다. 오늘 이 시대에 만나는 일본군 성노예인 이른바 '위안부' 문제 역시 마찬가지다. 일본이 이 문제를 애써 덮으려는 것을 문제 삼으려는 것이 아니다. 일본이 '위안부' 문제를 직시하지 못하는 것은 자국의 역사를 올바르게 볼 줄 아는 양식良識이 부족하기 때문이다. 이 문제는 우리가 나서서 비판하기에 앞서 일본 스스로 부끄러워해야 할 문제다. 문제는 정작 우리 자신에게서 더욱 크게 드러난다. 이 시점에서 우리 안의 문제에 좀 더 깊은 관심을 기울여야 할 필요가 절실하다.

1990년 한국정신대문제대책협의회가 만들어지고, 2004년 '전쟁과여성인권박물관' 건립위원회를 정식 발족하고 박물관을 건립하고자 했다. 이른바 '위안부' 박물관의 부지로 선정된 곳은 서대문형무소역사관 옆 독립공원이었다. 그런데 박물관 건립에 대해 독립운동가 출신 인사들이 모인 단체에서 '독립운동가들과 독립운동을 폄하시키는, 순국선열에 대한 명예훼손'이라고 주장하며 박물관 건립을 반대했다. 결국 박물관 건립위원회 측은 부지를 마포구 성산동으로 옮겨 2012년 개관하게 되었다.

일제의 잔혹한 만행으로 독립지사들이 고초를 겪었던 장소인 서대문형무소를 역사관으로 만들어 많은 사람들을 위한 역사교육의 장소로 삼고자 하는 까닭은 다시는 그와 같은 비극을 되풀이하지 않기 위함이다.

전쟁과여성인권박물관 역시 다시는 그와 같은 비극이 일어나지 않도록 하기 위해 역사교육의 장으로 만들어진 것이다. 독립운동을 하다가 형무소에 끌려와 고초를 겪은 일은 자랑스러운 일이고 위안부들이 고초를 겪은 일은 부끄러운 일일까?

독립운동가들이 고통을 겪게 된 것이나 위안부들이 고초를 겪게 된 원인은 우리가 나라를 잃어버렸다는 공통된 이유 때문이다. 독립지사들도 일제에 의해 엄청난 고통을 받았지만 위안부들은 해방되기 전은 물론, 해방된 이후에도 오랜 세월 고통 속에서 살아야 했다. 그들의 고통은 독립지사들 못지않게 괴로운 것이었다. 그들에게 미안하다는 사과의 말을 전하기는커녕 독립운동과 위안부를 기억하는 장소를 이웃하게 배치하려 했다는 것만으로 명예훼손이라고 하는 것은 지극히 잘못된 태도이다.

필자는 이러한 인식의 뿌리가 조선의 남성 중심적인 사고에 기원을 두고 있다고 생각한다. 또한 여성의 순결에 집착하면서도 남성들에게는 자유분방한 성생활이 오히려 자랑거리가 되는, 성에 관한 남성중심의 이중 잣대가 조선시대 이래 변화하지 않은 탓이다. '위안부'를 마치 환향녀 대하듯 하는 태도가 바뀌기 시작한 것은 그리 오래되지 않았다. 1991년 김학순1924~1997 할머니께서 일본군 '위안부'였음을 밝히는 증언을 내놓을 때까지 자신들의 과거를 숨기고, 국가로부터 아무런 보상도 못 받고 살아왔다.

　열녀, 환향녀, '위안부' 여성들을 지켜주지 못한 사람들, 그들을 숨어 살게 한 사람들이 먼저 미안하다고 말해야 한다. 열녀문과 같은 기념물은 그들에게 아무런 의미도 없다. 그저 낡은 지배체계를 강요하기 위해 만들어놓은 이데올로기의 구속물에 불과하기 때문이다. 미망인, 환향녀, '위안부' 등 여성들에게 가한 역사적 폭력에 대해 남성이 심각하게 반성함이 마땅하다.

제 4 장

잃어버린
자주·자립·자강의 꿈

양성지의 꿈
다른 조선을 꿈꾼 경세가

조선의 자주독립과 번성을 꿈꾸었다!

단동시 북쪽의 봉성시에 위치한 봉황산성은 둘레가 15㎞인 거대한 산성으로 고구려 시대 오골성으로 추정되는 곳이다. 2015년 고구려 유적답사 때 오른 봉황산 정상에서 바라본 요동벌판은 실로 장관이었다. 멀리로 첩첩이 들어선 요동 땅 천산산맥의 봉우리들이 보이고, 봉황산 주변 넓은 평야도 한 눈에 내려다보였다. 혹자는 이곳을 풍수지리상 수도로 자리 잡을 만한 북계룡北鷄龍에 해당되는 명당 터라고도 한다. 북한 역사학계에서는 이곳을 북평양이라 부른다.

1713년 청나라로 사행 길에 이곳을 직접 올랐던 김창업1658~1721을 비롯해 봉황산과 관련된 일화를 남긴 사람들이 적지 않았다. 그런 많은 인물들 중에서도 하산길 내내 필자의 마음속에 떠올랐던 인물은 홍경모1774~1851와 양성지1415~1482였다.

홍경모는 이곳을 조선의 문화門戶라고 생각했다. 그는 이곳을 거

| 봉황산성에서 바라본 요동 | 가까이로는 봉황시, 멀리로는 천산산맥이 보인다. 요동에서 출발한 적이 천산산맥을 넘어 침략해 온다면 이곳에서 한 눈에 알아볼 수 있다. 천혜의 요충지인 것이다.

란에 빼앗기고 압록강을 국경으로 삼은 고려는 이빨을 버리고 목구멍을 드러낸 것이나 다름없으니 누가 두려워했겠느냐며, 고려가 고구려에 미치지 못한 원인이 봉황성을 차지하지 못한 탓이라고 하였다. 홍경모는 조선이 고구려를 닮은 것인가 고려를 닮은 것인가를 묻기도 했다. 누가 보더라도 천혜의 요충지인 봉황산성을 고려나 조선이 영토 내에 갖고 있었다면 후대의 역사가 크게 달라지지 않았을까? 심양이나, 요양, 무순 등지에서 적군이 출발하면 봉황산성을 거쳐야 압록강을 건너 의주로 올 수 있다. 그런데 봉황산성에 고려군이나 조선군이 주둔하고 있다면, 이곳에서 먼저 치열하게 전투를 벌이지 않을 수 없다. 그렇다면 압록강 너머에 고려, 조선군의 대응도 당연히 달라지게 된다. 홍경모의 생각은 탁견이 아닐 수 없다.

1481년 명나라가 봉황산 일대인 개주에 군부대인 개주위開州衛를 설치하고자 했다. 그러자 그해 10월 17일 죽음을 1년 앞둔 67세 양성지가 성종에게 상소를 올렸다.

그는 상소문에서 봉황산성이 자리잡은 개주는 우리 역사와 깊은 관련이 있는 곳이며, 한 사람이 지키면 1만 명을 당해낼 수 있는 요충지 가운데 요충지라고 언급하고, 평안도 백성이 부역을 피해 이곳으로 도망갈 수도 있으니 명나라가 봉황산 일대에 군대를 주둔시키는 것은 영원한 근심거리라고 지적했다. 그는 고대 중국과 우리나라의 역사, 특히 전쟁사를 폭넓게 설명하면서 봉황산성을 비롯한 요동의 전략적 중요성을 강조했다. 그는 처음 명과 조선 사이에 수백 리의 땅을 공지로 버려둔 것은 영토가 혼동되어서는 안 된다는 이해관계로 만들어진 것인데, 만약 명나라가 압록강에서 하루거리도 안 되는 곳에 근대를 주둔하는 것은 위험하다고 지적했다. 비록 형제 부모의 나라라도 이렇게 가까이에 있는 것은 부당하니, 이를 그대로 두어서는 안 된다고 지적했다. 조선에서는 당장 탈이 없는 일시적 안정姑息에 연연하지 말고, 만세의 계책을 세워야 한다고 하였다. 지금 명나라와 외교상의 문제가 없다는 것이 당장에는 무사할 수 있다고 하더라도, 500년 후에도 무력을 남용하고 공 세우기를 좋아하는 자가 없다고 장담할 수 없으니 먼 훗날을 위해서라도 대책이 필요하다고 지적했다. 양성지는 조선의 변방이 허술한 상태임을 말하면서 장차 벌어질 우려스러운 상황을 고려할 때, 명나라에 사신을 보내 개주위 설치의 철회를 요구하자고 주장했다.

성종은 양성지의 상소를 의정부와 육조 당상관, 대간 등으로 하여금 의논하게 하였는데, 다들 후일에 우려가 있다는 그의 말에 동의하기는 했지만 명에 주청사를 보내 개주위 설치를 하지 말라고 말하기는 대단히 어렵다고 했다. 결국 조선은 명나라가 개주에 성을 쌓는 것에 항의를 하지 못했다. 그리고 대안으로 나온 압록강 일대에 성을 쌓는 방안도 제대로 시행하지 못했다.

비록 조선이 명의 침략을 받지는 않았지만, 1627년 정묘호란과 1636년 병자호란에서 허무하게 패배한 것은 150년 전 아무런 국방 대책을 만들지 못한 탓도 있다. 당장의 문제가 아니라 먼 훗날까지 내다본 양성지의 경고를 무시한 대가를 치른 것이라고 하겠다.

조선의 자주성을 한껏 높이고자 한 '비변십책'

1449년 9월 명나라 영종재위:1435~1449, 복위:1457~1464이 몽골의 일족인 오이라트부Oirat=瓦剌部와 토목보하북성 장가구시에 소재하는 작은 성에서 싸우다가 포로가 되는 토목의 변土木之變 사건이 생겼다. 영종을 사로잡은 오이라트의 족장 에센은 명나라 수도 북경을 포위하기도 했다. 초강대국 명나라가 위기에 닥친 상황을 목도한 양성지는 1450년 1월 15일 세종에게 '비변십책備邊十策'을 올려 국방력 강화를 위한 적극적인 대책을 제시했다. 당시 집현전 부교리였던 양성지의 대책은《세종실록》에 자세히 기록되어있다.

비변십책 가운데 양성지의 입장을 가장 잘 보여주는 것은 조선이 처음부터 비사후폐卑辭厚弊-몸을 낮추고 예물을 많이 바침로써 평화를 추구해서는 안 된다는 것을 강조한 점이다. 그는 반드시 한 번은 적에게 크게 이겨 저들과 우리의 군사력이 대등한 수준에 있음을 보여준 후 수호修好해야 한다고 강조했다. 그가 이런 주장을 펼칠 수 있었던 것은 1449년부터《고려사》편찬 작업에 참여해 고려가 요·금과의 전쟁에서 승리한 후 평화로운 관계를 유지할 수 있었던 과거 사실을 충분한 인지하고 있었기 때문이다. 조선의 많은 사대부들이 우리 역사에 대해 거의 알지 못한 채, 중국의 옛일에만 밝았던 것과 달랐다. 그는 조선을 위한 대외 관계를 다각도로 조망해보았던 인물이다. 그는 만약 오이라트가 쳐들어올 경우 무조건 머리를 숙여서는 안 되며 한 번쯤 대항한 후 수교를 해야 한다고 했다. 그의 이러한 생각은 오이라트뿐만 아니라 명과의 관계에서도 마찬가지였다.

그는 화전和戰 양면 정책이 중요하다고 보았다. 그러기 위해서는 먼저 장군과 사병 선발, 군량미의 비축, 성과 보루의 축조, 무기의 제조 등이 시급하다고 보았다. 특히 15만 정병을 육성하기 위해 양인은 물론 사대부들에게도 면역免役 특권을 인정하지 않는 대책을 내놓았다. 하지만 노쇠한 세종은 비답을 내리지 못하고 그만 두 달 뒤에 죽음을 맞이하고 말았다. 당시 조선 정부의 여론은 토목의 변이 우려스러운 일이지만 지나치게 예민하게 반응할 필요가 없다는 쪽으로 기울고 있었다. 오이라트의 에센칸也先汗, ?~1455년은 명나라 황제의 몸값을 크게 요구했지만 명나라가 전혀 대응하지 않음에 따라 결국 아무 조건 없이 영종을 되돌려 주고 말았다. 이후 명과 오이라트의 관계는 명의 일방적인 우위로 전개되었기 때문에 전란의 파장이 조선에까지 미치지는 않았다. 하지만 양성지만큼은 이 문제를 심각하게 받아들였다. 만약 당시 조선에서 국방 강화에 대한 그의 종합적이고 장기적인 대책을 받아들였다면, 조선의 운명이 크게 달라졌을지도 모른다.

자국을 지킬 힘을 갖고 효율적인 외교를 펼쳐 자주성을 상실하지 않은 사례로 통일전쟁기 신라를 들 수 있다. 신라는 백제·고구려를 멸망시키고 장차 신라까지 지배하려는 초강대국 당나라에 대항해,

한편으로는 싸우고 또 한편으로는 달래는 양면 외교를 펼쳤다. 신라는 화전 양면 정책을 효과적으로 펼치며 시간을 벌었다. 결국 고구려와의 전쟁에서 지친 당나라가 토번土蕃, 7~9세기경 티베트고원을 장악한 강국의 위협까지 받자 마침내 신라와의 전쟁을 포기함으로써 신라는 676년 당나라를 몰아내고 평화를 얻을 수 있었다. 물론 700년대 초반까지 신라는 당나라와 긴

| 양성지의 영정 | 양선희 작. 조선 최고의 애국적이고 진취적이었던 경세가. 세조로부터 '나의 제갈량'이라고 칭송받았지만, 정적들로부터는 '아첨꾼'이라는 비판을 들어야 했다.

장관계를 유지하기도 했지만 이후 당나라와 평화를 유지하는 가운데 무역과 인적 교류를 통해 실익을 챙겼다. 비록 외교 관계상 신라가 당나라에 조공의 형식은 취했지만, 자주독립국의 위상에 흠이 생기진 않았다. 왕위 계승 등에 있어서 당나라의 책봉 또한 필요하지 않았다. 692년 당나라에서 신라 태종 무열왕의 묘호가 당 태종과 같으니 바꾸라고 요구해왔지만, 신라는 이를 거절했다.

양성지가 생각했던 조선과 명의 관계는 최소한 신라와 당의 관계였던 것으로 보인다. 그는 1455년 갓 즉위한 세조에게 '논군도십이사論君道十二事'를 올렸다. 그는 10째 사항에서 작은 나라가 큰 나라를 섬기는 것은 통상적인 예이지만, 사대의 예를 한다고 사신을 자주 보내서는 안 된다고 주장했다. 그는 수·당이 우리나라를 신하의 나라로 삼지 못했고, 요나라는 고려를 이웃나라로, 송나라는 고려를 손님

의 예로 대접했고, 금나라는 고려를 부모의 나라로 불렀고, 몽골제국은 고려와 통혼한 사이였음을 말했다. 그는 명나라가 사신을 구속하고 세폐歲幣를 증액시키라는 압력을 넣으며 조선을 번국藩國으로 봉했지만, 이는 중국 땅 내의 제후와는 다른 것이라고 했다.

양성지의 이러한 생각은 중종재위:1506~1544이 스스로를 명나라 제후로 생각한 것과는 큰 차이가 났다. 그는 명나라를 사려깊게 대응해야 할 이웃의 강대국으로 여겼을 뿐이었다. 그는 명나라 사신을 접대할 때 선물을 너무 많이 주지 말 것을 건의하기도 했다.

조선사람 조선으로 길이 보전하자는 정책들

이처럼 조선의 주체성을 강조하는 그의 생각은 1456년 3월 28일 세조에게 올린 '편의이십사사便宜二十四事'에서도 잘 드러난다. 그는 삼국 및 고려시대에는 제천행사를 했다고 지적하고, 요·금의 고사를 모방해 조선에서도 봄·가을에 대사례大射禮를 하면 무사들의 사기도 올라가고 한 시대의 풍속이 될 수 있다고 주장했다. 또한 조선은 당당한 자주 국가이므로 요·금·발해처럼 5경을 두자고 했다. 한성을 상경으로, 개성을 중경으로, 경주를 동경으로, 전주를 남경으로, 평양을 서경으로, 함흥을 북경으로 삼고 5경에 각기 토관을 두어 군병을 증강 배치하면 국방에도 도움이 될 것이라고 했다. 또한 그는 문과 시험에 《삼국사기》, 《고려사》 등의 지식을 묻는 역사 과목을 넣고, 무과 시험과목에는 사서오경이 아닌 병법이나 전쟁사 등을 넣자고 했다. 또한 단군·기자·삼국과 고려의 시조·태종무열왕·문무왕·영양왕·김유신·을지문덕 등 앞선 나라의 임금과 재상에게 제사를 올리자며 조선 역사의 계승성을 강조했다.

세조는 양성지가 언급한 일 가운데 고려시대의 제천 행사에 깊은 관심을 보였다. 세조는 예조 등에게 명해 제천 예법에 대해 자세히 알아보라고 했다. 그리고 치밀한 준비 끝에 1457년 1월 15일 환구단에 가서 제천 의식을 거행했다. 그날 저녁에는 천제를 지낸 것을 기념해 경복궁 근정전에서 백관의 하례를 받았는데, 왜인과 야인도 참석했다. 세조는 하늘 제사를 지낸 것은 큰 경사로 여겨 종친 및 문무 신하들과 연회를 즐겼고, 8도의 관찰사와 절제사 등에게도 연회를 베풀어 전국적으로 즐거움을 함께 나누라고 명했다.

이와 같은 분위기에서 양성지는 세조가 상제上帝:하늘의 최고신에게 직접 제사를 올린 것을 나라의 성스런 일이라고 칭송하면서 3월 15일에는 '편의십이사'를 올려 태조에게 높은 시호를 다시 올리고 임금의 생일을 황제의 생일을 칭하는 '절일節日'로 삼자고 건의했다. 하지만 세조는 현실적으로 명나라와의 관계를 고려해 이 제안은 채택하지 않았다. 임금이 우려할 정도로 양성지는 조선의 위상을 높이려고 했지만 현실의 한계는 분명했다. 양성지도 이 점을 잘 알고 있었다.

1460년 양성지는 명나라에 사신으로 다녀온 바도 있었지만, 명나라에 대한 숭배의식이나 유교의 명분론에 빠지지 않은 조선시대의 보기 드문 학자관료였다. 그는 명나라에 보내는 사신의 파견도 3분의 1로 줄이자고 주장했다. 그는 조선이 중국과 함께 천하의 한 부분을 차지하며 별개의 구역을 다스리는 나라라고 여겼다. 그는 단군을 국조國祖로 받들고, 단군과 삼국의 임금과 재상들에 대한 제사를 지내자고 하여 이를 관철시켰다. 그는 《팔도지리지》, 《동국지도》, 《고려사》,《동국통감》 등의 편찬에도 참여할 만큼 조선의 지리와 역사에 대한 해박한 지식을 갖고 있었다. 그는 현재는 힘의 차이 때문에 조선이 명나라에게 머리를 숙이며 명의 연호年號를 사용하는 제후국이지만, 명 내부의 제후와는 다른 엄연히 다른 독립국이라는 것을 강조했다. 따라서 그는 언젠가 명이 조선 땅에 욕심을 내면 전쟁을 벌일 수도 있음을 염두에 두고 있었다. 그래서 그는 무인을 우대하고 야인 가운데 귀순한 자는 천대하지 말며 차츰 조선 사람으로 만들자는 주장도 펼쳤다.

그의 정책 가운데는 군사 분야에 관한 것들이 많지만 1464년에는 방납防納의 폐단을 지적하고 이를 개혁할 것을 주장하기도 했다. 그의 방납 개혁은 채택되지 않았지만 조선 후기 최대의 개혁인 대동법 시행의 선구적인 주장이었다. 그는 농업을 비롯한 경제, 인재 등용, 치안, 학문과 출판, 야인 정책, 보건, 노비, 풍속 등 다방면에 걸친 대책을 제시한 당대의 경세가였다. 그는 집현전 출신임에도 불구하고 사육신과 행동을 같이 하지 않은 탓에 조선 중기 이후 그다지 좋은 평가를 받지 못해 지금도 널리 알려진 인물은 아니다. 하지만 사대주의에 빠지지 않고, 조선의 안보는 명나라에 대한 사대의 예를 잘함으로써 확보되는 것이 아니라 조선 스스로 자주 독립을 지켜낼 준비를 갖추는 데서 비롯된다고 여긴 정치가였다. 중국에서 태어나지 못하고 조선에서 태어난 것을 아쉽게만 생각했던 조선 후기의 일반 선비들과는 근본적으로 다른 인물이었다.

세조는 그를 '나의 제갈량'이라 불렀고, 정조는 양성지가 300년 전에 건의한 규장각을 세우고 그의 문집인《눌재집》을 편찬하는 등 그를 정신적 스승으로 섬겼다. 문일평1888~1939은 그를 조선 제일의 경륜가로 꼽은 바 있다.

하지만 조선은 그를 제대로 활용하지 못했다. 만약 세종이 1450년을 넘겨 조금만 더 오래 살아 그의 '비변십책'을 적극 시행했다면 후대에 어떤 역사가 전개되었을까? 특히 그가 15만 정병을 확보하기 위해 양민뿐만 아니라 현직 관료 · 문무과 출신 · 생원 · 진사

| 토정 이지함 | 《토정비결》의 저자로 알려져 있는 이지함은 현감 재직 시 빈민구제 등 실용적인 정책을 펼친 실학자였다. 조선에서 양성지나 이지함 같은 인물이 대활약을 펼치지 못한 것이 아쉽다.

등 누구에게도 면역의 특권을 인정하지 않고, 공사노비에게도 똑같이 군역을 지우는 정책을 펼쳤다면 조선의 국방력이 그토록 허약해지지는 않았을 것이다. 그랬다면 군역에서 빠져나오는 양반 때문에 양민들이 추가로 고통을 겪지도 않았을 것이다.

또 그가 명나라를 대할 때 실리적인 입장에서 우리의 자주정신을 높이라는 정책을 조선의 후손들이 제대로 계승했다면 어떠했을까? 스스로가 주인됨을 잊고서 국가의 안보를 명에 의지하고 군역을 면제받으려고 애쓰던 사대부들이 아니었다면, 최소한 병자호란에서 그토록 허무하게 항복하지는 않았을 것이 아닌가! 오늘날이야말로 양성지와 같은 미래를 내다보는 경세가가 더욱 그리워진다. 만일 그가 오늘날 대한민국에서 전개되는 외교 · 국방 · 교육 분야의 정책들을 목격했다면 무슨 말씀을 하실까 궁금해진다.

문순득

조선인이 세계를 볼 수 있었던 기회

표류민에서 신문명 중개인으로 변신한 존 만지로

존 만지로1827~1898라는 인물에 대해 알게 된 것은 시바 료타로의 역사소설 《료마가 간다》(전10권)를 읽으면서였다. 일본인이 가장 좋아하는 인물 가운데 한 사람인 사카모토 료마1836~1867라는 인물도 매력적이었지만, 필자는 그 소설 속의 만지로라는 인물에 매료되었다. 만지로는 사카모토 료마와 같은 도사번시코쿠 고치현 출신으로, 14세였던 1841년 동료 어부 4명과 함께 고기잡이를 나갔다가 풍랑으로 조난을 당한 표류민이었다.

그는 며칠을 표류한 후 태평양의 한 무인도에 표착했다. 그곳에서 힘든 무인도 생활을 보내다가 143일 만에 미국의 포경선 존 하우랜드호에 의해 극적으로 구조되어, 하와이로 가게 되었다. 그런데 만지로의 운명은 그 배의 선장인 휘트필드Whitefield와 만나면서 크게 바뀌게 된다. 휘트필드는 그를 양자로 삼아 고향인 메사추세츠주 페어헤

븐으로 데려가 학교에 입학시켰다. 만지로는 일본인으로선 처음으로 미국 본토에 발을 들여 놓은 사람이 되었다.

그는 그곳에서 영어, 수학, 측량술, 항해술, 조선기술 등을 열심히 공부했다. 1846년 학교를 졸업하고 포경선인 프랭클린 호의 사무원으로 일했고, 다음해에는 일등 항해사 부선장으로 승진하면서 3년 4개월간 대서양과 인도양을 거쳐 태평양까지 항해했다. 1849년 미국에 돌아온 그는 일본으로의 귀국 자금을 얻기 위해 골드러시의 진원지 캘리포니아로 향했다. 그는 석 달간 금광에서 일한 후 거기서 얻은 자금으로 어드벤처호를 구입해 하와이에 머물던 동료 3명과 함께 1851년 꿈에 그리던 일본으로 돌아왔다.

그가 오키나와에 상륙한 후 초소에서도 심문을 받지만, 이윽고 오키나와를 관할하던 사쓰마 번과 나가사키 봉행소 등에서 본격적인 심문을 당한다. 그런데 심문과정에서 그가 겪은 외국 생활과 해박한 지식에 놀라게 된 사쓰마 번주인 시마즈 나리아키라1809~1858는 그를 귀빈으로 대접하고 해외 사정과 지식을 열심히 청취했다. 시마즈는 만지로에게 자극받아 가고시마 이소지구에 자리잡은 집성관에 일본 최대 방적 공장을 비롯한 제철, 대포, 조선, 유리, 도자기 공장을 잇달아 세우며 사쓰마 번을 부강하게 만들고자 노력한 인물이다. 그런 과정을 통해 사쓰마 번에서는 사이고 다카모리1826~1877, 오쿠보 도시미치1830~1878와 같은 일본 근대화의 주역들이 등장하게 된다.

1853년 고향인 도사 번으로 돌아온 그는 이번엔 그곳 번주인 요시다 도요1816~1862로부터 70일 동안 조사를 받았다. 이때 그를 조사한 가와타 쇼료1824~1898는 만지로의 표류부터 귀국까지의 과정을 기록한 내용을 삽화까지 곁들여 《표손기략漂巽紀略》(전4권)이란 책으로 펴냈는데, 이 책은 사카모토 료마 등 당시 일본 개혁파 인물들에게 큰 자극을 준 베스트셀러가 되었다. 적을 알아야 적을 이길 수 있다는 처세술에 익숙한 일본인들이 그의 가치를 제대로 알아보았던 것이다.

1854년 막부로 초빙된 만지로는 하타모토旗本, 1만 석 미만의 녹봉을 받는 쇼군 직속 무사라는 파격적인 벼슬을 받고 일하게 된다. 만지로는 일본국법인 해외도항금지법을 어긴 중죄인이었지만, 도항한지 10년 만에 모국 땅을 밟고 나서 그는 국가적 영웅으로 대접받았던 것이다. 1853년 매튜 페리1794~1858의 내항으로 미국 정보가 절실했던 막부에서는 통역·조선·항해·측량·포경 등 다방면에 걸친 그의 지식을 필요로 했다. 그는 미국 항해학 서적인 《신실전 항해서》번역을 시작해 1857년에 완성했다. 또《영미 대화첩경》이라는 영어 회화 서적을 출간하기도 했다. 30세에는 군함교수소에서 교수가 되었는데 그곳에서 가쓰 가이슈1823~1899와 만나 의기투합한다. 가쓰 가이슈는 사카모토 료마의 스승으로서 일본 근대해군의 아버지라 할 수 있는 인물이다. 그는 1860년 사절단을 이끌고 미일수호통상조약의 비준서 교환을 위해 막부의 사절단으로 미국에 가게 되는데, 만지로도 여기에 참여하게 된다. 이때 일행 중에는 후쿠자와 유키치1835~1901와 같은 중요 인물도 있었다.

만지로는 메이지 정부에서도 활약했다. 1870년에는 프로이센-프랑스 전쟁 시찰단으로 유럽에 파견되었다가 귀국 길에 미국을 방문해 은인인 휘트필드를 20년 만에 만나기도 했다. 귀국 후 병이 든 만지로는 1898년 71세로 생애를 마친다. 그는 일본 개항기에 꼭 필요한 서구문물의 통역자로, 신기술 전파자로, 교육자로, 청년들에게 희망을 준 아이콘으로 일본 근대사에서 대단히 중요한 역할을 한 인물이었다.

문순득의 푸대접으로 살펴보는 조선의 둔감함

일본에 만지로가 있다면 우리나라에는 문순득1777~?이 있다. 전남 신안군 우이도에서 태어난 그는 1801년 12월 대흑산도 남쪽에 있는 태사도로 일행과 함께 홍어를 사러 갔다. 그런데 그만 돌아오는 길에 풍랑을 만나 표류하게 되었다. 흑산도 부근에서 배가 해류에 밀려 제주도로 떠내려갔는데, 제주도를 눈앞에 두고도 풍랑 때문에 접근하지 못하고 계속 동남쪽으로 떠밀려 내려갔다. 다음해 2월 2일 문순득 일행이 도착한 곳은 유구국오늘날 오키나와의 오시마大島의 양관촌이란 곳이었다. 그곳에서 문순득은 약 8개월간 머물며 다양한 풍습과 언어를 익히며 지냈다.

1802년 10월 7일 문순득 일행은 청나라로 가는 3척의 배를 타고 유구국을 떠났다. 그런데 불행하게도 이번에도 서풍을 만나 표류하다가, 11월 1일 조선에서 더 멀리 떨어진 여송오늘날의 필리핀의 일룸루손섬 일로코스 지방이란 곳에 도착했다. 그는 여송에서 새끼를 꼬아 생활 자금을 마련하는 등 억척같이 살면서 그곳의 언어와 풍습 등을 익혔다. 당시 여송은 에스파냐의 지배하에 있었던 곳으로 에스파냐의 청나라 무역 전진기지와도 같은 곳이었다. 문순득은 그곳에서 가톨릭 성당도 보았고, 그들의 진기한 풍속을 보고들었다. 그는 아홉

| 《표해시말漂海始末》 | 조선 순조 때 정약전이 대필한 문순득의
표해기행록漂海紀行錄. 문순득의 표류 과정과 그 후의 다채로운 경
험담이 담겨있다.

달 동안 머물다가 그곳을 드나들던 청나라 상인단의 배를 이용해 마
카오로 옮겨 가 여러 가지 조사를 받으며 3개월간 머물렀다. 마카오
는 당시 서양 문화가 폭넓게 전파된 곳이었다. 문순득은 조선 사람으
로는 처음으로 서양 문물을 본격적으로 접할 수 있었다. 조사가 끝난
후 그는 육로로 청나라 내륙을 횡단하여 북경을 거쳐 의주로 입국하
여 1805년 1월 드디어 3년 2개월 만에 고향인 우의도로 돌아올 수
있었다.

　그가 우이도로 돌아왔을 때 그에게 행운이 하나 있었는데, 1801년
신유박해로 인해 정약전1758~1816이 유배당해 우이도에 와 있었던
것이다. 새로운 세상에 대한 관심이 많았던 정약전은 문순득을 만나
그의 체험담을 열심히 듣고《표해시말漂海始末》을 지었다. 이 책에는
문순득이 보고 들었던 유구, 여송, 중국 지역의 풍속과 언어를 비롯
하여 표류 일정, 궁궐문화, 의복, 선박, 토산품, 기후 등이 체계적으로
서술되어있다. 문순득은 마카오에서 본 화폐의 유용성에 대해서 이
야기했고, 이 소식은 정약전을 통해 정약용1762~1836에게 전해져 그

가《경세유표》에서 새로운 화폐 개혁안을 제시하는 계기가 되었다. 정약용의 제자인 이강회1789~?는 우이도까지 문순득을 찾아와 그가 본 외국의 선박에 대한 이야기를 듣고 우리나라 최초의 선박 관련 글인《운곡선설雲谷船說》을 쓰기도 했다.

문순득은 귀국 후에 여러 곳에서 조사를 받았기 때문에《조선왕조실록》에도 등장한다. 그런데 조선 정부에서 그의 지식을 활용한 것은 단 한번뿐이었다. 1801년 8월 여송인 5명이 제주도에 표착했는데 조선에서는 말이 통하지 않아 이들을 돌려보내지 못하고 있었다. 1805년 문순득의 경험담을 알게 된 제주목사가 나주목사를 통해 문순득의 존재를 확인하고서야 비로소 그를 활용해 1809년 6월 여송인을 고향으로 돌려보낼 수 있었다. 문순득은 조선 최초의 필리핀어 통역관이란 타이틀을 갖게 되었지만 만지로의 활약상에 비한다면 아쉽기 짝이 없다.

쇄국 정책을 펼치던 일본 막부가 만지로의 경험과 지식을 즉시 받아들인 것은 그가 귀국할 즈음 미국으로부터 개항을 강요받고 있었고, 막부 역시 개항을 준비할 수밖에 없었기 때문이다. 이 점에서 만지로는 분명 대단한 행운아였다. 그렇다고 해도 막부가 그를 하타모토라는 직위에 임명한 것은 다른 의미로 해석해보아야 할 것이다. 만약 조선이 이와 같은 상황이었다면 신분질서를 뛰어넘는 파격적인 대우를 할 수 있었을까?

일본은 조선과 달리 16세기 말부터 에스파냐, 포르투갈, 영국, 네덜란드 등 서양 여러 나라와 교류를 해왔다. 비록 1633년부터 1639년 사이에 기독교의 전파를 막기 위해 차츰 쇄국정책을 실시해 외국

선박의 입항과 일본인의 해외 무역을 금지시켰지만, 유독 네덜란드 상선만큼은 나가사키 데지마 입항을 허락하고 막부가 독점적으로 교역을 했다. 그리고 네덜란드 상인으로부터 매년 '풍설서風說書'라는 세계 정세보고서를 받아 보았다. 그렇게 정보의 루트를 확보하며 지낸 일본인들은 1842년 아편전쟁에서 중국이 영국에게 대패한 사실까지도 상세하게 알고 있었다. 즉 일본은 세계정세가 급격하게 변화하고 있었고, 이에 맞춰 일본 또한 변화해야 함을 절실히 깨닫고 있었던 것이다. 다시 말해 조선처럼 외국과의 교류를 철저하게 막는 쇄국이 아니었다.

서양과의 전쟁중에도 서양 배우기에 노력한 일본

무엇보다 일본과 조선이 다른 점은 일본은 중국 중심의 동아시아 질서에서 국외자 취급을 받았다는 사실이다. 따라서 일본은 중국을 대국으로 여기면서도 객관적인 시각을 유지할 수 있었다. 일본은 조선을 통해 성리학을 받아들였다. 성리학을 배운 자들이 행정 실무를 담당하기는 했지만 쇼군과 다이묘를 비롯한 무사들의 세상인 막부 체제에서 세력을 크게 펼치지 못했다. 따라서 유학을 절대화하지 않았다. 제1차 아편전쟁1839~1842에서 청나라가 패하자, 그 결과에 큰 충격을 받은 일본의 사상가 사쿠마 쇼잔1811~1864은 "중국도 유럽도 일본에게는 모두 외국이다. 그 각자의 좋은 점을 받아들여 일본 스스로를 보완해야 한다."고 주장하고 서양에 대한 정보를 모으고 연구했다. 사쿠마 쇼잔은 성리학을 신봉하는 사람이었지만 과감하게 새로운 사상과 문물을 익혔다. 그는 아편전쟁 후 네덜란드 학문을 연구하는 난학자蘭學者로 변신했다. 그는 직접 대포도 제작하고 포술을 가르쳤으며 개국론자가 되었다.

일본 지식인들은 자국을 작은 천하로 여기고 자국 문화에 자긍심을 지녔지만 결코 절대화하지는 않았다. 그들은 자신들이 살아남기 위해서는 더 강한 문명국가로부터 열심히 배워야 한다는 실용적인 인식을 갖고 있었다. 막부뿐만 아니라, 사쓰마 번주나 도사 번주 등의 다이묘, 사카모토 료마를 비롯한 하급무사까지 만지로가 가진 외국의 정보와 지식을 높게 평가하고 배우려고 노력했다. 조선으로 치면 겨우 2~3개 군郡을 합친 면적에 불과한 사쓰마 번은 1863년 영국 함대와 전쟁을 벌였다. 영국은 7척의 군함을 동원해 공격했는데 사쓰마 번의 포대에서 쏜 대포에 배 2척이 경미한 피해를 입는 한편 함장을 포함한 63명의 사상자가 나왔다. 그럼에도 전쟁은 영국의 일방적인 승리로 끝났고, 사쓰마 번은 영국에 배상금을 지불했다. 하지만 영국은 그들의 실력을 인정해주었다. 사쓰마 번이 영국과의 전쟁에서 얼마나 잘 싸웠는지는 1866년 병인양요, 1871년 신미양요에서 조선이 프랑스나 미국과 싸운 것에 비교해 보면 여실히 알 수 있다. 놀라운 것은 사쓰마 번은 이후 군비의 근대화가 절실함을 깨닫고 오히려 영국과 우호관계를 깊게 맺었으며, 사쓰마 번 무사들이 해군력의 중요함을 깨우쳐 이후 일본해군의 주역으로 성장했다는 점이다.

유교에 매몰된 조선, 인재를 버리다

하지만 조선은 달랐다. 명나라가 멸망한 후 유교문화의 정수를 보존하고 있는 소중화로 자처한 조선은 일본을 교화해야 할 오랑캐로

얕잡아 보았다. 또 유교를 모르는 양이洋夷들과는 대화할 수 없다고 생각했다. 이항로1792~1868는 "무도한 짓을 하는 것이 서양이다. 천지간이 오직 한줄기 빛이 조선에 닿아있으니, 동도東道를 지키는 일에 나라의 존망이 달렸다."면서 도리어 유교 질서의 강화를 외쳤다. 병인양요와 신미양요를 겪고도 군비 근대화와 같은 근본적인 개혁을 취하고자 하시 않았다.

유교를 절대시한 조선에서 문순득의 경험과 지식은 하등의 쓸모가 없는 것이었다. 유배 중이던 정약전-정약용 형제, 벼슬을 못한 지방 지식인 이강회에게라도 그 내용이 전해진 것이 그나마 다행이다. 책문조-청 국경에서 그를 만난 원재명1763~1817은 뒷날 성균관 대사성까지 지낸 인물로 문순득의 경험담을 듣고 감명 받기는 하지만 다시는 그를 찾지 않았다.

1800년대 초반의 국제정세와 1850년대 국제정세는 크게 다르다. 조선과 일본이 처한 현실도 물론 달랐다. 그럼에도 불구하고 두 사람을 함께 거론한 것은 만약 조선이 만지로의 능력을 널리 활용했던 일본처럼 문순득의 지식과 경험을 활용했더라면 어떠했을까 하는 아쉬움 때문이다. 그가 마카오에서 본 것처럼 3가지의 금속으로 9종류의 돈을 만들어 유통시켰더라면? 일본이 만지로를 군함교수소 교수로 임명해 근대해군을 육성한 것처럼, 조선도 문순득이 본 외국 선박들의 다양한 장점을 살려 빨리 선박 개조사업에 뛰어들어 외국과 교역했더라면 어떠했을까?

하지만 문순득은 정부의 정책 결정에 아무런 영향을 미칠 수 없었다. 능력보다 신분이 중요하며 유학만을 중요시했던 조선에서 문순

| 장한철 선생 표해 기적비紀蹟碑 | 제주시 애월읍 소재. 장한철이 1770년에 한양으로 가던 중 풍랑을 만나 유구국에 표류하면서 겪은 고초 등을 한문으로 기록한 《표해록》을 남겼다. 장한철 등 표류민의 경험담은 조선 사회에서 변화의 동인이 되지 못했다.

들에게 만지로와 같은 활약을 기대한다는 것이 애초에 무리인지도 모르겠다. 하지만 이 과정을 통해 조선에 무엇이 모자랐는지를 성찰해볼 수 있다면 나름의 의미가 있다고 하겠다. 우리가 그것을 정확히 알아야 역사를 통한 교훈을 얻을 수 있다. 지금 우리도 학벌, 파벌, 출신, 경제적 지위 등에 의해 유능한 인재를 못 본 체하고 있는 것은 아닌가? 새로운 지식과 정보를 기존의 틀과 다르다는 이유로 애써 무시하고 있지는 않는가?

방치하기에는 너무 아픈 이유

강도 일본의 교활한 환구단 침탈

문화재청에서는 지난 2015년 12월 17일 환구단 정문과 환구단 사이에 있는 764.7㎡약 230평을 보호구역으로 지정하고 환구단을 체계적으로 정비하겠다는 보도 자료를 냈다. 문화재청은 환구단의 역사 문화 환경을 보호하고 그 가치와 의미를 널리 알릴 방안을 마련해 시행할 예정이라고도 했다. 그런데 이 기사를 보면서 필자가 의아해했던 게 있다. 혹시 문화재청은 황궁우가 곧 환구단이라고 착각하고 있는 것은 아닌가?

서울 회현동의 웨스틴조선호텔 뒤편으로는 마치 호텔 정원의 일부라도 되는 것처럼, 3층 팔각 건물인 황궁우가 외롭게 서 있다. 이 호텔의 부지는 1897년 대한제국 고종황제가 제국의 예법에 맞추어 제사를 드리기 위해 건설한 환구단의 제단 터이다. 환구단은 하늘에 제사를 지내는 3층의 원형 제단과 황궁우皇穹宇, 신위를 모신 곳, 전사청

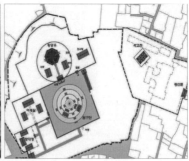

| 환구단 사진과 배치도 | 1907년 촬영. 남쪽에 제사를 올리는 원형의 제단이, 북쪽에 위패를 모시는 건물인 황궁우가 있다. 그밖에 제사 준비시설로 전사청과 재실 등이 있다. 지금은 덩그러니 황궁우만 남아있다.

典祀廳, 제기 보관 건물, 어재실御齋室, 제사를 위해 임금이 머무는 곳, 향대청香大廳, 제사에 사용할 제물 보관 및 제관이 대기하는 곳, 석고전石鼓殿, 광선문光宣門 등으로 구성되어있었다. 이 가운데 가장 중요한 곳은 하늘에 제사를 지내는 제단 터인 원단이다. 하늘 제사는 지붕이 없는 원단에서 지내야 한다. 1897년 고종은 원단에서 하늘 제사를 올렸고, 황궁우는 2년 후에 세워졌다. 즉 황궁우는 제사를 지내는 장소가 아니고 단지 신위를 보관하는 건물일 따름이다. 현재 황궁우 남서쪽에 있는 3개의 돌북은 본래 황궁우 동쪽에 별도의 건물인 석고전 안에 있었고, 석고전으로 들어가는 광선문은 롯데백화점 자리쯤에 있었다.

1910년 불법으로 조선을 강탈한 일본은 강점 5년을 기념하기 위해 1915년 조선물산공진회에서 박람회를 개최한다며 경복궁을 마구 훼손했다. 이보다 한 해 전인 1914년에 일본은 박람회용 내빈 숙소를 마련한다는 명목 아래 환구단의 원형제단, 즉 천단을 허물고 철도호텔을 지었다. 호텔은 약 6,750평 대지에 지하 1층, 지상3층, 69객실을 갖춘 건물로, 당시로서는 독일인이 설계한 최신식 호텔이었다. 그런데 1914년 사진을 보면 시청 앞 광장 쪽에서 환구단이 보이지 않도록 건물이 들어서 있다. 향대청은 사라졌지만 어재실과 황궁우, 삼문은 남아있었다. 반면 석고전 건물은 사라졌고, 광선문은 일본 동본원사로 옮겨졌다. 어재실은 아리랑하우스로 개명되어 음식점 및 연회장소로 사용되었고, 환구단 정문은 호텔 정문이 되어있었다.

일본은 경복궁을 파괴할 때에도 근정전은 놔두고 그 앞에 조선총독부 건물을 지었던 것처럼, 환구단의 경우도 황궁우는 남겨두고 가장 핵심인 제단자리를 없애고 그곳에 호텔을 지었다. 그렇게 한 까닭은 조선의 것은 과거요 비문명이라는 것이며, 일본은 오늘이요 문명이라는 것을 극단적으로 대비시키기 위해서였다. 한국인들에게 신성하고 존엄한 성소를 초라하게 만드는 한편 그 주변에 제국주의 일본의 상징인 철도호텔을 세움으로써, 일본이 가져온 문명의 위대함을 각인시키는 동시에 한국인의 자존심을 여지없이 뭉개버린 것이다. 너희들은 국가를 가질 자격은커녕 하늘에 제사를 지낼 자격조차 없

| 황궁우와 철도호텔(왼쪽) | 1913년에 일제는 대한제국의 상징인 환구단을 헐고 1914년에 철도호텔을 신축했다. 환구단의 각종 부대시설은 멋대로 전용하거나 방매했다.

| 조선호텔 | 환구단의 천단을 허물고 들어선 철도호텔은, 1968년 20층 건물로 재건축되면서 웨스틴조선호텔로 이름이 바뀌었다.

다는 선언이나 마찬가지다.

환구단은 우리나라가 자주 국가이며 이 땅의 주인임을 확인하겠다는 의지를 통해서 만들어진 공간이다. 지금은 고쳐졌지만 10년 전에 본 환구단 안내 글에는 "조선이 건국 초기에 중국을 받들어 명나라의 제후국을 자처했으므로 하늘에 제사 지내는 환구단이 없었으며, 오직 땅과 곡식의 신에게 제사지내는 사직단만 있었다."는 내용이 들어가 있었다. 하지만 이는 잘못된 설명이니, 잠깐 환구단과 연관된 우리의 역사를 돌이켜보자.

자주독립국 조선의 상징이었던 환구단

고려의 경우 성종 2년983에 환구단에서 제천의례가 치러졌으며, 이후 고려 말까지 꾸준하게 이어졌다. 제후국을 자처한 조선과 달리, 고려는 황제국의 위상을 가진 나라였다. 고려 말 몽골의 부마국체제에 편입되어 자주성이 많이 상실되기는 했지만, 제천의례는 조선 초기까지 면면히 이어졌다. 물론 성리학적 질서를 내세우는 조선의 사대부들은 자주성을 내세우는 제천의례에 대해 반발하기도 했다. 그럼에도 세조는 양성지의 건의를 받아들여 1457년 1월 15일에 환구단에서 제사를 드렸고, 이 제사는 1462년까지 지속되었다. 하지만 세조 사후 조정에서는 환구단의 호칭을 남단南壇이라 고쳐 부르고 하늘 제사도 올리지 않았다. 광해군이 1616년 8월 세조의 예에 따라 환구단 제사를 지내려 한 바 있으나 신하들의 반대로 끝내 지내지 못한 사례도 있었다.

고조선, 삼국시대에 성행했던 무천, 영고, 동맹의 제천의례에서 보듯 우리 조상들에게 하늘 제사는 지극히 자연스러운 일이었다. 하지만 조선은 제후국으로서 분봉받은 땅의 사직신과 종묘에서만 제사를 지내야 한다는 유교의 예법을 받아들인 탓에 제천의례를 중단하게 된 것이다. 1894년 청일전쟁에서 청나라가 패하면서 중화질서가 붕괴되자, 조선은 국호를 대한제국으로 바꾸고 제국에 어울리는 의례인 제천행사를 행하고자 환구단을 건립했다. 그러므로 환구단은 우리나라의 자주독립의 상징과도 같은 것이다.

한편 일본은 그런 환구단을 파괴함으로써, 우리의 자주독립의 상징을 말살시키고자 한 것이다. 그렇다면 해방이 된 후 우리 정부에서는 자주독립국임을 과시하기 위해서라도 환구단을 복원했어야 한다. 해방 이후 정부는 겉으로는 일제의 잔재를 씻어버리겠다고 했지만 환구단을 복원할 의지는 없었다. 가장 큰 이유로는 일제가 환구단 터에 만들어놓은 철도호텔 때문이었다. 해방 직후 미군정 사령부는 당시 서울에서 가장 좋은 호텔이었던 철도호텔에 머물렀다. 이승만과 서재필의 집무실도 이 호텔에 있었다. 이승만은 과연 철도호텔에서 황궁우를 보며 무슨 생각을 했을까? 궁금하지 않을 수 없다.

더욱 안타까운 것은 그 뒤로도 정부는 물론 학계조차 환구단 복원을 말하지 않았다는 점이다. 그런 상황에서 1967년 6월 한국관광공사와 미국항공사가 조선호텔 건설계약을 체결했다. 그리고 이듬해 현재의 20층 건물로 재개관 된 것이다. 개관 시에는 박정희 대통령 내외도 호텔을 찾았다. 하지만 호텔이 들어선 그 자리가 어떤 의미를 갖고 있는지 대통령을 비롯한 정부 관계자들은 제대로 알지 못했다. 대신 1967년 7월에 황궁우를 중심으로 한 1,505평을 사적으로 지정하는 것에 그쳤다. 게다가 1974년에는 사적지 일부를 롯데그룹에 매각해, 현재는 그나마 1,070평으로 축소되었다. 더 놀라운 것은 조선호텔 신축 시에 그때까지 남아있던 환구단 정문과 재실, 전사청 등의 부속건물을 해체하거나 매각해버렸다는 점이다. 1960년대 말 우리나라에 고급호텔의 필요성은 충분히 인정하다 해도, 호텔 부지가 하필 환구단의 천단 자리여야 했을까? 일본이 우리나라 문화재를 어떻게 파괴시켰는지에 대한 속셈을 당시 학자들이나 정부 관료들은 전혀 몰랐던 말인가?

이제는 다시 계획해 봄직한 환구단 복원

지금 호텔을 없애고 다시 환구단 제단을 복원하려면 천문학적 비용이 들 것이다. 만약 1967년 누군가 대통령 옆에서 환구단 복원의 필요성을 역설했다면, 어떠했을까? 역사를 왜곡하거나 파괴하기는 쉽지만 바로잡기란 무척 어렵다. 천단 자리에 웨스틴조선호텔이 서있는 한 환구단의 진정한 복원은 불가능하다. 호텔과 상가 건물들에 가려 시청 옆을 지나는 일반인들조차 그저 호텔의 부속 건물이려니 생각하는 황궁우만으로는 환구단의 가치와 의미를 제대로 복원할 수는 없는 것이다.

더욱 갑갑한 것은 웨스틴조선호텔 입구 오른쪽에는 "남별궁터 – 조선 후기에 중국 사신이 머물던 곳"이라는 표석이 있었다는 사실이다(최근에는 보이지 않는다). 한국말을 아는 중국인들에게는 호텔을 방문하는 자신들을 환영한다는 의미로 해석될 수가 있겠다. 그런데 당시의 중국 사신들은 조선의 임금을 능멸하기 일쑤였다. 조선의 왕이나 대신 모두 중국 사신을 만나러 남별궁으로 찾아가 쩔쩔매기도 했다. 고종이 환구단을 굳이 남별궁터에 지은 까닭은 조선의 위엄과 자존심을 되찾겠다는 속뜻이 담긴 것이기도 하다. 그런데 그 자리의 의미를 남별궁터로 소개한 것은 대한제국 시절 환구단을 세운 의미를 우리 스스로 부정하거나 축소한 것이다.

1993년 일제의 잔재 건물인 조선총독부 건물의 해체를 결정한 바 있다. 그리고 1996년 이를 완전히 철거하고 조선의 정궁인 경복궁을 복원하기에 이르렀다. 하지만 궁궐만큼이나 중요한 의미를 가진 환구단은 그렇게 하지 못했다.

지금 환구단을 원상 복구해서 천제를 지낸다고 해서 그 행위가 조선시대처럼 큰 의미를 지니진 못할 것이다. 어쩌면 민족 전래의 천제에 대해 과도한 종교적 해석을 내리는 특정 종교계에서 빗발치듯 항의할 수도 있다. 하지만 북경의 천단은 그 자체로 많은 관람객을 불러 모으는 독특한 관광자원이고, 나아가선 중국인의 자부심을 불러

| 황궁우(왼쪽) | 황궁우는 3층 지붕을 가진 8각 형태의 건축물이다. 천신과 지신, 그리고 국왕의 신위를 모신 곳인 만큼 당시로서는 최고의 치장을 갖추고 있었다.

| 황궁우의 내부 모습 | 황제만이 올릴 수 있는 제의장소에 거대한 호텔을 지어올리고, 마치 그 부속건물처럼 조선 왕들의 신위를 모신 황궁우만을 남겨놓은 일본인들의 간교한 술책을 기억해야 한다.

일으키는 상징물 노릇까지 하고 있음을 기억할 필요가 있다. 환구단 복원의 가치는 돈으로 계산할 수 있는 문제가 아니다. 사대주의와 일제 잔재를 청산하고 올바른 역사를 바로잡겠다고 한다면, 엄청난 비용이 들더라도 우리가 언젠가는 반드시 해내야 할 일이 아닐까 생각해본다. 친일문제 청산과 진정한 자주독립의 의미를 새롭게 정립해야 할 우리의 시대정신이 요구하는 일이기 때문이다.

방편의 사대에서 변질된 비굴한 도그마

정치적 수단으로서의 사대

조선 초기 명은 조선을 괴롭히는 괴팍한 이웃이었다. 조선은 그저 깡패같은 명 황제가 시비를 걸지 않으면서 조선에 요구하는 공물 수량을 줄여주기를 바랄 뿐이었다. 명은 조명 관계를 고려-몽골 관계의 연장으로 보려고 했다. 이는 조선의 관점과 달랐다. 양국은 조공-책봉을 근간으로 한 상하의 관계이긴 했지만 공물 증액문제, 요동지역 인구 확보 문제, 양국 사이의 야인 문제 등으로 갈등요인이 적지 않았다.

명은 압도적 국력으로 조선을 억압했고, 조선은 정도전의 요동정벌론이라는 카드를 꺼내 보이기도 했다. 조선 초기 경세가 양성지 1415~1482는 명이 아무리 상국이라 하더라도 만약의 경우를 대비해 국방대책을 세울 것을 수시로 건의했다. 반면 명은 틈틈이 조선을 압박하며 조선 길들이기에 나섰다. 조선은 야인, 왜인, 유구 등에서 오는 사신들의 조공을 받으며 이들에게 관직을 하사하는 일종의 책봉 의식을 마련해 나름의 작은 천하를 운영했다. 이에 대해 명은 1459년 3월 사신을 보내 조선이 야인들을 규합하는 행위를 금지하라고 경고했다. 명의 압력이 강해지자 세조 때 지내던 환구단 천제도 그 이후로는 폐지하고 말았다. 그러는 와중에도 조선은 1500년까지 신년 하례식 등을 통해 작은 천하를 유지하려는 노력만큼은 계속했다.

15세기 조명 관계는 약소국과 강대국 사이의 상하관계일 뿐이었다. 힘이 약한 나라가 강한 나라에게 머리를 조아리는 사대 관계는 국제 질서에서 흔한 일이다. 그리고 사대 관계는 결코 영원하지 않다. 가령 건국 초기 돌궐에 조공했던 당이 돌궐을 멸망시켰던 것이나 금에 복종했던 몽골이 금을 멸망시키고 대제국을 건설한 것이나 명에게 조공을 바치고 책봉을 받던 만주족이 명을 전복시킨 것 등이 다 그런 사례이다. 사대는 국제 질서에서 갈등을 줄이는 요소인 동시에 약소국의 생존 전략이기도 하다.

반면 강대국의 입장에서 조공-책봉 관계는 자국의 우월한 위치의 지속 여부를 가름하는 중요 사항이었다. 조공의 예를 다하지 않는 제후국은 수시로 단속해야 했다. 중국의 역대왕조는 자국은 책봉을 내리는 상국이라 여겼고 따라서 이런 체제를 지속시키기 위해 많은 노력을 기울였다. 그러려면 자신들의 천하관을 주변국이 받아들이게 만들어야 했다. 유교의 전파, 특히 성리학의 전파는 그들의 천하관을 주변세계에 이식하는 매우 중요한 수단이었다. 성리학이 강조하는 질서의식은 중국과 주변국의 상하관계를 하늘의 도리에 부합하는 자연스러운 것이라고 가르쳐, 조공-책봉 관계에 대한 조공국의 거부감을 불식시켜 주는 역할을 했다.

하지만 조공-책봉 체제는 패권을 차지한 강대국의 입장에서나 조공을 바쳐야 하는 제후국의 입장에서나 사실은 매우 불안정했다. 힘의 관계가 변하면 그 체제는 언제든지 변동될 수 있었기 때문이다. 그런데 이 체제가 유독 안정적으로 운용된 사례가 바로 조명 관계였다. '방편적 사대'를 취하던 조선이 특정 시점을 지나면서 '절대적 사대'를 추구하면서, 명나라는 자신들의 천하관을 강력히 지지해주는 절대적인 제후국을 만난 셈이었다. 그렇다면 이런 절대적인 조공-책봉 관계는 어떤 과정을 거쳐 형성된 것일까?

조-명 관계를 바꾼 중종과 선조의 노림수

상하관계에 불과했던 조-명 관계가 질적으로 크게 변화한 것은 조선에서 왕의 권위가 추락하여 강력한 외부의 권위가 필요해지면서부터였다. 중종재위:1506~1544은 1506년 병인정변丙寅政變으로 왕위에 올랐다. 병인정변은 역사적으로 '중종반정'이라 불리기도 하지만, 그것은 신하들이 주축이 된 일종의 쿠데타였다. 즉 중종은 쿠데타를 통해 왕이 되었기 때문에 공신들의 틈바구니에 끼어 권위를 내세울 수 없었다. 이런 상황을 우려한 중종은 이웃한 초강대국 명나라의 인정을 통해서 권위를 확립하려 했다. 15세기 조선의 명나라에 대한 사대가 가변성이 높은 다소 방편적인 관계였다면, 16세기 초 조명 관계는 절대적인 관계로 변모했다. 이전까지가 상하관계였다면 이때에 이르러서는 이보다 한 수 위인 부자관계쯤이 된 것이다. 상하관계는 유교의 기본 가치인 '충'을 토대로 한 군신君臣 관계로 이루어진다. 정상적인 군신관계 하에서라면 신하가 왕에 대해 비판을 가할 수 있고, 왕도 함부로 이를 무시할 수만은 없다. 이럴 경우 양자 사이에 힘의 축이 어디에 놓여 있느냐에 따라 다양한 변주가 이루어질 수 있다. 하지만 부자관계라면 말이 달라진다. 부자 사이의 인연은 떼어 버릴 수 없으며, 자식은 부모를 위해 맹목적이고 희생적인 '효'를 앞세워야 한다. 즉 이런 상황이라면 정상적이고 호혜적인 국가 관계가 될 수 없음을 뜻한다.

조선 초기에는 국가의 안보를 위해 필요한 사대를 방편적으로 동원한 것에 불과하지만, 중종 시대를 거치면서 유교가 그만 사대와 굳게 결합되어 버렸다. 이리하여 유교식 질서논리가 조명 관계에 덧씌워졌다. 1449년 세종은 오이라트Oirat를 함께 공격하자는 명의 파병 요구를 거절했다. 하지만 1543년 1월 명나라가 건주야인을 정벌할 것이며 조선에 파병을 요구할 것이라는 정보를 얻자마자, 중종은 명의 칙서가 도착하는 대로 즉각적인 출동 준비를 갖추는 것이 사대의 도리를 다하는 것이라고 여겼다. 조선은 명에 1년에 3차례 사신을 보내는 것이 상례였지만, 중종은 명나라 황제의 조서나 칙서의 경유 처인 요동도사遼東都司를 통해 명나라 사정을 전해들은 후 축하할 작은 일만 생겨도 진하사進賀使라는 명목으로 사신을 파견했다. 그것이 1520년 이후 연평균 6회에 달하였다. 중종의 잦은 사신 파견은 미약한 왕권을 어떻게든 부지해보려는 몸부림이었다.

조명 관계는 선조재위1567~1608 시기에 또 다시 큰 폭의 변화를 겪는다. 선조는 임진왜란을 치르면서 왕으로서의 권위가 곤두박질쳤다. 권위를 잃은 선조는 백성들의 충성심을 되돌려볼 요량으로, 중종의 사례처럼 명의 절대지지라는 외부 권위를 동원하려고 했다.

선조가 자신의 권위에 도전한다고 간주한 이순신을 시기한 것은 그가 얼마나 권위가 없었는지를 잘 보여준다. 백성들은 의병에 참여해 임진왜란을 극복하는 데 기여했지만, 선조는 내내 도망만 다녔다. 선조와 그를 호종한 자들이 한 일이라고는 명의 군대를 불러오고 그들을 잘 대접한 것뿐이었다. 명군이 1593년 1월 초 평양성 전투에서 북상하는 일본군을 제압하여 일본이 조선을 완전정복하는 사태를 막는 데 기여한 것은 분명하다. 하지만 1593년 1월 말 벽제관전투에서 일본군에게 패한 이후 명군은 일본군과의 전투를 꺼려했다. 결과적으로 임란왜란 당시 명군이 일본군을 물리친 공이 절대적이라고 말하긴 어렵다. 다만 왜군의 북상을 막는 억지력을 발휘한 정도라는 평가가 정당하다. 물론 이렇게 되기까지 조선 수군과 의병의 역할 또한 컸다. 그럼에도 선조는 임진왜란에서 조선을 구한 공을 오로지 명군에게 돌려버렸다.

선조는 1604년 임진왜란에서 적과 싸워 이기는 데 공을 세운 18명을 선무공신에, 피난길에 동행한 신하들과 내시 24명 등을 포함한 86명을 호성공신에 봉했다. 선무공신 18인 가운데 1등은 널리 알려진 것처럼 이순신李舜臣, 권율, 원균 3인이고 2등에는 김시민, 이억기, 신점, 권응수, 이정암 5인이다. 3등은 한산도 해전 등에 참전한 이순신李純信을 비롯한 10인이다. 이순신과 권율 등이 공신에 책봉된 것은 당연하다고 하겠지만, 의병장 가운데 공신에 임명된 자가 한 명도 없다는 것은 분명 불공정한 처사다. 그들에게 제대로 포상조차 하지 않은 것은 선조가 의병장의 역할을 의도적으로 폄하한 것이라고 볼 수밖에 없다.

주목할 인물은 호성공신 1등에 임명된 이항복1556~1618과 정곤수 1538~1602다. 임진왜란 당시 영의정을 지낸 유성룡1542~1607은 2등 호성공신에 불과하다. 그런데 1등 호성공신에 정곤수가 봉해진 것은 그가 의주까지 선조를 호종했을 뿐 아니라 명에 원병을 청하도록 건의했고, 직접 명에 파견되어 원병을 얻어온 공 때문이었다. 그러나 명이 원군을 보내온 것은 사실상 병부상서 석성石星, 1538~1599의 역할이 결정적이었다. 정곤수는 석성 앞에서 통곡하며 애절하게 호소하여 그를 감동시켰다고 전해지지만, 정작 석성의 마음을 움직인 사람은 뜻밖에도 역관 홍순언1530~1598이었다. 홍순언은 과거 석성의 부인을 구해주었고, 그 부인이 앞장서 석성을 설득했던 인연이 작용했다. 여기서는 상세히 쓰지 않겠으나 그 스토리는 소설보다 훨씬 더 드라마틱하다. 그럼에도 불구하고 홍순언은 공신으로 책봉되지 못했다. 명의 원병을 데려온 공은 오로지 조선의 집권층의 몫이고 그 때문에 나라가 위기에서 벗어났다고 선전해야 했기 때문이다. 이항복이 1등 공신으로 오른 것도 명과의 문제를 해결한 공이다. 조선이 왜와 함께 명을 치려고 한다는 오해가 발생하자 목숨을 걸고 명에 가서 잘 해결했다는 이유였다.

선조와 사대부들은 이후 명이 조선을 사지에서 건져 다시 조선을 만들어준 은혜, 즉 재조지은再造之恩를 입었다면서 더할 나위 없는 사대의 예를 취하게 되었다. 내밀한 계산을 해보면 재조지은의 강조는 이들에게 결코 불리한 것이 아니었다. 임진왜란을 겪으며 땅에 떨어진 초라한 신세를 보호해주는 버팀목이 명의 위세였다. 명의 보호를 받는 제후국이라는 현실이 도리어 자신들의 현재 위치를 공고히 해줄 수 있었기 때문이다. 기존 방식대로 백성을 통제할 자신이 없던 그들은 대명제국의 신하라는 위상이 권력 장악에 더 효율적이라고 생각했던 것이다. 또한 새로운 전쟁이 벌어질 경우 조선의 힘으로 나라를 지키기보다는 사대의 예를 잘 지켜 신하된 도리를 다하면 중국의 천자가 몸소 나서 구해주리라고 믿기 시작했다. 오로지 명의 권위 혹은 능력에 얹혀 대외 문제는 싹 잊어버리고 그야말로 조선 내에서 힘없는 양민이나 노비들 앞에서 예전처럼 군림하며 지낼 달콤한 꿈에 사로잡혀 있었다.

사대주의가 기득권층의 지배 이데올로기의 필수요소가 되다.

1636년 11월 8일 뒷날 3학사의 한 명으로 꼽히는 윤집1606~1637이 청과의 화의를 주장한 최명길1586~1647의 죄를 논하는 상소를 살펴보자.

"명은 우리나라에 있어서 부모의 나라이고 노적奴狄-청은 우리나라에 있어서 부모의 원수입니다. 신하된 자로서 부모의 원수와 형제의 의를 맺고 부모의 은혜를 저버릴 수 있겠습니까. 더구나 임진년의 일은 조그마한 것까지도 모두 황제의 힘이니 우리나라가 살아서 숨 쉬는 한 은혜를 잊기 어렵습니다. 지난번 오랑캐의 형세가 크게 확장하여 경사京師-북경를 핍박하고 황릉을 더럽혔는데, 비록 자세히 알 수는 없으나 전하께서는 이때에 무슨 생각을 하셨습니까? 차라리 나라가 망할지언정 의리상 구차스럽게 생명을 보전할 수 없다고 생각하셨을 것입니다. 그러나 병력이 미약하여 모두 출병시켜 정벌에 나가지 못하였지만, 또한 어찌 차마 이런 시기에 다시 화의를 제창할 수야 있겠습니까."

윤집의 말은 오늘날 쉽게 납득하기 어려운 말이다. 하지만 당시의 유학자들에게는 이것이 상식이나 다름없는 이야기였다. 이 상소를 받아들던 인조는 명 황제의 권위를 등에 업기 위해 눈물겹게 노력한 인물이었다. 그런 만큼 인조 또한 윤집의 생각에 망설임없이 동의해 청과의 화의를 거부했다. 《우리가 아는 선비는 없다》의 저자인 계승범 교수는 조선 사대부가 충성을 바친 최종 대상은 자기 나라의 왕이 아니라 명의 천자였다고 일갈一喝했다. 정변으로 왕위에서 물러난 태조, 연산군, 광해군 가운데 태조와 광해군은 명과의 종속적인 관계를 부정하고 독자 노선을 추구하려 했다는 공통점이 있다. 반면 정변을 통해 왕위에 오른 중종과 인조는 명 황제로부터 인정받기 위해 눈물겨운(?) 노력을 기울였던 인물들이다.

조선이 망할지언정 명에 대한 의리를 지키자던 선비들은 1637년 1월 30일 '삼전도의 굴욕'이라는 전대미문의 사건 앞에서도 뜻을 굽히지 않았다. 비록 청에 머리를 조아리지만 정신만은 끝까지 굴복하지 않겠노라고 외쳤다. 그처럼 청을 거부한 조선 사대부는 청이 명을 멸망시킨 이후에도 오로지 명의 부흥만을 기원했다. 언젠가 명이 부흥하면 그때 충성을 다한 대가를 받으리라는 믿음에서였다.

한편 노론 당파의 영수인 송시열1607~1689은 자신의 죽음을 앞두고 조선을 구한 명 황제를 숭배하는 사당인 만동묘萬東廟를 세우라고 제자 권상하1641~1721에게 지시했다. 철저한 반청주의자들인 호서지역의 사대부들은 그의 지시에 따라 1704년 만동묘를 세우고 해마다 제사를 행했다. 또한 같은 해부터 창덕궁 후원에 조선에 원군을 파견해준 명 신종만력제의 은혜를 기리기 위한 대보단大報壇을 건립하고 매년 제사를 행했다. 만동묘나 대보단은 조선 사대부들의 흔들리는 신앙을 붙들어매준 일종의 상징물이었다. 조선의 명에 대한 충성심은 신앙으로 전환된 지 오래였다.

하지만 17세기 후반에 접어들며 명의 부흥은 이미 불가능한 상황에 접어들었다. 그러자 그들은 이번에는 조선만이 '중화 밖에서 명의 도를 이어받은 유일한 나라'라 간주하고 이때부터 조선을 '소중화'라고 불렀다. 소중화 의식은 오랑캐가 세운 나라인 청을 멸시하고 조선의 자존심을 높이려는 자존의식의 발로라 볼 수도 있지만, 더 이상 세상에 존재하지 않는 명에 의지한 비현실적인 관념적 유희에 불과하다. 조선은 화이의 분별이라는 명분을 앞세워 오랑캐 나라인 청나라로부터 배우려고 하지 않았다. 일부 북학파를 제외하면, 다수의 사대부들은 청나라에서 벌어지는 새로운 세계의 변화를 애써 외면했다. 잘못된 명분에 집착하던 조선의 운명은 식민지로의 나락이었다.

유교 신앙과 결부되어 뒤틀린 사대주의

유교는 하늘의 도리 즉 천도天道를 윤리 도덕의 근원으로 삼고 최종적인 윤리 도덕의 판단은 하늘天에 의존한다. 극기복례克己復禮를 통해 내세보다 현실을 중시하여 천상보다 지상의 인간 문제에 관심을 두지만 하늘의 도리를 주체적으로 자각하여 내재화를 통해 천인합일天人合一 최고의 가치로 지향한다. 또한 천과 인간의 연결고리로 조상신을 섬긴다. 인간 생명은 유한하지만 유한한 삶의 극복은 제사라는 형식으로 죽은 조상은 자손들의 기억 속에 영원히 존재한다고 믿는다. 이러한 내세관이 있기 때문에 제사가 유교의 핵심 종교의례가 된 것이다. 조상 숭배를 중요하게 여겼던 것은 유교의 핵심적인 교리가 여기서 비롯되기 때문이다. 유교에서 하늘의 가호는 천도에 순종할 때 가능하고 천도를 거역하면 천벌과 재앙이 따른다고 믿는다. 오륜忠, 孝, 信, 別, 序의 윤리규범을 거역하는 것은 곧 천도를 거역하는 것이다. 신의 뜻을 거역하면 벌을 받는다는 기독교의 신앙이나 천도를 거역하면 천벌을 받는다고 믿는 유교의 신앙은 결코 다르지 않다.

유교는 천도를 믿고 순종해야 하늘의 돌봄을 받아 허물이 없다는 종교적 당위성을 강조한다. 인격적인 신이 인간의 삶에 개입하는 적극적인 종교가 아니라 마음속의 신으로부터 벌을 받는다는 내재화

| 만동묘萬東廟(왼쪽) | 충청북도 괴산군 화양리에 위치한 사당으로, 임진왜란 때 조선을 도와준 명나라 신종(만력제)과 마지막 임금 의종(숭정제)를 기리기 위해 세웠다. 제사 비용 마련을 위해 백성들을 착취하는 정도가 심해, 대원군이 일시 철폐하기도 했다.

| 풍천재風泉齋 | 만동묘에 제사지내러 온 수령들이 머물던 곳. 1874년에 단 것으로 보이는 현판에 써 있는 숭정崇禎은 명나라 마지막 왕의 연호이다. 넋이 나간 조선 유생들은 조선이 망한 20세기 들어서도 숭정 연호를 버리지 못했다.

된 종교라 하겠다. 마음속에 한 점 거리낌이 없는 군자의 삶을 목표로 수련하는 유교는 기독교나 불교와 형식만 다를 뿐 인간의 다양한 삶을 강력하게 통제하는 종교였다.

유교는 중화문명의 토대 위에 성립되었기 때문에 유교의 교리는 《논어》를 비롯한 경전들에서만 볼 수 있는 것이 아니라, 중국 역사 속에서도 나타난다. 따라서 유태인이 탈무드를 배우는 것처럼, 유교도는 중국역사를 배웠다. 주자는 중국의 역사서인《자치통감》을 토대로 큰 요점綱과 세부내용目으로 정리하면서 의리를 중히 여기는데 치중한《자치통감강목》을 펴낸 바 있다. 1438년 조선에서는 이 책을 금속활자로 인쇄해 보급했다. 조선의 유교도들은 이 책을 공부해 중국의 역사는 자세히 알면서도, 우리 역사는 모르는 경우가 허다했다. 따라서 조선 선비들은 자연스럽게 중국문화에 경도傾倒될 수밖에 없었다. 대명제국을 섬기는 것은 천도에 속하며 이를 어기면 천벌을 받는다고 여겼다. 이처럼 강고한 유교의 영향 아래 있었던 만큼, 조선 선비들의 굴곡진 의식은 단기간에 벗어던지기가 어려웠다.

유교가 규정하는 인간 세상은 중화문명과 유교를 모르는 자들의 세상인 사이四夷로 구분된다. 그런데 유독 동이족인 조선만큼은 중화의 성인인 기자가 일찍부터 백성들을 교화시켰기 때문에, 비록 오랑캐이지만 유교를 아니 소중화라는 것이 조선 사대부의 생각이었다. 그들은 조선을 다른 오랑캐보다 도덕적, 문명적으로 우위에 선 나라요, 명에 버금가는 문명국이라고 생각했다.

이런 생각에 젖어있었으니, 명의 멸망은 유교를 신봉했던 조선 사대부로선 도저히 상상할 수도 없는 충격적인 사건이었다. 오랑캐라고 멸시했던 여진족에게 명이 멸망당하다니! 이것은 그들에게 임진왜란이나 병자호란과는 비교도 되지 않는 엄청난 사태였다. 그러니 이 사태를 도저히 액면 그대로 받아들일 수가 없었다. 그리하여 과연 오랑캐가 천하의 주인이 될 수 있는가 없는가를 토론하는 '인성물성동이논쟁人性物性同異論爭'을 벌이게 된다. 이는 한마디로 인간의 성품과 오랑캐의 성품이 같으냐 다르냐는 논쟁이었다. 이 논쟁은 200년이 넘게 계속됐다. 철학 논쟁 가운데 이처럼 오래 지속된 논쟁은 세계사에서도 드물다.

청의 문물을 자주 접하는 한성 사대부 중심의 낙론洛論에서는 인간과 사물은 본성이 같다고 하였다. 이것은 오랑캐도 중원의 천자가 될 수 있다는 현실수긍론이었다. 반면 호서지역 사대부 중심의 호론湖論에서는 인간과 사물은 결코 본성이 같을 수 없으니 청인은 오랑캐일 뿐이라고 여겼다. 즉 청인들이 천하의 질서를 좌우하는 신의 대행자인 천자가 될 수 없다는 현실부정론이었다. 호론은 철저한 유교 원칙주의 입장이다. 낙론이 북학파와 개화파로 연결되지만, 호론은 근대화 시기에 유교 외에 다른 것을 배척하는 위정척사파爲政斥邪派의 사상과 연결된다. 위정척사 운동은 사대가 사대주의로 전환된 후 가장 독실한 유교 신도들의 신앙 고백 운동이었다.

17세기 이후 유럽을 중심으로 세계는 빠르게 근대사회로 전환되어 가고 있었지만, 조선은 도리어 종교적인 중세 암흑사회로 걸어가고 있었다. 조선 정부가 백성들의 충분한 신뢰를 얻고 있었다면 명을 그저 주변 강대국의 하나로 여기며 합리적인 외교관계를 정립했을 것이다. 명나라의 위세 따위에 기댈 생각을 할 이유가 없기 때문이다. 하지만 내부로부터 권위가 무너진 정권이 빚어낸 외세 의존이 조선의 자주성을 해쳤다. 한번 외세에 의존하게 되자 그런 경향에 계속 가속도가 붙었고, 지배층은 외세 의존을 합리화하기 위한 유교 신앙을 더욱 강조하고 나섰다. 명에 대한 변함없는 충성은 백성들로 하여금 왕실과 사대부에 대한 저항의지를 꺾는 장치로 기능했다.

조선의 왕과 사대부는 유교의 신앙과 권위를 이용해 무력보다 더 강력한 통치 질서를 구축할 수 있었다. 이런 상황 아래에서 백성들 또한 지금의 질서를 깨뜨리면 천벌을 받게 된다는 유교의 신앙을 결코 거부할 수 없었다. 조선 후기 강렬한 신분해방 운동이 벌어졌음에도 불구하고 유럽과 같은 근대 시민사회로의 전환이 일어나지 못했던 것은 유럽에서와 같은 종교개혁이 일어나지 못했기 때문이다. 유교는 500년 넘은 조선의 긴 역사를 지탱해준 강력한 디딤돌이기도 했지만 19세기 조선에 닥친 변화와 개혁의 요구를 막는 거대한 장애물이기도 했다.

"석가가 들어오면 조선의 석가가 되지 않고 석가의 조선이 되며, 공자가 들어오면 조선의 공자가 되지 않고 공자의 조선이 되며, 무슨 주의主義가 들어와도 조선의 주의가 되지 않고 주의의 조선이 되려 한다."

1925년 《동아일보》에 기고한 단재 신채호의 〈낭객浪客의 신년만

필新年漫筆)에 나오는 그의 말은 오늘날에도 곰곰이 되씹어볼 내용을
담고 있다.

위기 때 지도자가 보인 최악의 사례

백성들의 지탄을 받은 선조의 도망길

1599년 2월 2일자 《선조실록》에는 임진왜란 때 조선에 출병했던 명군이 철수하게 되자 선조재위1567~1608가 한 말이 기록되어있다.

"명군이 머무른다면 인심이 의지할 데가 있겠지만 이제 만약 철수하여 돌아가면 호남과 영남의 인심은 필시 모두 불안해하고 두려워할 것이다. ……명 장수가 돌아간 뒤에 혹시 대중을 불러 모아 거사하는 무리가 있다면 현재의 군사와 무기로 방어할 수 있겠는가? 백성의 원망이 이미 극에 이르렀으니 어찌 모두가 선량한 백성이겠는가? 나라 밖의 적이 무서운 것이 아니라 안에서 일어날 화가 염려스럽다."

과연 조선 백성들의 임금이 맞나? 백성을 믿지 못하고 오로지 외국의 군대에 의지하겠다는 선조. 그에게 진정 국가와 국민은 무엇이었을까?

11대 중종재위:1506~1544과 창빈 안씨 사이에서 태어나 조선 최초의 대원군으로 이름을 올리게 되는 덕흥대원군1530~1559의 3남 하성군 이균李鈞. 그는 5촌 당숙들인 12대 인종재위:1544~1545과 13대 명종재위:1545~1567의 대를 이어 왕위에 오르는데, 조선에서 왕의 직계가 아닌 방계에서 처음으로 왕위를 계승한 인물이다. 《실록》에는 그가 타고난 자질이 뛰어나고, 기백과 도량이 영특하다고 적어놓았다. 하지만 비정상적인 계승자라는 점에 과도한 신경을 쓴 탓 때문일까, 그는 시기심 많고 고집이 세며 왕위에 집착한 인물이기도 했다.

1592년 4월 13일 일본군이 부산을 거쳐 파죽지세로 한양을 향해 몰려왔다. 4월 27일 믿었던 신립1546~1592 장군이 충주 전투에서 일본군에게 패하고 죽자, 선조는 곧장 도성을 버리고 도망칠 생각부터 했다. 4월 29일 왕이 피난 준비를 하자 그날 밤 왕을 호위하는 군사들이 먼저 알고 모두 달아났고, 궁문엔 자물쇠가 채워지지 않았으며, 시간을 알려야 할 물시계 담당의 금루관禁漏官마저 사라져버렸다. 왕의 주변인물들이 먼저 도망치는 상황이니 선조도 급할 수밖에 없었다. 선조는 4월 30일 새벽 백성들이 잠자는 틈을 타 몰래 도성을 빠져나와 그날 저녁 임진강 나루에 도착했다. 수도를 버리고 백성 몰래 도망길에 나섰기 때문에 선조는 삼전도의 굴욕을 당하는 인조와 함께 현대 한국인에게서 가장 많이 비판받는 조선의 임금이다.

선조는 5월 1일에는 명나라에 내부內附, 즉 명나라로 망명하겠다는 뜻을 신하들 앞에서 공공연히 밝혔다. 이때 유성룡1542~1607이 "임금이 우리 국토 밖으로 한걸음만이라도 떠나면 조선은 우리 땅이 아니게 된다."며 말렸지만, 선조는 도망 다니는 동안 내내 여차하면 명나라로 달아나겠다는 생각을 버리지 않았다. 그에게는 나라보다, 백성보다 자신의 목숨이 먼저였다.

선조는 개성과 평양을 거쳐 영변부까지 도망가게 되자, 6월 13일에 신하들에게 "처음부터 요동으로 갔더라면 좋았을 것인데 신하들의 의견이 분분해 이 지경이 되었다……천자의 나라에서 죽는 것은 괜찮지만 왜적의 손에 죽을 수는 없다."고 말했다. 선조는 다음날 대신들에게 명나라 요동도사에게 그 뜻을 전하라고 명하였고, 열흘 뒤에는 신하들에게 요동으로 가는 일을 철저히 준비하라고 다시 재촉하는 명을 내리기도 했다. 하지만 6월 26일 명나라에서 선조를 압록강 위쪽에 있는 군사지역인 관전보寬奠堡의 빈 관아에 거처시키려 한다는 소식이 들려오자, 요동으로 도망갈 계획을 포기하고 국경이 코앞인 의주에 머무는 쪽으로 계획을 바꾸게 된 것이다. 선조는 명나라로 도망치려는 생각을 무려 56일 동안이나 갖고 있었고, 그 생각을 접었다고 표명하고 나서도 내심으로는 상황이 나빠지면 언제든지 내빼려는 생각을 버리지 않았다.

그에게는 조선의 힘으로 어떻게든 나라를 지켜보겠다는 생각 자체가 없었다. 신하들이 요동망명 기도를 비판하자, 그는 자신이 요동으로 가는 것은 피난만이 아니라 명나라 병사를 빌려 조선을 회복하려는 뜻이 있어서 그러는 것이라 답하기도 했다. 하지만 기록만으로 살펴보면 그는 조선의 힘을 전혀 믿지 않은 지도자였다. 국가의 위기상황을 맞아 왕으로서 죽기를 무릅쓰고 모든 백성과 하나 되어 위기를 극복할 방도를 짜내야 함에도 도망갈 구실부터 찾고 있었다. 게다가 위기가 닥치기 이전부터 국가 지도자로서 일본의 침략이 어느 정도 예상되었음에도 불구하고 효과적인 대비책을 세우지 않았다. 따라서 그는 비겁하고 무능한 지도자라는 비판에서 도무지 자유롭지 못하다. 명으로의 내부는 자신의 목숨을 구하려는 하책下策이지 결코 국가를 위한 충정에서 나온 계책計策이 아니었다.

이런 선조와 달리 그의 조상이자 조선의 건국자 이성계는 뛰어난 무장 출신으로서 목숨을 내걸고 전장을 누비고 다닌 인물이다. 그는 한양도성을 건축할 때 효과적인 방어를 염두에 두고 축성을 지시했다. 그리하여 방어의 효율성을 고려해 도성의 길이를 개경 나성22㎞보다 짧은 18.6㎞로 잡았다. 그런데 임진왜란 당시 한양도성은 전혀 방어에 이용되지 않았다. 일본군의 무기인 조총에 대한 소문이 과장되게 퍼져 백성들이 지레 겁먹은 탓도 있지만, 선조가 먼저 수도 방위를 신하에게 맡기고 도망쳤기 때문이다. 즉 자신은 도망치는 주제에 이양원1526~1592을 유도대장, 김명원1534년~1602을 도원수, 신각?~1592을 부원수로 임명해 수도 방어를 맡겼다. 《선조실록》에는 도성의 백성들이 모두 뿔뿔이 흩어졌으므로 도성을 고수하고 싶어도 그럴 형편이 아니었다고 기록하고 있다. 왕이 새벽에 몰래 도성을 버리고 도망친 마당에 백성들이 누구를 믿고 적과 싸운단 말인가! 그러므로 이양원과 김명원에게 임명하며 선조가 기대한 것은 그저 자신이 도망칠 시간을 벌어달라는 것뿐이었다. 임금이 이러했으니 이양원과 김명원도 적과 제대로 싸워보지도 않은 채 한강을 버리고 도망쳤다.

선조가 수도를 굳게 지킬 생각이었다면 한양도성과 한강을 방어선으로 삼고 전투에 대비해야 했다. 당시 도성 인구는 20만에 달했고, 도성을 방어하는 군대도 적지 않았던 만큼 그나마 다른 곳과 달리 싸워볼 만했다. 하지만 선조는 전장에 나가 군을 지휘할 용기가 없었다.

위급하자 면천법, 한숨 돌리고는 모르쇠

1592년 5월 4일 평양으로 도망가던 선조는 우의정 윤두수1533~1601에게 "적병이 얼마나 되던가? 그중 절반은 우리나라 사람이라고 하던데 사실인가?"라고 물었다. 임진왜란이 발생한 직후부터 상당수의 조선 사람이 일본에 투항해 앞잡이 노릇을 하는 부왜附倭가 되었다. 경상우도 초유사 김성일1538~1593은 전쟁이 일어나고 두 달 보름이 지난 6월 28일 경상도 상황을 이렇게 보고했다.

"근래에 부역賦役이 번거롭고 무거워 백성들이 편히 살 수 없는 데다가 형벌마저 매우 가혹하므로 군졸이나 백성들의 원망이 커짐에도 호소할 길마저 없으니, 민심이 흩어진지 오래입니다. 그러므로 왜적이 와서 부역을 없애주겠다고 백성들을 회유하니, 백성들이 왜적의 말을 믿고 항복하고 있습니다. 왜적과 싸우면 죽는다고 생각하고 도리어 왜적의 복장을 하고 왜적을 따라 도적질을 합니다. 그래서 왜적은 몇 명 안 되고 절반이 배반한 백성들이니 매우 한심합니다.
지난번에 임금님께서 백성을 애통해하는 교서를 내리시자 이를 들은 백성들이 크게 감동했습니다. 지금 관대한 명령을 내려 전쟁이 평정되면 부역과 세금을 가볍게 하며, 형벌을 완화하며 공적을 세운 자들을 잘 대우하고 백성들에게 해가 되는 것을 면제하는 등 옛 제도를 개혁한다면 백성들이 크게 기뻐할 것입니다. 백성들이 이미 기뻐하면 하늘의 뜻을 돌이킬 수 있으니, 왜적이 아무리 창궐해도 물리칠 수 있을 것입니다."

김성일의 말처럼 조용조租庸調라 일컫는 조선의 세금부담이 워낙 무거워 당시 양민들의 삶은 대단히 힘겨웠다. 당시 조선 인구의 절반은 노비였다. 양민도 아닌 그들의 삶은 비참하여 조선에 충성을 바칠 이유가 없다 해도 과언이 아니었다. 이들에 대해 조선 정부는 별다른 대책을 내놓지 않았다. 조선은 노비들의 주인으로 행세하는 사대부의 나라였지 양민이나 노비를 위한 나라가 아니었다. 선조가 달아나자 곧장 도성 안에서 화재가 나며 노비문서가 보관된 장례원掌隸院과 형조가 불탔다. 이 화재는 백성들이 지닌 분노의 표현이었고 민심이 이반된 조선의 현실을 가장 잘 보여주는 사건이었다. 임진왜란 직후 조선군이 수세에 몰리고 일본군이 승승장구할 수 있었던 주요 원인 가운데 하나로 민심의 이반이 포함된다.

일본군은 북상하면서 곳곳에서 조선 사람을 회유했다. 그 결과 경상도뿐만 아니라, 한성부·강원도·황해도 등 전국 곳곳에서 그들이 나눠주는 일종의 통행증인 장표章標를 받고 일본에 투항하는 자들이 늘어났다. 이 부왜들은 단순히 적의 앞잡이 노릇만 한 것은 아니었다. 일본은 전쟁을 치르면서 이들을 통해 조선 무기의 장점을 배우기도 했다. 조정 역시 일본군이 조선의 활과 대포를 모방할 것을 걱정했다. 1596년 6월 26일 좌의정 김응남1546~1598은 "조선 사람이 일본군에 많이 투항했는데 이 가운데 활을 쏘는 자와 포를 쏘는 자가 있

| 행주산성 전투장면상상도 | 1593년 2월 12일에 승리를 거둔 행주대첩은 임진왜란 3대전투 중 하나로 꼽힌다.
이 전투에서 의병들의 역할은 거의 절대적이었는데, 행주치마 설화가 전설처럼 전해 내려오고 있다.

으므로, 다시 적이 침략해온다면 막기 어려울 것"이라고 우려했다.

선조는 민중의 배신에 적개심을 드러내거나 두려움을 지녔지만 우선은 민심을 수습해야 한다는 것을 깨닫는다. 그는 소극적 부왜자에 대한 유화정책을 펼치고, 적극 부왜자에게만 벌을 주었다. 그리고 적의 목을 베는 노비는 양민으로 만드는 면천법免賤法 시행에 들어갔다. 이리하여 많은 노비가 면천법 시행 등 조선 정부의 개혁정책에 희망을 갖고 적극적으로 의병에 가담했다. 실제로 전쟁 과정에서 면천 혜택을 받는 노비들이 적지 않았다. 1593년 2월 26일자 사간원의 상소를 보면 평양을 회복하고 일본군을 꽤나 몰아낼 수 있었던 것은 모두 의병의 힘 덕분이라고 지적할 정도였다. 면천한 자들을 군인으로 징발하여 훈련도감·속오군을 새로 편성하는 등 군대 재정비의 계기를 만들었다. 여기에 명군의 지원이 맞물리면서 갖은 고초 끝에 마침내 일본의 침략을 물리칠 수 있었다.

　백성들이 전장에서 용기를 발휘하게 하려면 그들이 목숨을 걸고 싸워야 할 동기를 부여해줘야 한다. 백성들 또한 언어가 다르고 언제 돌변할지 모르는 일본군에게 빌붙는 것보다 조선을 위해 싸우다가 공을 세워 신분 해방을 이루는 길이 더 합리적인 선택이었다. 하지만 전쟁이 차츰 소강상태에 빠지면서 당장 멸망할 듯한 상황에서 벗어나 한숨 돌리게 되자 선조와 사대부들의 태도가 급변했다.

　먼저 면천법 시행을 엄격히 적용해 노비에서 해방되는 사람을 줄였다. 사대부들이 노비가 사라지는 것을 원하지 않았던 것이다. 그러면서 전쟁 막바지에 귀순해오는 부왜자들을 엄하게 처벌했다. 게다가 의병장 김덕령1567~1596에게 역적모의 혐의를 씌워 혹독하게 고문해 죽이는 등 의병장과 의병들의 공로를 인정하지 않으려들었다. 1604년 임진왜란에서 공을 세운 18명의 선무공신과 86명의 호성공신을 봉하면서 의병장은 단 한사람도 포함시키지 않았다. 반면 선조의 피난길에 동행한 내시 24명, 말을 몰아준 이마理馬-사복시에 소속된 하위 관리 6명 등을 호성공신에 임명했다. 조선의 지도층은 왜적을 물리친 공을 모두 명나라 군대를 불러들인 자들의 공으로 돌렸고 백성들의 역할은 철저히 무시했다.

백성을 하늘이 아니라 개·돼지로 여긴 위선자

유교 경전에는 왕과 백성의 관계를 부모와 자식의 관계로 설명한다. 왕과 사대부들은 경연經筵에서 늘 이런 전거를 들먹이며 임금은 덕으로써 백성을 돌보아야 한다고 말했다. 따라서 선조도 임금이 백성들의 부모처럼 행동해야 함을 모를 리 없다. 그러나 선조는 진정으로 백성들의 불행을 자신의 일처럼 여기는 인仁의 단초, 즉 측은지심惻隱之心을 지니지 못했던 듯하다. 선조는 자식과 같이 여겨야 할 백성을 헌신짝처럼 내버리고 믿지 않았기 때문이다. 그런 왕에게 민심이 돌아올 까닭이 있겠는가. 선조 역시 백성들의 민심이 이반된 것을 잘 알고 있었다. 자신이 버린 백성들이 이번에는 거꾸로 자신을 버리자, 선조는 백성들이 두려워졌다. 그래서 명나라 군대의 철수를 극구 반대했던 것이다.

선조에게 나라와 백성은 자신의 지위를 유지하기 위한 도구에 불과했다. 전쟁에서 무능했던 사대부들이 자신들의 이익을 지켜준 선조가 죽자 묘호廟號를 처음에는 선종宣宗이라고 했다가 1616년광해군 8에 선조宣祖로 묘호의 격을 높였다. 그가 경연을 자주 열고 서원을 적극 권장해 문치를 융성하게 했으며 왜란을 극복하고 명나라에 대한 사대를 잘 실천하였으며 이이1536~1584를 비롯한 명신을 발굴한 왕이었다면서 높이 칭송해댄 것이다. 하지만 사대부들은 선조가 나라를 버리려 했고 백성들의 고통에 눈감았으며 군사제도를 문란하게 하여 왜적의 침략을 사전에 막지 못한 과오에 대해서는 철저히 입을 다물었다. 사대부들은 선조가 비난받는 순간, 자신들도 비난받게 될 것임을 너무나도 잘 알고 있었기 때문이다. 선종에서 격이 높

| 유성룡의 《징비록懲毖錄》 | 징비란 "미리 징계하여 후환을 경계한다豫其懲而毖後患"라는 구절에서 따 왔다. 다시는 참혹한 수난을 겪지 않도록 해야 한다는 그의 주장은 외면당하고, 정적들은 오히려 그를 귀양 보내자며 공격하고 나섰다.

아진 선조는 그저 관리와 사대부들의 임금이었을 뿐이다. 백성들에게 선조는 선종이란 묘호도 과분한 '나쁜 임금'에 불과하다.

전쟁이 끝난 후 선조와 사대부들의 반성은 없었다. 전쟁의 책임을 지고 폐족廢族이 되었어야 할 자들이 다시금 권력을 잡고 백성들 위에 군림하기 시작했다. 그러면서 위기에 처한 나라를 구하기 위해 노력한 인물들을 제거하고자 했다. 그들은 전쟁 중 각종 제도를 개혁해 사대부들에게 세금을 내도록 만든 유성룡을 쓸데없는 일을 한 인물이라고 싸잡으며 귀양 보냈고, 위태로웠던 전황을 결정적으로 바꾼 의병의 활약을 이끌어낸 면천법을 유명무실하게 만들었다. 그들은 전쟁이 나면 자신과 가족을 보호할 안전한 터전인 십승지十勝地를 찾거나 강화도와 남한산성·북한산성 같은 피난가기 좋은 보장처保藏處를 확보하는 데 열을 올렸다. 적의 침략을 원천적으로 방비하자는 제안이나 노력은 보이지 않았다..

어차피 조선에서 주권主權은 국민으로부터 나오지 않았으니 선조를 비롯한 왕들은 백성이 귀한 줄을 몰랐다. 국가를 전복시킬 정도로 민심이 동요만 하지 않는다면 백성은 그저 개·돼지쯤으로 여겨도 아무런 문제가 없다고 여겼다. 그러면서도 백성들에게는 일방적으로 충과 효를 요구했다. 약자에 대한 도덕적 폭력이 계속되면서 백성들은 지배층의 배신에 치를 떨었고, 충과 효의 강도는 크게 약화되었다. 이반된 민심 위에 위태롭게 서 있는 권력의 탈출구는 하나밖에 없다. 외세 의존과 이데올로기의 강요뿐이다.

　백성들을 향해 임금에게 충성해야 함은 하늘의 도리이므로 이를 어겨선 안 된다고 강요한 만큼 조선의 임금 역시 명나라에 대한 충성을 소홀히 할 수 없었다. 만약 조선이 명나라가 망했다고 명에 대한 충성을 폐기한다면, 그것은 아랫사람이 윗사람에 대한 충성을 그만둘 수도 있다는 명분을 주고 만다. 그러니 명에 대한 사대는 결코 그만 둘 수 없는 일이 된 것이다. 임진왜란과 병자호란의 참화를 연거푸 겪으면서도 조선이 명에 대한 사대에 더욱 집착했던 까닭은 왕과 신하들이 가진 권력 혹은 권위가 크게 흔들렸기 때문이다. 이런 과정속에 형성된 외세의존 의식과 사대 이데올로기는 조선에 커다란 불행을 초래했다. 이런 뒤틀린 의식이 완전히 청산되지 않아 오늘날 미국을 '부모의 나라'인 것처럼 대하거나 한 국가의 주체성 확립에 최우선이라 할 전시작전권을 내맡기는 것은 아직 청산되지 않은 대한민국의 불행이라 하겠다. 위기의 순간에 나라의 지도자가 결코 행해서는 안 될 행위들을 되돌아보는 까닭이 여기에 있다.

참고자료

1. 혼일강리역대국도지도, 지도 한 장의 충격

영남대박물관, 《영남대박물관 소장 한국의 옛 지도》, 1998년

오상학 저, 《조선시대의 세계지도와 세계인식》, 창작과 비평사, 2011년

2. 화약과 함포, 끝내 파묻히고 만 첨단기술

어니스트 볼크먼 저, 석기용 옮김, 《전쟁과 과학 그 야합의 역사》, 이마고, 2003년

이종호, 《한국 7대 불가사의》, 역사의 아침, 2007년

민병만, 《한국의 화약 역사》, 아이워크북, 2009년

김태훈, 《이순신의 두 얼굴》, 창해, 2004년

허태구, 〈17세기 조선의 염초무역과 화약제조법 발달〉, 《한국사론》 47, 2002년

3. 연은분리법, 조선의 냉대 vs 일본의 환대 그 결과는

전봉관, 《황금광시대》, 살림, 2005년

송응성 저, 최주 주역, 《천공개물》, 전통문화사, 1997년

김재열, 《시장을 열지 못하게 하라》, 가람기획, 2000년

유승주, 《조선시대 광업사 연구》, 고려대 출판부, 1993년

홍익희, 《조선의 은 제련기술과 백자 일본 경제대국 만들다》, 홍익인간, 2012년

권내현, 〈17세기 후반~18세기 전반 조선의 은 유통〉, 《역사학보》 221집, 2014년

김재호, 〈조선왕조 장기지속의 경제적 기원〉, 《경제학연구》 59권 4호, 2011년

유승주, 〈조선전기 대명무역이 국내산업에 미친 영향—15세기 대명금은조공과 국내금은 광업을 중심으로〉, 《아세아연구》 82집, 1989년

박경남, 〈18세기 조선의 은광 개발 열풍—안명관과 무뢰배를 위한 송가(頌歌)〉, 《고전과 해석》 9집, 2010년

유지성, 〈조선조의 유교사상적 경제관〉, 《한국행정사학지》 6호, 1998년

《경향신문》, 〈금광이 없던 황금의 나라 신라, 신라 유물에 쓰인 금은 경주 인근서 채취한 사금〉, 2014년 6월 10일자 기사.

4. 거대 건축물, 위용이 사라진 풍경

김광직, 《조선후기 건축경제사》, 한국학술정보(주), 2005년

장 카스타레드 저, 이소영 옮김, 《사치와 문명》, 뜨인돌, 2011년

김태준, 이승수, 김일환 저, 《조선의 지식인들과 함께 문명의 연행길을 가다》, 푸른역사, 2005년

신지혜, 《조선 숙종대 왕실 상장례 설행공간의 건축특성》, 경기대박사학위 논문, 2010년

유홍준, 〈우리나라 고건축의 미학〉, 《경향신문》, 2016년 2월 29일자

KBS 역사스페셜, 《추적! 발해 황후묘는 왜 공개되지 못하나》, 2011년 6월 16일 방영.

5. 온돌, 최고의 자랑거리이자 골칫거리

류제헌, 《중국 역사지리》, 문학과지성사, 1999년

김택민, 《3000년 중국 역사의 어두운 그림자》, 신서원, 2006년

이시 히로유키, 아스다 요노리, 유아사 다케오 저, 《환경은 세계사를 어떻게 바꾸었는가》, 경당, 2003년

김동진, 《조선전기 포호정책연구》, 도서출판 선인, 2009년

이우연, 〈18~19세기 산림황폐와 농업생산성〉, 《경제사학》, 34호, 2003년.

김홍순, 〈조선후기 산림정책 및 산림황폐화〉, 《한국지역개발학회지》 20-2호, 2008년.

김용만, 〈온돌의 역사〉, 《네이버캐스트》, 2012년 1월 11일자.

6. 과거시험, 인재등용의 장이 신분획득의 수단으로

묄렌도르프 저, 신복룡, 김운경 옮김, 《묄렌도르프 자전(외)》, 집문당, 1999년

이근호 외 공저, 《일기를 통해 본 조선후기 사회사》, 새물결, 2014년.

이남희, 〈조선시대 수원지역의 생원진사시 합격자연구〉, 《역사와 실학》 51집, 2013년

김영모, 《조선, 한국 신분계급사》, 고현, 2013년

이신영 기자, 〈투자의 귀재 짐 로저스, "한국 공무원 열풍은 대단히 부끄러운 일"〉, 《조선일보》 2016년 10월 25일자

7. 족보, 양반 타령을 위한 핵무기

미야지마 히로시, 《미야지마 히로시의 양반》, 2014년, 너머북스

권내현, 《노비에서 양반으로 그 머나먼 여정》, 역사비평사, 2013년

이종욱, 《신라가 한국인의 오리진이다》, 고즈원, 2012년

정진영, 〈왜 김씨, 이씨가 많을까〉, 《내일을 여는 역사》 22호, 2005년

8. 사대봉사, 양반들이 집착한 진짜 이유

육정임, 〈송대 조상제사와 제례의 재구성〉, 《한국사학보》 27호, 2007년

권오영, 〈조선조 사대부 제례의 원류와 실상〉, 《민족문화논총》 46집, 2010년. 영남대학교 민족문화연구소.

9. 덕치사상, 몸통의 책임회피를 위해 악용된 사상

이긍익, 《연려실기술》 26권 〈인조조 고사본말〉

유재성, 《병자호란사》, 국방부전사편찬위원회, 1986년

한명기, 《병자호란》, 푸른역사, 2014년

장학근, 《조선, 평화를 짝사랑하다》, 플래닛미디어, 2008년

10. 조선의 학구열, 못 말리는 기층민중의 열망

앙리 쥐베르 저, 유소연 옮김, 《프랑스군인 쥐베르가 기록한 병인양요》, 살림, 2010년

역사스페셜, 《조선시대 홍어장수 표류기, 세상을 바꾸다》, 2009년 8월 8일

역사스페셜, 《노비 정초부 시인이 되다》, 2011년 11월 17일

정순우, 《서당의 사회사—서당으로 읽는 조선 교육의 흐름》, 태학사, 2012년

박현규, 〈문순득의 행적과 기록에 관한 箚記〉, 《동방한문학》 50집, 2012년

권내현, 《노비에서 양반으로, 그 머나먼 여정》, 역사비평사, 2014년

11. 축제, 다함께 즐기던 제천행사가 사라진 이유

이태진, 《한국사회사연구》, 지식산업사, 1986년

한국고대사연구회 편, 《한국사의 시대구분》, 신서원, 1995년

하수민, 《한국 명절의 역사와 휴일의 변동 연구》, 한국학중앙연구원 한국학대학원박사논문, 2014년

한국금석문 종합영상사이트 (http://gsm.nricp.go.kr/)

12. 모피사치, 조선의 침체와 후금의 흥기 불러와

정연식, 《일상으로 본 조선시대이야기 2》, 청년사, 2001

박선희, 《한국 고대복식》, 지식산업사, 2002

장한식, 《오랑캐 홍타이지 천하를 얻다》, 산수야, 2015년

안보연, 〈우리나라 모피와 피혁복식에 관한 연구〉, 이대 석사논문, 2005

김순남, 〈16세기 조선과 야인 사이의 모피교역의 전개〉, 《한국사연구》 152집, 2011

최경순, 〈조선조 모피 사치에 관한 연구〉, 《경일대학교 논문집》 16-1, 1999

박정민, 《조선시대 여진인 내조 연구》, 경인문화사, 2015년

13. 황칠나무, 눈물을 머금고 도끼로 찍어낸 사연

정민, 「이덕리 저 동다기의 차문화사적 자료 가치」, 『문헌과 해석』 36호, 2006년

이철성, 〈조선후기 연행무역과 수출입품목〉, 《한국실학연구》 20권, 2010년

이우연, 〈18~19세기 산림황폐화와 농업생산성〉, 《경제사학》 34호, 2003년

김흥순, 〈조선후기 산림정책 및 산림황폐화〉, 《한국지역개발학회지》 20-2호, 2008년

김용만, 〈漆〉, 《네이버캐스트》, 2011년 12월 7일자.

홍사준, 〈문헌에 나타난 백제산업 – 황칠, 인삼, 저에 대하여〉, 《백제연구》 3권, 1972년

정병석, 《천년의 신비 황칠나무》, 아카데미북, 2013년

장윤희, 〈조선후기 제주도 진상에 관한 연구〉, 2008년 제주대학교 대학원 석사논문

홍은미, 〈조선시대 제주감귤산업에 관한 연구〉, 1999년 충남대학교 대학원 석사논문

14. 노비제도, 너무나 부끄러운 파렴치의 극치

한상권, 〈15세기 奴良妻交婚 정책과 교혼 실태〉, 《고문서연구》29호, 2006년

전형택, 〈천인〉, 《한국사 25, 조선 초기의 사회와 신분구조》, 국사편찬위원회, 1994년

이석현, 〈송대 불법적 예속민의 성립과 국가권력〉, 《동양사학연구》 86권, 2004년

박진훈, 〈려말선초노비정책연구〉, 연세대학교 박사논문, 2005년

김성우, 〈16세기 良少賤多 현상〉, 《경제사학》 29권, 2000년

김성우, 《조선중기 국가와 사족》, 역사비평사, 2001년

장 클로드 카리에르 저, 이세욱 역, 《바야돌리드 논쟁》, 샘터, 2007년

15. 과부재가금지법, 여성에 대한 최악의 인격살해

강명관, 《열녀의 탄생》, 돌베개, 2009년

한명기, 《병자호란》2, 푸른역사, 2013년

김용만, 〈순장(殉葬)〉, 《네이버캐스트》, 2012년 2월 29일자.

16. 양성지의 꿈, 다른 조선을 꿈꾼 경세가

김용만, 〈양성지〉, 《네이버캐스트》, 2011년 9월 26일자.

김태준 · 이승수 · 김일환 저, 《조선의 지식인들과 함께 문명의 연행길을 가다》, 푸른역사, 2005년

한영우, 《양성지-조선 수성기 제갈량》, 지식산업사, 2008년

양성지, 《눌재집訥齋集》

17. 문순득, 조선인이 세계를 볼 수 있었던 기회

　시바료타로 저, 이길진 역, 《료마가 간다》, 창해, 2003년

　서미경, 《홍어 장수 문순득, 조선을 깨우다》, 북스토리, 2010년 (http://www.johnmung.info/john.htm.)

18. 환구단, 방치하기에는 너무 아픈 이유

　전우용, 《서울은 깊다》, 돌베개, 2008년

　강병희, 〈조선의 하늘제사 건축〉, 《조선왕실의 미술문화》(이성미 외 지음), 대원사, 2005년

19. 사대주의, 방편의 사대에서 변질된 비굴한 도그마

　김순자, 《한국 중세 한중관계사》, 혜안, 2007년

　앙드레 모루아 저, 신용석 옮김, 《영국사》, 2013년

　계승범, 《우리가 아는 선비는 없다》, 역사의 아침, 2011년

　계승범, 《조선시대 해외파병과 한중관계》, 푸른역사, 2009년

　계승범, 《중종의 시대》, 역사비평사, 2014년

　한명기, 《광해군》, 역사비평사, 2000년

　김재홍, 〈주역(周易)의 종교성에 관한 소고〉, 《동양철학연구》 65권, 2011년

20. 선조의 파천, 위기 때 지도자가 보인 최악의 사례

　계승범, 《조선시대 해외파병과 한중관계》, 푸른역사, 2009년

　한명기, 《임진왜란과 한중관계》, 역사비평사, 1999년

　유성룡 저, 김시덕 옮김, 《교감. 해설 징비록》, 아카넷, 2013년

　민덕기, 〈임진왜란기 부왜(附倭) 정보와 조선 조정의 대응〉, 《한일관계사연구》47집, 2014년

찾아보기